D. A. Carson

ACH, HERR, WIE LANGE NOCH?

D. A. Carson

Ach, Herr, wie lange noch?

Gedanken über das Leiden und andere Nöte

FRANCKE
Verlag der Francke-Buchhandlung GmbH

Die Deutsche Bibliothek – CIP-Einheitsaufnahme

Carson, D. A.:
Ach, Herr, wie lange noch? : Gedanken über das Leiden
und andere Nöte / D. A. Carson. – Marburg an der Lahn : Francke, 1993
(Francke-Transparent)
Einheitssacht.: How long, o Lord? <dt.>
ISBN 3-86122-102-0

Originaltitel: How Long, O Lord?

Deutsch von Leslie Richford
Umschlaggestaltung: Agentur Lardon, Hamburg
Satz: Druckerei Schröder, 35083 Wetter/Hessen
Druck: Schönbach-Druck GmbH, 64390 Erzhausen

Inhalt

Meine Seele ist tief verstört.
Du aber, Herr, wie lange noch?

(Psalm 6,4)

Vorwort

Angesichts der schwierigen Fragen, die das Leiden aufwirft, wartet dieses Buch nicht mit Patentlösungen auf. Es handelt sich auch nicht um eine bewußte Verteidigung Gottes. Es ist kein Buch von der Art, wie ich es manchem von schwerem Leid Betroffenen gern in die Hand geben würde. Es handelt sich schon gar nicht um eine akademische Abhandlung über philosophische Fragen.

Worum geht es denn? Von einem überzeugten Christen verfaßt, will das Buch in erster Linie eine Handreichung für Christen sein, die über das Leid in seiner Vielschichtigkeit nachdenken möchten. Somit richtet es sich nicht primär an Nichtchristen, die das Problem des Leides und der Schmerzen für dermaßen unlösbar halten, daß es für sie am Ende gar die Existenz Gottes in Frage stellt. Es gibt ausgezeichnete Bücher, die das Thema unter diesem Gesichtspunkt behandeln, dieses zählt jedoch nicht dazu. Wenn Sie kein Christ sind, dürfen Sie es natürlich gern lesen; möglicherweise sind Sie von der Welt, die sich Ihnen hier erschließt, so angetan, daß Sie den Wunsch verspüren, Christ zu werden. Doch Sie gehören nicht zur eigentlichen Zielgruppe des Buches.

Es soll vor allem vorbeugende Wirkung haben. Zu den Hauptursachen der seelischen Erschütterung und Verwirrung, die unter Christen anzutreffen sind, zählen zweifellos falsche Erwartungen. Wir denken erst dann mit dem gebotenen Ernst über Nöte und Leiden nach, wenn wir selbst davon heimgesucht werden. Stehen dann unsere tief verwurzelten, aber nicht hinreichend durchdachten Überzeugungen nicht weitgehend mit dem Gott in Einklang, der sich in der Bibel vor allem in Jesus offenbart hat, dann kann sich unser Schmerz so sehr verschlimmern, daß wir auch noch die Grundlagen unseres Glaubens anzweifeln.

Natürlich lassen sich Zweifel und Ängste nicht ausschließlich auf fragwürdige Überzeugungen und die aus ihnen abgeleiteten falschen Erwartungen zurückführen. Ein Christ mag auf Verstandesebene rechtgläubig sein wie der Apostel Paulus, fehlt ihm aber die rechte geistliche Reife, so können seine orthodoxen Anschauungen schon beim ersten Anzeichen einer Krise ins Wanken geraten. Christen würden sich wohl kaum mit derart grundlegenden Fragen herumquälen, wäre ihr Schmerz nicht durch falsche Erwartungen an Gott und sein Handeln sowie durch falsche Annahmen über den Sinn des Leidens in der Welt wesentlich gesteigert worden. So kann der Schmerz die quälende Frage aufwerfen: „Warum ich?" Darauf erwächst bald: „Warum bestrafst du mich?" oder: „Warum läßt du gerade an mir deinen Zorn aus?" Solche Gedanken wiederum wecken weitaus düsterere Überlegungen, auch wenn diese meist unartikuliert bleiben: „Vielleicht bist du doch kein Gott der Liebe. Vielleicht bist du launenhaft. Vielleicht bist du nicht einmal gerecht, geschweige denn heilig. Vielleicht existierst du überhaupt nicht." C. S. Lewis beschrieb seine Bekehrung mit dem einprägsamen Buchtitel *Surprised by Joy* (Überwältigt von der Freude). Manche Christen aber müssen mit Bedauern eingestehen, daß ihr Glaube bisweilen von Schmerz und Kummer überwältigt wird.

Darum ist dieses Buch als Denkhilfe gedacht. Das Problem des Leidens wird hier nicht wie in einem Handbuch von A bis Z abgehandelt: Es werden nur einige ausgewählte Themen behandelt, die nicht nur ich als besonders aufschlußreich empfunden habe, sondern auch manche von denen, für die ich geistliche Verantwortung trage. Offen gesagt: Ich vermute, dieses Buch wird bei denen kaum etwas ausrichten, deren Verzweiflung so groß ist, daß sie nicht mehr in der Lage sind, zu lesen, nachzudenken und zu beten. Ich wäre jedoch zufrieden, wenn es dem einen oder anderen Christen zu Denkgewohnheiten verhelfen würde, die sich als so stark erweisen, daß er von quälenden Fragen weniger ins Wanken gerät und mehr Glauben, Freude und Hoffnung verspürt.

Da es sich um ein Buch für den theologischen Laien handelt, habe ich weitgehend auf Literaturangaben und Fachbegriffe verzichtet. Das elfte Kapitel aber ist trotz aller Bemühungen ein wenig kompliziert ausgefallen. Wer damit überfordert ist, sollte es überschlagen; wer es durcharbeiten kann, sollte die Mühe nicht scheuen, denn die dort skizzierten biblischen Wahrheiten können, davon bin ich überzeugt, einen ungemein wichtigen Beitrag zur Stabilisierung unseres Glaubens leisten.

Das im folgenden wiedergegebene Material wurde größtenteils anläßlich meiner Vortragstätigkeit in den USA, Australien, Großbritannien und Kenia entwickelt. Ich bin den vielen Zuhörern zu Dank verpflichtet, die mir dabei Fragen stellten, die mir geholfen haben, umsichtiger vorzugehen, als es sonst der Fall gewesen wäre, und dadurch ein Buch zu verfassen, das heilend und aufbauend wirkt und nicht bloß Wissen vermittelt. Daß mir dies nicht immer gelungen ist, ist mir bewußt. Wenn es mir überhaupt gelungen ist, dann nur, weil ich den bohrenden Fragen anderer viel verdanke, insbesondere derjenigen unter meinen Zuhörern, die viel mehr gelitten haben als ich und mit ihrem Leben ein leuchtendes Vorbild zur Ehre des Herrn und zum Wohl seines Volkes sind.

Schmerzen und Leid erzeugen oftmals ein Gefühl tiefer Einsamkeit. Wer leidet, der fühlt sich von seinen Mitmenschen abgeschnitten und meint, keiner könnte ihn verstehen. Tatsache ist jedoch, daß es sich häufig als hilfreich erweist, mit Glaubensgeschwistern über alles zu reden. Aus diesem Grunde habe ich am Schluß der Kapitel eine Reihe Fragen angefügt. Es ist hilfreich, sie in Hausbibelkreisen zu diskutieren. Einsames Meditieren über solche Fragen schwächt ihre therapeutische Wirkung.

D. A. CARSON
Trinity Evangelical Divinity School

Erster Teil

Zum Nachdenken über das Leiden und das Übel

1. Erste Schritte

Schwierige Fälle

Ein Pastor mäht in seinem Vorgarten den Rasen. Er blickt von seiner Arbeit auf und sieht, wie ein schwerer Kippwagen, der auf dem Nachbargrundstück in der Einfahrt gestanden hat, zurücksetzt – und den 18 Monate alten Sohn der Nachbarn, der hinter den riesigen Reifen hockt, überrollt. Mit dem Krankenwagen begleitet der Pastor die hemmungslos weinende Mutter und den aschfahlen Vater ins Krankenhaus. Für den kleinen Jungen kommt jedoch jede Hilfe zu spät.

Wo ist da Gott?

Johanna, seit fünf Jahren mit Daniel verheiratet, wacht eines Nachts auf und merkt, daß ihr Mann sie aufgeregt in die Rippen stößt und auf seinen Mund zeigt. Er kann nicht mehr sprechen und hat große Angst. Nach einem eiligen Anruf beim Arzt fahren sie auf dem schnellsten Weg ins Krankenhaus. Daniel wird schon am nächsten Morgen am Gehirn operiert: Krebs! Die Chirurgen können nicht alles kranke Gewebe entfernen. Ja, der Eingriff erweist sich als besonders schlimm: Daniels Gedächtnis ist fast vollständig ausgelöscht worden. Er kann von nun an weder lesen noch schreiben und erkennt seinen kleinen Sohn nicht mehr. Daniels ganze Persönlichkeit hat sich verändert; er ist depressiv, aufbrausend und reizbar und braucht rund um die Uhr jemanden, der auf ihn aufpaßt. Nach einem drei Jahre anhaltenden Stillstand wächst der Krebs weiter. Vier Monate später ist Daniel tot.

Wo ist da Gott?

Eine auf dem Land lebende Familie mit sechs Kindern, darunter vier Bluter, lebt gottesfürchtig und meistert mit Selbstdisziplin ihr Schicksal. Dann aber schlägt die Nachricht wie ein Blitz aus heiterem Himmel ein. Blutkonserven sind mit dem HIV-Virus verseucht. Die vier Bluter sind ständig auf Bluttransfusionen angewiesen. Zwei von ihnen erkranken an Aids und sterben innerhalb von drei Jahren. Der dritte ist ebenfalls HIV-positiv und es ist nur noch eine Frage der Zeit, wann er an der Krankheit sterben wird. Der vierte, 30 Jahre alt und selbst Vater dreier Kinder, hat sich geweigert, sich untersuchen zu lassen und ahnt doch, daß auch er höchstwahrscheinlich aidskrank ist und seine Frau bald verwitwet und seine Kinder vaterlos werden. Zudem ist er so ungenügend versichert.

Wo ist da Gott?

Ich wünschte, diese Geschichten wären frei erfunden. Sie sind jedoch wahr und handeln von Menschen in meinem Bekanntenkreis. Nur die Namen habe ich geändert. Es gibt viele ähnlich schreckliche Schicksale. Einer meiner Kollegen und dessen Frau stellen sich seit über zehn Jahren als Pflegeeltern zur Verfügung. Einmal nahmen sie 18 Monate alte Zwillinge auf. Für die beiden Jungen war es schon ihr sechstes Zuhause. Man hatte sie – wie sich herausstellte, irrtümlich – als geistig zurückgeblieben eingestuft. Sie waren in mindestens zwei Fällen mißhandelt worden, angeblich weil sie zuviel geweint hätten. Das hatte zur Folge, daß sie sich seitdem in den Schlaf weinten, ohne einen einzigen Laut von sich zu geben.

Wo war da Gott?

Wir bleiben nicht von Leiden verschont! Angehörige sterben. Wir werden von Krankheiten heimgesucht. Die Mitte des Lebens schafft einige Probleme: Enttäuschungen, Versagen, nachlassende körperliche Kräfte, eheliche Untreue, Kummer bei der Erziehung der Kinder. Meine Mutter leidet an der Alzheimerschen Krankheit im fortgeschrittenen Stadium und wird nie wieder nach Hause zurückkehren. Im fortgeschrittenen Alter erleben wir weitere Nöte: Altersschwäche, Hilflosigkeit, Einsamkeit usw.

Damit sind nur solche Leiden angesprochen, die man in relativ normalen Verhältnissen erlebt: Kriege, Rassenhaß, Völkermord, bittere Armut, Hunger haben noch ganz andere Dimensionen, die nicht einmal das Fernsehen angemessen veranschaulichen kann. Bei meiner ersten Reise in ein armes Land der Dritten Welt fiel mir als erstes der entsetzliche Gestank auf.

Der systematischen Ermordung von sechs Millionen Juden durch die Nationalsozialisten in unserem Jahrhundert sind eine ganze Reihe ähnlicher „Holocausts“ gefolgt. In Zentralafrika werden in den nächsten Jahren vermutlich zehn Millionen Menschen an Aids sterben. In China wurden unter dem „Großen Vorsitzenden“ Mao-Zedong Millionen Menschen hingerichtet. Unter Pol Pot starben ebensoviel Kambodschaner wie Juden unter Hitler. Es ist nicht bekannt, wie viele Sowjetbürger unter Stalin ihr Leben lassen mußten. Das Leid, das der Diktator Idi Amin seinem eigenen Volk zufügte, ist ebenfalls nicht zu erfassen.

Und wie verhält es sich mit den „Naturkatastrophen“, mit den Hungersnöten, mit Überschwemmungen? Millionen sind unterernährt. Beim Erdbeben in Mexiko-Stadt kamen 25 000 Menschen ums Leben, bei einer ähnlichen Katastrophe in der Volksrepublik China starben 200 000. Und wie viele sogenannte Naturkatastrophen gehen wirklich auf nicht steuerbare Naturabläufe zurück? Viele sind auf vom Menschen geschaffene Wirtschafts- und Machtstrukturen zurückzuführen – auf despotische Regierungen, Stammeskriege, ungerechte Handelspraktiken und pure Habgier!

Angesichts all dieser Tragödien springt uns die Frage geradezu an: Wo ist da Gott?

Genau diese Frage finden wir auch in der Bibel. Die Psalmendichter, Jeremia, Hiob, Habakuk, Elia werden davon umgetrieben: Gott, wo bist du?[1].

Intensives Nachdenken

Für einige stellt sich das als ein rein intellektuelles Problem dar. Ist Gott sowohl allmächtig und vollkommen gut, wie kann er denn derartige Übel zulassen? Ist er willens aber nicht fähig, Leiden zu verhindern, so ist er nicht allmächtig. Ist er fähig aber nicht gewillt, es zu tun, dann ist er nicht vollkommen gut. Daraus schließt man, daß das Vorhandensein des Übels die Existenz Gottes in Frage stellt.

Für andere besteht das Problem nicht im bloßen Vorhandensein des Übels; sie nehmen Anstoß daran, daß es so viele überflüssige Übel gibt. Vorausgesetzt, daß Gott dem Menschen die Freiheit einräumt, sich gegen seinen Willen aufzulehnen, könnte man folgern, daß das Vorhandensein einiger Übel dem Glauben an Gott nicht abträglich sei. Aber wie erklärt eine derartige Theorie die sogenannten Naturkatastrophen und die unzähligen Leiden, die allem Anschein nach weder Folge der Willensfreiheit des Menschen noch als Strafe erkennbar sind?

Mit diesen Fragen befassen sich einige ausgezeichnete Bücher. Zu den anregendsten unter den für den Laien verständlichen gehört sicherlich das Bändchen von C. S. Lewis über den Schmerz[2]. Lewis' Argumente werden freilich bei nur wenigen Lesern auf uneingeschränkte Zustimmung stoßen; seiner späteren Schrift *über die Trauer*[3] hingegen, abgefaßt kurz nach dem Tod seiner Frau, ist breite Zustimmung sicher. Mehrere

Religionsphilosophen sind in den letzten Jahren mit höchst anspruchsvollen Werken hervorgetreten, in denen sie den Nachweis erbringen, daß der christliche Glaube trotz des Vorhandenseins des Übels in sich logisch widerspruchsfrei ist[4]. Sie haben in Fachkreisen Anerkennung gefunden. Im vorliegenden Buch werde ich gelegentlich auf ihre Argumente eingehen, doch ist das keineswegs der Schwerpunkt meiner Arbeit.

Der Grund hierfür liegt auf der Hand. Tatsache ist, daß viele sich über solche Fragen keine Gedanken machen. Viele schlichte Christen halten unbekümmert an der Allmacht als auch an der Vollkommenheit Gottes fest, ohne dabei zu bestreiten, daß die Welt voller Übel ist. Sie empfinden nicht, daß diesbezüglich ein Problem vorliegt und geben sich mit theologischen Patentrezepten zufrieden: Das Leiden ist eine Folge der Sünde; die Willensfreiheit bedeute, daß Gott die Menschen nicht daran hindert, Fehler zu begehen; Himmel und Hölle werden zuletzt für einen Ausgleich sorgen.

Vielleicht müßten wir in der Tat gar nicht über derartige Fragen nachdenken. Wir wissen, daß Gott uns liebt, und das reicht vollkommen für uns aus! Warum sich den Kopf über Dinge zerbrechen, die wir nicht verstehen und schon gar nicht ändern können? Aber dann erleben wir etwas, das uns bis ins Mark erschüttert. Vielleicht belegen wir während unseres Studiums ein Philosophieseminar. Vielleicht tritt in der Familie ein außerordentlich schmerzlicher Trauerfall ein. Unser Vater stirbt; unser Kind erkrankt an multipler Sklerose. Unser Ehepartner verläßt uns um eines anderen willen. Der Posten, auf den wir unsere ganze Hoffnung gesetzt haben, wird einem anderen angeboten. Wir ziehen uns eine unheilbare Krankheit zu. Wir werden depressiv, geraten in den Sumpf der Verzagtheit. Unser christliches Zeugnis erweist sich nicht nur als fruchtlos, sondern Bekannte und Kollegen nehmen daran Anstoß. Wir werden arbeitslos und verlieren dadurch unser Haus und unsere Ersparnisse. Und plötzlich bedrängt uns hautnah die Frage nach dem Warum – nach dem Leid.

Mit anderen Worten: Tiefe Betroffenheit angesichts der Leiden und Nöte ist abhängig von der Person des Betroffenen. Das können wir anhand eines einfachen Modells verdeutlichen[5]. Nehmen wir an, Hans hält an einer Reihe von Annahmen fest, die wir hier S nennen wollen. S sei entweder in sich widersprüchlich oder widerspruchsfrei, was nicht eindeutig ist. S ist das, woran Hans glaubt. Aber dann fügt Hans seiner Weltanschauung aus irgendeinem Grunde die Einschränkung R hinzu, die besagt, daß S in sich widersprüchlich sei. Jetzt hält Hans $S + R$ für wahr, aber diese neue Weltanschauung, nennen wir sie S_0, ist in sich nicht stabil. Hans ist in ein „erkenntnistheoretisches Dilemma" hineingeraten: Entweder er findet einen Grund, die Überzeugung *R* fallenzulassen, um entweder seine neue Weltanschauung S_0 wieder mit der alten, *S*, zu ersetzen oder er muß einige Elemente von *S* so abwandeln, daß *R* hinfällig wird. Gibt er einige seiner bisherigen Annahmen auf, dann wandelt sich *S* in eine neue Weltanschauung S_1. Noch einmal: Es ist in diesem Zusammenhang unbedeutend, ob *S* wirklich in sich widerspruchsfrei ist oder nicht. Der springende Punkt ist, daß S_0, die Summe aus $S + R$, in sich nicht stabil ist und darum für Hans zu einer Quelle dauernder Besorgnis wird. Er wird sich einem enormen Druck ausgesetzt fühlen, entweder *R* fallenzulassen und zu *S* zurückzukehren oder seine bisherigen Annahmen in S_1 abzuwandeln, was *R* überflüssig machen würde.

Machen wir das an einem konkreten Beispiel deutlich. Nehmen wir an, Hans ist rechtgläubiger evangelischer Christ. Zu seiner Weltanschauung *S* gehören fester Glaube an die Güte und Kraft Gottes usw. Dann bereist Hans ein paar Monate lang die Dritte Welt und wird zum ersten Mal in seinem Leben mit einem ungemeinen Ausmaß menschlichen Leids konfrontiert. Allmählich macht er sich *R* zu eigen: Er versteht nicht, wie sein Glaube an Gott und die Welt miteinander zu vereinbaren sind. Das bereitet ihm erhebliche innere Not. Es ist möglich, daß er wieder zu der Einsicht gelangt, daß *R* unbegründet ist, und es fallenläßt – und somit zu seinen orthodoxen Anschauungen zurückkehrt –, oder aber er wird dem von *R* ausgeübten Druck erliegen und an einigen Elementen von *S* Änderungen vornehmen, um am Ende mit einer leicht abgewandelten Weltanschauung S_1 zu leben: Er glaubt noch an die Existenz und die Güte Gottes, aber nicht mehr an dessen Allmacht.

In gewisser Weise ist dieses Modell noch zu verkopft, zu rationalistisch. Nach meiner Erfahrung sehen sich die meisten Christen, denen das Problem des Leidens und der Nöte bewußt wird, zugleich einer ganzen Reihe anderer Zwänge ausgesetzt. Vielleicht spielt ein unbeständiges Gebetsleben dabei eine Rolle; vielleicht haben sie Angst, das Vertrauen und die Zuneigung ihrer christlichen Freunde aufs Spiel zu setzen, und unterdrücken deshalb ihre Fragen, anstatt darüber zu reden. Vielleicht werden zur gleichen Zeit bedeutende geistliche Kämpfe ausgetragen, von denen die anderen kaum etwas erahnen. Manchmal setzen in solchen Situationen Depressionen ein (diese können u. a. durch eine Störung des chemischen Gleichgewichts im Körper ausgelöst werden), oder eine bereits vorhandene Neigung zur Verzweiflung wird durch Schlafmangel verstärkt. Zusätzlich können sich Verdauungsbeschwerden, Schlaflosigkeit und Kopfschmerzen einstellen, die den Teufelskreis komplett machen und die ursprünglichen Zweifel im Blick auf das Leiden und die Nöte noch intensivieren.

Bei allem aber schält sich die Einschränkung *R* – die langsam ins Bewußtsein sickernde Überzeugung, daß irgend etwas mit unserer Weltanschauung nicht in Ordnung ist – als Kern des Problems heraus. Deshalb ist es unerläßlich, daß Christen gerade im Hinblick auf Fragen des Leidens und der Nöte einen gefestigten Standpunkt haben, ehe eine persönliche Tragödie oder irgendeine andere umwälzende Erfahrung sie zwingt, jene schmerzliche Einschränkung *R* in ihre Weltanschauung aufzunehmen.

Es müssen noch zwei weitere Faktoren berücksichtigt werden:

1. Selbst wenn wir *R* (die Überzeugung, daß unsere Weltanschauung in sich widersprüchlich sei) nie in das Gesamtgefüge unseres Denkens aufnehmen, bedeutet das nicht, daß wir bis in alle Einzelheiten verstehen, wie die diversen Annahmen, die ich zusammenfassend als *S* bezeichnet habe, miteinander harmonieren. Mit anderen Worten: Wir können unsere Weltanschauung für logisch widerspruchsfrei halten, ohne im einzelnen erklären zu können, *weshalb* sie logisch widerspruchsfrei ist. Wir können das Rätselhafte, das Unergründliche durchaus im Raum stehenlassen. Wir könnten beispielsweise die Ansicht vertreten, daß Gott sowohl allmächtig als auch gut ist, obwohl das Übel wirklich existiert, und dies in einer geheimnisvollen Weise miteinander harmoniert, was zu verstehen wir uns nicht anmaßen. Ein solcher Standpunkt ist im Grunde nicht unlogisch. Nur: Wenn wir das Unbegreifliche an der falschen Stelle ausmachen, wird uns dieser Fehler nach meiner Erfahrung früher oder später sehr zu schaffen machen. Auf diesen Punkt werde ich in Kapitel 11 zurückkommen.

2. Noch wichtiger ist folgendes: Auch wenn unsere Weltanschauung *S* nicht mit der Einschränkung *R* (welche besagt, daß *S* nicht widerspruchsfrei sei) belastet ist, folgt daraus nicht notwendigerweise, daß *S* für uns sehr tröstlich ist, wenn wir leiden. Nackte Überzeugungen bieten angesichts schlimmer Erfahrungen des Leidens und der Schmerzen nur wenig Linderung.

Drücken wir es in der Begrifflichkeit geistlicher Erfahrung aus: Christen benötigen in finsteren Leidenszeiten mehr als die Gewißheit, daß ihre Annahmen widerspruchsfrei sind. Sie schöpfen ihren Trost allein aus dem lebendigen Herrn selbst, aus dem Geist, den er in seiner Gnade geschenkt hat, und aus einem erneuerten Verständnis, einem fühlbaren Erleben der Liebe Gottes in Christus Jesus (Epheser 3,14-21). Damit ist nicht gesagt, daß ihre Überzeugungen belanglos sind. Um daraus aber

Trost schöpfen zu können, muß der Christ sie nicht nur für wahr und widerspruchsfrei halten, sondern sie auch *anzuwenden* lernen. Die Wahrheiten des christlichen Glaubens sind nicht dazu da, im Lagerhaus unseres Geistes gespeichert zu werden, sondern um sie zu gebrauchen und auf die Herausforderungen des Lebens und der Jüngerschaft anzuwenden. Tun wir das nicht, so sind sie nicht in der Lage, uns zu Trost und Beständigkeit, zu Gottesfurcht und Mut, zu Demut und Freude, zu Heiligung und Glauben zu verhelfen.

Ehe wir dazu übergehen, darüber nachzudenken, wie uns verschiedene trostreiche Themen der Bibel als schützende Deiche dienen können, wenn die Sturmfluten der Nöte, der Schmerzen und der Leiden über uns hereinbrechen, wird es die Mühe lohnen, vor einigen angeblichen Schutzvorrichtungen zu warnen, die äußerst unsicher sind und uns in höchste Gefahr bringen können. Sie versprechen Sicherheit, sind jedoch in Wirklichkeit brüchig.

Fragen zum weiteren Nachdenken

1. Stellen Sie eine eigene Liste verschiedener Leidensarten zusammen. Zählen Sie sowohl die Leiden auf, die Sie in der Welt um sich herum wahrnehmen, als auch das, was Sie selbst erlitten haben.
2. Fühlen Sie sich hin und wieder wegen des Problems des Leidens bedrückt? Wenn ja, warum? Wenn nicht, warum nicht?
3. Wie vereinbaren Sie nach Ihrem augenblicklichen Verständnis die Weltregierung und die Güte Gottes mit dem Vorhandensein so vieler Nöte und Leiden?
4. Hat es in Ihrem Leben eine Zeit gegeben, in der sich Ihnen beunruhigende Fragen über die Liebe oder die Kraft Gottes aufdrängten? Was löste diese Krise aus? Wodurch konnten Sie sie bewältigen?
5. Woraus schöpfen Sie als gläubiger Christ den größten Trost?

Anmerkungen

[1] Alle wörtlich angeführten Bibelstellen im vorliegenden Buch sind, sofern nicht anders angegeben, der englischsprachigen New International Version nachempfunden. Einzelne Ausdrücke wurden dabei sowohl der Einheitsübersetzung (© 1980 Katholische Bibelanstalt

GmbH, Stuttgart) als auch der revidierten Lutherübersetzung (© 1985 Deutsche Bibelgesellschaft, Stuttgart) entnommen [Anm. d. Übers.].

2 Clive S. Lewis, *Über den Schmerz.* Ins Deutsche übertragen von Hildegard und Josef Pieper. Gießen, Basel: Brunnen, 1991 (ABC-Team 3355).

3 Clive S. Lewis, *Über die Trauer.* Aus dem Englischen übertragen von Alfred Kuoni. Zürich: Benziger, 1991 (3. Aufl.).

4 So beispielsweise Alvin J. Plantinga, *God, Freedom and Evil,* Grand Rapids: Eerdmans, 1974. Nützliche Übersichten bieten Stephen T. Davis, „The Problem of Pain in Recent Philosophy," *Review and Expositor* 82 (1985), S. 535-548; Ronald H. Nash, *Faith and Reason: Searching for a Rational Faith,* Grand Rapids: Zondervan, 1988, S. 175-221. [In deutscher Sprache liegt vor: Richard Swinburne, *Die Existenz Gottes.* Aus dem Englischen übersetzt von Rudolf Ginters. Stuttgart: Reclam, 1987 (UB 8434 [6]) – Anm. d. Übers.]

5 Mit geringfügigen Änderungen übernommen aus: George I. Mavrodes, *Belief in God,* New York: Random, 1970.

2. Falsche Schritte

Falsche Schritte, die auf Unwissenheit und Anmaßung beruhen

Eine gemütskranke junge Frau verschafft sich mit vorgehaltener Handfeuerwaffe Zutritt zu einer Grundschule im wohlhabenden Städtchen Winnetka, einige Meilen nördlich von Chicago. Offensichtlich zu allem entschlossen, eröffnete die Frau auf eine Gruppe von Schülern das Feuer; einer wurde getötet, mehrere erlitten Schußverletzungen. Ein Erwachsener, der die Frau in einem nahegelegenen Wohnhaus festzuhalten versuchte, wurde ebenfalls durch Schüsse schwer verletzt. Zum Schluß jagte sich die Frau, von der Polizei umzingelt, selbst eine Kugel durch den Kopf.

Die Bewohner des Städtchens waren erschüttert. Stundenlang kümmerten sich herbeigerufene Psychologen um die Schüler und Schülerinnen sowie um deren Eltern. Im Rundfunk wie im Fernsehen kam es zu heftigen Gefühlsausbrüchen fassungsloser Eltern und anderer Bürger. Journalisten erläuterten in langen Kommentaren, wie die Tragödie hätte verhindert werden können: welche Behörden bei der Betreuung der gemütskranken Frau versagt hatten; weshalb man ihr nie hätte erlauben dürfen, in den Besitz einer Schußwaffe zu gelangen; welche Personen es unterlassen hatten, die Behörden zu alarmieren – und dergleichen mehr. Einige der Stellungnahmen hatten zweifellos eine befreiende Wirkung.

Sie gewährten aber auch erschreckende Einblicke. Zumindest in einigen Reaktionen spiegelten sich falsche, unerfreuliche Annahmen wider:

1. „Gewalttaten dieser Art sollten nur in von Schwarzen bewohnten Siedlungen, in Elendsvierteln, in der Dritten Welt und unter Drogenabhängigen vorkommen; daß so etwas in einem bürgerlichen, mittelständischen, von Weißen bewohnten Vorort vorgefallen ist, finde ich unerhört.“
Natürlich hat es keiner ganz so kraß ausgedrückt; und doch verbarg sich hinter der Entrüstung manch eines braven Bürgers genau diese Einstel-

lung. Man bekundete, daß das Übel sich auf andere zu beschränken habe, insbesondere auf solche, die auf alle die Vorteile, deren wir uns erfreuen, verzichten müssen. Man erkannte nicht, daß die ganze Welt im argen liegt – daß das Übel zum menschlichen Dilemma dazugehört und weder durch Gesetze noch mit Geld abzuschaffen ist.

2. *„Ich gehe davon aus, daß ich mir mit meinem Geld Sicherheit kaufen kann. Ich verlasse mich auf nichts und niemanden außer auf mich selbst und meine finanziellen Mittel; geht dennoch etwas schief, dann wird Gott zu den ersten gehören, die ich anklagen werde.“* Es entbrannten Diskussionen über Sicherheitsvorkehrungen, über den Einsatz von Sicherheitskräften an den Schulen, über die Notwendigkeit einer personellen Aufstockung der Schutzpolizei usw. Ungeachtet der Vorzüge einzelner Vorschläge steckte eine erstaunliche Haltung dahinter: Mein Geld müßte in der Lage sein, mir Sicherheit zu verschaffen.

3. *„Die Sicherheit meines Kindes ist viel wichtiger als das Schicksal der äthiopischen Kinder, die jede Woche zu Hunderten den Hungertod erleiden.“* Differenzierungen dieser Art sind natürlich nicht zu vermeiden. Es ist nicht möglich, für Menschen, die man nur von flimmernden Fernsehbildern her kennt, die gleiche Teilnahme zu empfinden wie für Menschen, deren Existenz mit unserer eigenen verflochten ist. Außerdem kann die ständige Berichterstattung über Katastrophen in den Medien dazu führen, daß wir empfindungsmäßig abschalten: Wir haben einfach nicht die Kraft, uns um so viele Notleidende zu sorgen; darum machen wir uns um so intensiver Sorgen um die, die uns nahestehen.

Selbstverständlich wird die Intensität unserer Trauer über einen Todesfall von der Beziehung bestimmt, die wir zum Verstorbenen unterhielten. Eine äthiopische Witwe, die während einer Dürreperiode ihren Sohn verliert, wird für die Opfer eines Erdbebens in China nicht so viele Tränen vergießen wie für ihren eigenen Sohn. Man darf hier keine künstlichen Maßstäbe anlegen: Familiäre und gesellschaftliche Bande sind stark, und darum wird es als besonders schmerzlich empfunden, wenn sie brutal zerrissen werden. Und doch werde ich das Gefühl nicht los, daß bei den Bürgern von Winnetka ein eher weltanschauliches Problem vorlag. Ihre Erschütterung war nicht allein deshalb so groß, weil sie das ermordete Kind persönlich kannten; hinzu kam, daß sie sich selbst für etwas Besonderes hielten. Man sprach davon, daß die Aussichten eines intelligenten Kindes auf eine glänzende Karriere, vielleicht an der Harvarduniversität, auf Urbanität, Esprit, Charme und Reichtum rücksichtslos zerstört worden seien. Den Verlust maß man nach dem potentiellen Bildungsgrad, Einkommen oder Einfluß des ermordeten Kindes. Niemand sprach davon, daß ein nach dem Ebenbild Gottes geschaffenes Menschenkind getötet worden war.

4. *„Die Vorstellung, die Welt sei von Grund auf böse gefallen, mag eine gewisse Gültigkeit haben, ich selbst aber bin ein guter Mensch."* Kaum jemand kam auf den Gedanken, sich selbst zu prüfen oder sich zu fragen: Welche Zwänge hätten möglicherweise auch mich veranlaßt, mich so brutal zu verhalten wie diese junge Frau?

5. *Bei den Gebeten gläubiger Einwohner um Schutz ging es fast ausschließlich um Themen wie äußere Sicherheit, Eigentum und materiellen Wohlstand.* Aus dieser Tragödie etwas über die Vergänglichkeit des Lebens oder über die bleibenden Werte des Reiches Gottes zu lernen, war nicht zu erkennen. Niemand sagte: „Diese furchtbare Tragödie hat mir neu vor Augen geführt, wie kurz das Leben ist, und mich gemahnt, verantwortungsbewußter und weniger egoistisch mit meiner Zeit umzugehen."

Wir wollen Sicherheit – um jeden Preis. Nur hat diese Sicherheit herzlich wenig mit der Sicherheit zu tun, die wir bei Gott finden, wenn wir zu ihm gehören und ihm die Verfügungsgewalt über unser Leben einräumen.

Die hier aufgezählten Reaktionen auf Leiden und Schmerzen sind keineswegs die logischen Folgerungen einer in sich schlüssigen Weltanschauung. Das macht sie aber in gewisser Weise noch verwerflicher – handelt es sich doch um spontane Äußerungen über das Übel, das uns überall widerfahren kann! Wie ich meine, haben diese Äußerungen nicht nur einen Beigeschmack von Anmaßung und Arroganz – und von Angst, daß die hohen Mauern, die wir zu unserer eigenen Sicherheit errichtet haben, sich als weniger wirksam erweisen könnten, als wir allgemein annehmen.

Erfreulich ist, daß einige Bürger von Winnetka nicht ins gleiche Horn bliesen. Von weitgehend säkularisierten Menschen kann man kaum reife, geistliche Haltungen erwarten. Mich beunruhigt aber, daß man auch innerhalb der Gemeinde Jesu auf ähnliche Reaktionen stößt. Gehen wir als Christen davon aus, daß wir gegen Übel dieser Art gefeit seien, dann kann es bei ihrem Auftreten auch bei uns zu Empörung und Entrüstung kommen. Dafür gibt es mindestens fünf Gründe:

1. Wir lesen die Bibel durch eine gefärbte Brille. Wir gedenken der wunderbaren Siege Josefs, Gideons und Davids, denken an die wunderbare Heilung des Blindgeborenen oder die Auferweckung des Lazarus u. a. Wir finden weniger Gefallen daran, über die Leiden Jeremias, die Erkrankung des Timotheus oder des Trophimus oder den Stachel im

Fleisch des Paulus nachzudenken. Der gerechte Nabot erlitt aufgrund völlig aus der Luft gegriffener Vorwürfe die Todesstrafe (1. Könige 21). Die „Helden" sind nicht immer siegreich. Auf dieses Thema werden wir später noch einmal zurückkommen; an dieser Stelle genügt die Feststellung: Geben wir uns keine Mühe, die Ausgewogenheit der Schrift zu beherzigen, werden wir allzuleicht mit einer frommen Spielart der selbstherrlichen Siegermentalität angesteckt, die unsere Gesellschaft weithin beherrscht.

2. Wir erliegen der Versuchung, jedes Problem für besonders vordringlich zu halten. Wir meinen, Gott sei verpflichtet, jede Not sofort zu lindern, und zwar wegen seiner Verheißungen. Da unsere Welt äußerst schnellebig ist, erwarten wir, daß Gott sich ebenso prompt um unsere Anliegen kümmert, wie wir es von Hochleistungscomputern her gewohnt sind. Wir verdrängen die einschlägigen biblischen Zeugnisse. Mose mußte 40 Jahre in der Wüste verbringen, ehe er das Volk Israel aus Ägypten führen konnte; die Rechtfertigung Josefs ließ 20 Jahre oder länger auf sich warten; sogar die Seelen unter dem Altar müssen sich in Geduld fassen (Offenbarung 6,9 f.). Gott muß keineswegs auf unser Zeitgefühl Rücksicht nehmen. Er hat uns zwar seine Fürsorge verheißen, aber er weiß, daß Verzögerungen für uns nicht unbedingt von Übel sind. Wer Gott in allem vertraut, wird diese Wahrheit erkennen. Halten wir Rückschau auf das eigene Leben, dann entdecken wir, daß es Gottes Zeitplan ist. Wir gleichen oft Kindern, die keine Bitte aussprechen können, ohne das Wörtchen „jetzt" einzufügen.

3. Manche mißdeuten wichtige Bibeltexte. In Römer 8,28 heißt es: „Wir wissen: Gott hat in allem das Wohl derer im Auge, die ihn lieben und die nach seinem Plan berufen sind." Wer hier „Wohl" im Sinne irgendwelcher egoistischer oder rein materieller Bedürfnisse auslegt, hat das Wesentliche in diesem Abschnitt nicht verstanden. Im Textzusammenhang erfahren wir, daß dem Volk Gottes, da es immer noch der dem Tod und der Vergänglichkeit unterworfenen Schöpfung angehört (V. 22 ff.), allerlei *Übles* widerfährt, nicht zuletzt Verfolgung (V. 35 ff.). Der Abschnitt meint also: Mitten in allem Elend können wir die Gewißheit haben, daß Gott „das Wohl derer im Auge hat, die ihn lieben". Verheißungen dieser Art müssen im Glauben angenommen werden – wobei unser Glaube dadurch gefestigt wird, daß Gott seine Liebe bereits unter Beweis gestellt hat, indem er uns seinen Sohn gab (V. 31 f.). Nirgendwo in diesem Text wird uns ein auf Rosen gebettetes Leben oder eine schnelle Befreiung vom „Seufzen", an dem die gesamte Schöpfung Anteil hat, versprochen.

4. Es gibt eine Theologie, in der es keine offenen Fragen geben darf. Für jedes Problem gibt es eine Patentlösung, vor allem aber für die anderer Leute. Selbstsicherheit und starre Rechtgläubigkeit können uns eine falsche Glaubensgewißheit aufladen. Wir kennen uns in der Dogmatik so gut aus, daß für das Geheimnisvolle, das Unergründliche und das Verborgene wenig Raum bleibt. Wenn uns aber selbst ein Schicksalsschlag ereilt und wir erfahren, daß uns die Dogmen, die wir so lauthals und selbstsicher verkündet haben, nur wenig Trost bieten, wird unsere Verzweiflung um so tiefer sein. Wir fangen an, die elementaren Wahrheiten unseres Glaubens in Frage zu stellen.

Deshalb ist es außerordentlich wichtig, uns darüber im klaren zu sein, wann wir es mit Gewißheiten und wann mit Geheimnissen zu tun haben. Ein Glaube, der aus lauter Gewißheiten besteht, macht überheblich, starr und unbeugsam. Schlimmer noch: Der Glaubende, dessen Weltbild wegen der Wechselfälle des Lebens ins Wanken gerät, wird quälenden Zweifeln ausgeliefert. Gott ist nicht groß genug, daß wir uns, wenn wir bis zum Hals in Schmerzen und Niederlagen stecken, nicht auf ihn verlassen können. Umgekehrt gilt aber auch: Besteht unser Glaube nur noch aus Geheimnissen, dann haben wir keine feste, verbindliche Botschaft mehr. Ein solcher Glaube unterscheidet sich nicht von naiver Leichtgläubigkeit. Darum will dieses Buch sowohl auf einige Punkte hinweisen, über die wir als Christen keinen Zweifel aufkommen lassen dürfen, als auch versuchen, soweit möglich Geheimnisse zu erhalten.

5. Leider wird oft nicht ausreichend über das Kreuz nachgedacht. Wir sind es gewohnt, das Kreuz als das zu sehen, durch das unsere Erlösung vollbracht wurde. Was heißt es aber, unser Kreuz auf uns zu nehmen, täglich zu sterben und die Leiden Christi zu ergänzen (vgl. Kolosser 1,24)?

So kann es vorkommen, daß wir als Christen kaum anders auf Schmerzen und Leid reagieren als unsere ungläubigen Nachbarn. Wir müssen unbedingt unsere Unkenntnis überwinden und erkennen, was das Wort Gottes zu diesem Thema sagt, und die Vermessenheit abbauen, die uns zu der Meinung verleitet, wir müßten von derartigen Übeln verschont bleiben.

Die bisher beschriebenen „falschen Schritte" beruhen, so verbreitet sie auch sein mögen, auf persönliche Fehleinschätzungen. Die im nächsten Abschnitt zu besprechenden sind dagegen das Resultat grundlegender nicht-christlicher Denkstrukturen.

Falsche Schritte, die auf einer nicht-christlichen Weltanschauung beruhen

Die mechanistische Weltauffassung des Atheismus

Diese Weltanschauung tritt zwar in verschiedenen Variationen auf, doch haben alle einen gemeinsamen Schwachpunkt: Sie bagatellisieren das Übel. Wenn es keinen Gott und kein außerweltliches Kriterium für das Gute gibt, wenn alles, was geschieht, ein Abfallprodukt der Evolution, ein zufälliges Zusammenstoßen atomarer und subatomarer Teilchen ist, welcher vernünftige Mensch hätte da Grund, sich über scheinbare „Übel" aufzuregen?

Auf den gläubigen Christen übt der Atheismus kaum Anziehungskraft aus. Dennoch sollten wir uns vor Augen halten, daß er keinerlei überzeugende Antwort auf das Problem des Übels bietet. Der Atheist haut den gordischen Knoten durch, indem er die Nichtexistenz des Übels behauptet. Die christliche Verkündigung muß diese Ansicht mit allem Nachdruck angreifen. Oft haben Atheisten mit ihrer Ansicht Christen zugesetzt, in unserem von Gewalt erfüllten Jahrhundert wirkt ihr Versuch einer Lösung aber weniger glaubhaft als der christliche, sosehr auch dieser mit Schwierigkeiten behaftet sein mag.

Gott wird die Allmacht abgesprochen

Wie wir sehen werden, wird diese Position auch von einigen Christen vertreten. Sie ist aber nicht nur von der Bibel her unhaltbar, sondern wirft auch wesentlich mehr Probleme auf, als sie zu lösen vermag.

Doch müssen wir uns zunächst über die Begriffe, die wir hier verwenden, Klarheit verschaffen. Mit der Aussage: „Gott ist allmächtig" ist nicht gemeint, daß Gott absolut alles bewirken kann. Viele Theologen unterscheiden zu Recht zwischen dem physisch und dem logisch Möglichen. Ist etwas *logisch* unmöglich, dann untersteht es nicht der göttlichen Allmacht, und zwar aus dem einleuchtenden Grunde, daß es in sich einen Widerspruch birgt. Die Annahme, Gott könne zwei Berge nebeneinander erschaffen ohne ein sie trennendes Tal, ist in sich widersprüchlich, ebenso die Vorstellung, Gott könne einen viereckigen Kreis zeichnen oder einen Stein erschaffen, der so schwer wäre, daß Gott selbst ihn nicht anzuheben vermag. Das alles sind Pseudohandlungen; derartig logisch unmögliche Aufgaben dürfen nicht mit dem physisch Unmöglichen gleichgesetzt werden. „Eine logisch unmögliche Handlung ist keine

Handlung. Sie entspricht zwar einer Formulierung, die angeblich eine Handlung beschreibt, doch dieser Formulierung entspricht ihrerseits nichts, wovon man ohne logischen Widerspruch annehmen könnte, daß es zu vollbringen wäre.“[1]

Mit unserem Bekenntnis zur Allmacht Gottes meinen wir also, daß Gott alles bewirken kann, was nicht logisch unmöglich ist. Nun haben aber viele Denker das Problem des Übels dadurch zu „lösen“ versucht, daß sie Gott die Allmacht abgesprochen haben. Ihrer Ansicht nach steht Gott in keinerlei Hinsicht hinter dem Übel. Widerfährt einem Menschen ein Übel oder Leiden, dann nur, weil irgend jemand oder irgend etwas es bewirkt hat. Gott hat nicht nur selbst nichts damit zu tun, er hätte es auch nicht verhindern können, sonst wäre er für das Übel mitverantwortlich.

Eine bekannte neuzeitliche Darlegung dieses Standpunkts findet man in Harold Kushners in hohen Auflagen verbreitetem Buch *Wenn guten Menschen Böses widerfährt*[2]. Kushner verlor seinen Sohn, und in seiner Trauer darüber begann er seinen überkommenen jüdischen Glauben in Frage zu stellen. Obwohl er Rabbiner war, kam Kushner zu dem Schluß, daß Gott den Tod seines Sohnes nicht verhindern konnte. Er schreibt: „Es fällt mir leichter, einen Gott zu verehren, dem Leiden verhaßt sind, sie aber nicht verhindern kann, als einen Gott, der Kinder leiden und sterben läßt.“[3] Von der gebundenen Ausgabe seines Buches wurden über eine halbe Million Exemplare verkauft; die Taschenbuch-Ausgabe erreichte schnell eine Auflage von über einer Million. Kushner hat offensichtlich den Nerv der Zeit getroffen: Menschen in Not sind auf der Suche nach Antworten und finden Kushners Ansicht überzeugend.

Seine „Lösung“ tritt in vielen verschiedenen Variationen auf. Viele machen sich eine Form des Dualismus zu eigen, jener Weltanschauung, nach der zwei „Prinzipien“, ein gutes und ein böses, in der Welt am Werk sind, aber keines die Oberhand über das andere gewinnen kann. Manchmal wird in einer abgewandelten Form dieses Weltbildes Satan als die Personifikation des Bösen oder als ein personhafter böser Geist, der hinter allem Übel stehe, aufgefaßt. Gott wird dagegen als der Geist verstanden, der hinter allem Guten steht. Das Besondere an dieser Weltanschauung besteht darin, daß weder Satan noch Gott als absolut gedacht wird; keiner von beiden ist allmächtig.

Gottes Allmacht wird aber auch auf andere Weise bestritten. Aus philosophischen Überlegungen heraus folgern einige Denker, daß Gott in gewisser Weise an die Zeit gebunden sei. Sie behaupten, es sei logisch unmöglich, daß Gott eine Welt hätte erschaffen können, von der er gewußt hätte, daß sie besser sei als die, die er erschaffen hat. Gott könne die

Zukunft nicht unfehlbar vorauswissen, denn die Zukunft sei nicht festgelegt. Die gesamte Schöpfung sei demzufolge zwangsläufig so etwas wie ein Experiment, bei dem Gott den Menschen gewisse absolute Freiheiten gewährt, um festzustellen, ob sie verantwortungsbewußt damit umgehen oder nicht[4].

Unter dem Einfluß der sogenannten „Prozeßtheologie" vertreten andere wiederum die Ansicht, Gott sei begrenzt und arbeite eng mit dem Menschen zusammen an dem großartigen Projekt, den Umfang des Übels und des Leidens möglichst gering zu halten. Dabei verfüge jeder moralisch Handelnde über eine eigene Machtvollkommenheit. Folglich sei es unmöglich, über einen anderen moralisch Handelnden eine uneingeschränkte Kontrolle auszuüben. Daß Gott die Macht dazu fehle, könne ihm daher nicht als Schwäche ausgelegt werden; auch ein allmächtiger Gott könne das logisch Unmögliche – und dazu zählt nach dieser Auffassung das Lenken eines anderen Handelnden – nicht vollbringen[5].

Es hat wenig Sinn, weitere Ausformungen dieser Auffassung aufzuzählen. Aus christlicher Sicht ergeben sich mindestens drei Schwierigkeiten. Erstens läßt sich dieses Gottesverständnis schwerlich mit der Schrift vereinbaren. Eine Zusammenfassung der biblischen Aussagen folgt in einem späteren Kapitel. An dieser Stelle genügt die Feststellung: An einen solchen Gott wird der biblische Weisheitsdichter kaum gedacht haben, als er schrieb: „Der Mensch denkt sich in seinem Herzen einen Plan aus, aber der Herr lenkt seine Schritte" (Sprüche 16,9).

Die zwei verbleibenden Schwierigkeiten sind nicht weniger schwerwiegend. Ist Gott – entgegen der biblischen Auffassung – nicht allmächtig, woher soll man dann Gewißheit darüber bekommen, wie die Weltgeschichte ausgehen wird? Stimmt der Dualismus, dann hat das Böse die gleichen Aussichten auf den Endsieg wie das Gute. Ist die Welt nur ein Experiment, wird Gott eines Tages womöglich eingestehen müssen, das Experiment sei gescheitert, und uns einfach abschreiben. Manche Ausleger sind tatsächlich der Ansicht, dies entspreche ganz und gar der Darstellung Gottes in der alttestamentlichen Sintfluterzählung. Wird dagegen auf Schriftstellen hingewiesen, die eindeutig den göttlichen Endsieg bezeugen, und daß das Reich dieser Welt eines Tages zum Reich unseres Herrn und seines Christus werden wird (Offenbarung 11,15), wird eingewendet, die Bibel enthalte Gottesvorstellungen, die nicht miteinander übereinstimmten[6]. Wie aber sind diese unterschiedlichen Gottesvorstellungen auf einen gemeinsamen Nenner zu bringen? Übernehmen wir nur Aussagen der biblischen Theologie, die uns persönlich zusagen, laufen wir unmittelbar Gefahr, uns einen Gott nach unserem Bild zu erschaffen. Ein solcher Gott aber ist nicht fähig, Herr aller Dinge zu sein.

Noch wichtiger ist die Feststellung, daß dieser Gott uns keinen Trost geben kann. Der Glaube an einen allmächtigen Gott wirft zwar schwierige Fragen darüber auf, warum dieser Gott, wenn er gut ist, Böses und Leiden zuläßt, doch rechnet er mit seinem helfenden Eingreifen, mit der Überwindung aller Leiden und dem eschatologischen Sieg des Guten. Werfen wir den Glauben an die Allmacht Gottes über Bord, „lösen" wir vielleicht das Problem des Übels, aber nur um einen furchtbaren Preis: Ein so begrenzter Gott ist nicht in der Lage, uns zu helfen. Er kann uns möglicherweise bemitleiden, vielleicht sogar mit uns mitleiden, aber uns weder gegenwärtig noch in Zukunft helfen. Es ist zwecklos, zu einem solchen Gott zu beten und ihn um Hilfe anzuflehen. Auch wenn Harold Kushners Suche nach einem Gott, den er verehren kann, Sympathie erweckt – am Ende verehrt er einen Gott, der nicht helfen kann.

Gott im Deismus

Worin besteht der Unterschied zwischen Theismus und Deismus? Theisten glauben an die Existenz eines persönlichen, transzendenten Gottes, der die Welt erschaffen hat und sie vermöge seiner Vorsehung regiert. Zu den Theisten zählen Christen, orthodoxe Juden, Moslems und andere. Deisten glauben zwar an einen transzendenten Gott, der möglicherweise auch eine Person ist, doch leugnen sie, daß dieser Gott sich persönlich offenbart. Der Deist denkt sich Gott als Schöpfer, der die Welt geschaffen hat, ihr eine Ordnung und Naturgesetze gab und sie dann sich selbst überließ, wie ein Uhrmacher sich Mühe gibt, ein gutfunktionierendes Uhrwerk herzustellen, sich danach aber nicht weiter darum kümmert. Dieser Gott ist zu „groß", zu transzendent, als daß er sich mit unbedeutenden Wesen, wie wir Menschen es nun einmal sind, oder mit den „kleinen" Vorkommnissen, die wir als Übel und Leiden wahrnehmen, abgeben will. Insofern gleicht er Menschen, die sich keine Gedanken über Leiden oder andere Widrigkeiten machen, denen etwa Wegschnecken oder Flöhe ausgesetzt sind.

Auch dieses Gottesbild läßt sich nicht mit dem der Bibel vereinbaren. Der Gott der Bibel interessiert sich für alle Taten und Gedanken der Menschen. Es gibt nichts, was nicht seiner Weltregierung untersteht. Die Haare auf unserem Haupt sind gezählt; kein Spatz fällt zur Erde ohne seine Zustimmung. Ob ich sitze oder stehe, Gott sieht es; er lenkt die Herzen der Regierenden. Er ist ein *persönlicher* Gott. Die Bibel stellt ihn nicht nur als unerschöpfliche Quelle elementarer Kraft dar, sondern vielmehr als Person, die zu lieben, zu hassen, zu sprechen, zu antworten, die Initiative zu ergreifen und auch zu leiden vermag.

Der Gott des Deismus ist nicht in der Lage, den Leidenden Trost zu bieten, ebenso wie der Gott, dem die Allmacht entglitten ist. Eine Mutter, die ihr Kind verloren hat, wird kaum bei einem Gott Trost finden, der so weit über sie erhaben ist, daß sie ihm nicht mehr bedeutet als ein hilfloser Wurm. Wer das Problem des Übels durch einen Glauben an den Deismus meint lösen zu können, zahlt dafür einen erschreckend hohen Preis. Übel und Leiden werden auf eine Art heruntergespielt, die jeglicher Trauer hohnspricht. Der Gott des Deismus ist den Menschen so unendlich überlegen, daß sie ihm absolut gleichgültig sind.

Der Pantheismus

Auch hier gibt es viele Abweichungen. Den eigentlichen Kern des pantheistischen Weltbildes bildet der Gedanke, daß Gott und die Welt eins seien. Es gibt keine Kluft zwischen Schöpfer und Geschöpf. Gott ist mit dem Seienden identisch; alles Seiende ist Gott.

Nach dieser Auffassung, die von den meisten Hindus vertreten wird und auch der New-Age-Bewegung als Arbeitshypothese dient, ist Gott kein transzendentes „Gegenüber", keine Person, die uns aus dem Jenseits zu Hilfe kommt. Das gesamte Weltall ist vielmehr Teil einer einheitlichen Ordnung, bei der verschiedene Ebenen zu unterscheiden sind. Phänomene, die wir Christen als Sünde oder Übel bezeichnen würden, halten Pantheisten im allgemeinen für Mängel innerhalb der Realität, die durch fortschreitende Selbstverwirklichung und Selbstverbesserung beseitigt werden müßten. Die Menschheit soll nicht danach trachten, Sündenvergebung zu erlangen und so mit einem Gott versöhnt zu werden, der sie zur Rechenschaft ziehen wird; sie müsse sich vielmehr immer höher hinaufadeln, etwa auf dem Weg der Reinkarnation, durch Meditation, Selbstbewußtsein und Selbstverwirklichung.

Hier sind wiederum – ganz davon abgesehen, daß dieses Gottesbild mit dem Gott, der sich in der Bibel und in Jesus Christus offenbart hat, nicht vereinbar ist – das Übel und das Leiden relativiert worden. Diese Weltsicht bewirkt oft eine gefährliche Schicksalsgläubigkeit. Die Seelenqual eines Hiob wird zum Beispiel als sinnlos abgetan; der verzweifelte Schrei: „Mein Gott, mein Gott, warum hast du mich verlassen?" sei nichts als der verzweifelte Ausdruck der Unreife eines Menschen, der sich weigert, das Gegebene zu akzeptieren.

Das Vertrauen auf einen persönlichen Gott aber darf nicht gegen Gleichmut und inneres Losgelöstsein ausgetauscht werden. Selbstverwirklichung und Selbstverbesserung sind kein Ersatz für das Trachten nach göttlicher Gerechtigkeit. Übel und Böses sind zu scheußlich, als daß wir sie so leicht abtun können, wie es der Pantheismus fordert.

Falsche Schritte durch Abweichungen vom biblischen Christentum

An dieser Stelle möchte ich zweierlei sagen. Erstens: Die Kategorien, in die ich die in diesem Kapitel dargestellten „falschen Schritte" eingeteilt habe, überschneiden sich gelegentlich; die von mir vorgenommene Gliederung in drei Abschnitte ist deshalb künstlich. So gibt es beispielsweise auch unter Christen eine Minderheit, die die Allmacht Gottes bestreitet, obwohl diese Ansicht allgemein außerhalb des christlichen Lagers verfochten wird. Auch könnte man fast jede Meinung mit den für die erste Kategorie typischen Attributen der Unwissenheit und der Anmaßung in Verbindung bringen. Dennoch halte ich die von mir gewählte Einteilung für hilfreich, denn sie vermittelt einen Einblick in die weltanschauungsspezifischen Merkmale der unterschiedlichen Zugänge zum Problem des Übels und des Leidens.

Zweitens: Die Kirchengeschichte hat viele Theodizeen hervorgebracht. (Eine Theodizee ist der Versuch, den Gott der Bibel angesichts der von ihm zugelassenen Übel und Leiden zu rechtfertigen, das heißt, von jedem Verdacht auf unrechtes Handeln freizusprechen.) Viele von ihnen sind nur noch von geschichtlichem Interesse und werden heute so gut wie überhaupt nicht mehr vertreten. Henri Blocher hat sie fachkundig zusammengefaßt und ausgewertet[7], so daß es sich erübrigt, sie hier noch einmal aufzuzählen. Andere Theodizeen werden jedoch bis heute von Christen verteidigt und spielen eine Rolle in der gegenwärtigen Debatte. Normalerweise liegt es ihren Verfechtern fern, von der biblischen Lehre abzuweichen; vielfach sind sie der Meinung, ihre Theodizee – ihr Versuch, das Problem des Übels zu lösen und Gott zu rechtfertigen – leiste einen wertvollen Beitrag zur Verteidigung der Heiligen Schrift, da sie den Nachweis erbringe, daß der biblische Glaube vernunftgemäß sei.

Daß ich diese Theodizeen in die Kategorie „Abweichungen vom biblischen Christentum" eingereiht habe, verdeutlicht meinen eigenen Standpunkt. Ich habe diese „Lösungen" am Maßstab meines Schriftverständnisses geprüft und sie für unzulänglich, seicht und letzten Endes unbiblisch befunden. Damit möchte ich nicht behaupten, die Verfechter dieser Ansichten hätten sich bewußt über die von der Bibel gesetzten Grenzen hinweggesetzt. Die biblische Begründung meines Urteils soll in den nachfolgenden Kapiteln verdeutlicht werden. Der Leser wird entscheiden müssen, ob ich dabei in rechter Weise mit der Heiligen Schrift umgegangen bin.

„Gott ist nicht allmächtig“ bzw. „Gott hat seine Macht eingeschränkt“

Unter den häufig auch von Christen vertretenen, aber von mir als biblisch-theologisch nicht überzeugend und in seelsorgerischer Hinsicht unbefriedigend eingestuften Zugängen zum Problem des Übels und des Leidens rangiert an erster Stelle die Ansicht, Gott sei entweder nicht allmächtig oder habe seine Allmacht aus irgendeinem Grunde freiwillig eingeschränkt. Im Verlauf der Kirchengeschichte haben relativ wenige Christen die Position vertreten, Gott sei nicht allmächtig. Häufiger begegnet man der in letzter Zeit von Clark Pinnock[8] vorgebrachten Auffassung, Gott habe aus freien Stücken die Welt mit Wesen bevölkert, die über „signifikante Freiheit“ verfügen, und damit sowohl seinem Wissen über deren zukünftige Handlungen als auch seiner Fähigkeit, in das Weltgeschehen einzugreifen, Grenzen gesetzt. Wir werden uns in einem späteren Kapitel einen Überblick über die in diesem Zusammenhang bedeutenden biblischen Texte verschaffen; auf die theologischen Schwächen dieser Position wurde bereits im vorigen Abschnitt hingewiesen. Gott wird zwar „entlastet“, aber zu welchem Preis! Das Geheimnis des Glaubens wird untergraben; Gott wird die Fähigkeit abgesprochen, helfend einzugreifen.

Als weitaus problematischer ist die Ansicht anzusehen, Gott habe sich selbst, obwohl er allmächtig sei, gewisse Schranken auferlegt oder das Übel innerhalb gewisser Grenzen vorherbestimmt. So behaupten beispielsweise einige Denker, Gott habe aus freien Stücken seine Macht, aber nicht sein Wissen eingeschränkt. Gott wisse alles, was sich ereignen werde, sowohl das Gute als auch das Böse, doch habe er sich aus verschiedenen Gründen entschlossen, auf die Ausübung seiner Macht, mit der er das Übel und das Böse zunichte machen könnte, zu verzichten. Weiß Gott aber, daß ein bestimmtes Ereignis eintreffen werde, und entscheidet sich, auf ein Eingreifen zu verzichten, so ist schwerlich einzusehen, daß von einem wesentlichen Unterschied zwischen dieser seiner freiwilligen Selbstbeschränkung und der absoluten Prädestination die Rede sein kann. Jedenfalls werden wir im weiteren Verlauf unserer Untersuchung feststellen, daß viele Texte der Bibel dieser Ansicht entgegenstehen.

„Gott hat die Menschen mit einem freien Willen erschaffen"

Die am häufigsten angenommene Selbstbeschränkung Gottes hängt mit der menschlichen Willensfreiheit zusammen und verdient es, für sich allein betrachtet zu werden. Ich muß allerdings darauf hinweisen, daß ich an einigen Formen der sogenannten „Verteidigung mit Hilfe der Willensfreiheit" nichts auszusetzen habe. Ich werde sie später differenziert betrachten. Diese Verteidigungsstrategie in ihrer allgemeinen Form geht davon aus, daß Gott die Menschen nur dann für ihre Handlungen zur Verantwortung ziehen kann, wenn sie über uneingeschränkte Willensfreiheit verfügen. Das heißt: Menschliche Willensentscheidungen müßten von jedem göttlichen Zwang und jeder Notwendigkeit völlig frei sein. Diesbezüglich übe Gott keinerlei Herrschaft aus, sondern reagiere lediglich auf die ihm vorgegebene Situation. Wenn er auf die Entscheidungen der Menschen Einfluß nähme, so sagt man, dann wären die Menschen nicht „frei" und könnten für ihre Taten nicht zur Rechenschaft gezogen werden.

An diesem Punkt aber gehen die Meinungen der Verfechter dieses Standpunkts auseinander. Einige sind der Ansicht, daß Gott sich nicht nur aus freien Stücken entschlossen habe, auf ein Eingreifen zu verzichten, sondern daß er, da er seinen Geschöpfen eine so erstaunliche Willensfreiheit eingeräumt habe, nicht einmal im voraus wissen könne, wie diese sich verhalten werden[9]. Andere wiederum vertreten – wie wir gesehen haben – den Standpunkt, daß Gott zwar über ein solches Wissen verfüge, aber aufgrund seiner freiwilligen Selbstbeschränkung nicht die Macht habe, einzugreifen.

Wir werden später zu dem Ergebnis kommen, daß die eindeutigen Aussagen der Schrift diesem Standpunkt widersprechen. Damit ist nicht gesagt, daß die menschliche Willensfreiheit eine Illusion sei. Sie darf jedoch nicht in einer Weise definiert werden, die Gott der Begrenzung unterwirft. Zudem ist zu folgern, daß, wenn Gott die zukünftigen freien Entschlüsse der Menschen nicht vorauswissen kann, auch in Betracht gezogen werden muß, daß der Wille Gottes vereitelt werden könnte. Mit derartiger Willensfreiheit ausgestattete Geschöpfe wären in der Lage, Gott so einzuengen, daß sie sogar in der neuen Schöpfung gegen ihn aufbegehren könnten.

„Die Erkenntnis des Bösen ist notwendig“

Diese Theorie hat eine besondere Schwäche: Sie wird fast immer mit der unbiblischen Vorstellung verknüpft, daß die Erkenntnis des Bösen notwendig der Erkenntnis des Guten vorausgehe. Diese Ansicht kann unterschiedlich ausgelegt werden. Wenn gemeint ist, um das Gute zu erkennen, muß man erst das Böse getan haben, dann hätte Gott, der nie Böses getan hat, keine Erkenntnis des Guten! Ist jedoch gemeint, daß die Menschen das Gute erst dann wirklich erkennen können, nachdem sie Zeugen des Bösen geworden sind, dann wäre es ihnen sicherlich möglich – denken wir etwa an den biblischen Bericht vom Sündenfall –, die Bosheit des Satans zu erkennen, ohne selbst der Sünde zu verfallen. Müssen die Engel demzufolge nicht auch erst dann im eigentlichen Sinne als „gut“ angesehen werden, nachdem sie Zeugen des Bösen geworden waren?

Die Vorstellung, daß nur dort von Gutheit die Rede sein könne, wo die Erkenntnis des Bösen vorhanden sei, wird häufig mit Hilfe der Willensfreiheit des Menschen verknüpft. Dahinter steht folgender Gedanke: Damit die Menschen zu dem werden können, was sie eigentlich sein sollten, müssen sie Entscheidungen treffen, sich mit Verletzungen herumschlagen, mit dem Leid fertigwerden, das Böse tun und sich anschließend davon abwenden. Das Vorhandensein des Bösen und der Leiden wird im Grunde damit gerechtfertigt, daß der Zweck die Mittel heiligt. Hätten wir nicht die Willensfreiheit, könnten wir weder Gott lieben noch ihm gehorchen. Die Willensfreiheit kann Versagen, Übel und Leiden nach sich ziehen – deren Vorhandensein damit gerechtfertigt wird, daß Gott sie benutze, um uns zur Reife zu führen. Diese gefallene Welt sei „die Sphäre der Seelenreifung“[10].

Wie viele derartige Theorien birgt auch diese ein Körnchen Wahrheit in sich, dem wir an anderer Stelle nachgehen müssen. Insgesamt jedoch entpuppt sich diese Anschauung als recht armselige Erklärung des Vorhandenseins von Übeln und Leiden in der Welt. Ist die diesbezüglich erklärte uneingeschränkte Willensfreiheit des Menschen notwendig, damit wir Gott wirklich lieben können, dann bedeutet dies doch, daß wir in der Ewigkeit bei Gott, wo wir nicht mehr sündigen, ihn demzufolge nicht mehr lieben werden. Oder sollen wir etwa umgekehrt annehmen, daß wir auch dort sündigen? Kann Gott aber in der neuen Schöpfung die Dinge so ordnen, daß wir ihn, von ganzem Herzen und ohne zu versagen, lieben werden, warum konnte er es denn nicht vorher tun und der Menschheit die Erfahrung einer gefallenen Welt ersparen? Warum bedürfen wir nur hier in der gefallenen Schöpfung der uneingeschränkten Willensfreiheit, damit wir zur Reife gelangen?

Ein letzter Gedanke

Bemerkenswert an den meisten dieser sogenannten „Lösungen" ist, daß sie Jesus Christus, sein Leiden, seinen Tod und seine Auferstehung nicht erwähnen. Der Theismus wird verteidigt, nicht aber der christliche Gottesglaube. Damit will ich nicht sagen, daß das Geschehen auf Golgatha eine Antwort auf alle Probleme hat, die mit dem Übel und dem Leiden zusammenhängen. Ich werde noch auf das Geheimnisvolle, Unergründliche dieser Problematik hinweisen. Wir dürfen aber keinesfalls den Tod und die Auferstehung Jesu außer acht lassen. Sie sind die Grundlage, die uns fordert, unsere Prioritäten neu zu ordnen! Das Heilsgeschehen läßt unser Thema in einem anderen Licht erscheinen.

Ein Beispiel: Müssen wir zu Unrecht leiden? Dann kann es geschehen, daß wir, empört über das uns angetane Unrecht, nach Gerechtigkeit schreien. Ist es aber wirklich Gerechtigkeit, nach der uns verlangt? Wozu dann das Kreuz? Wenn Gerechtigkeit genügt, ist Jesus umsonst gestorben. Hätte sich Gott Jesus gegenüber lediglich „gerecht" verhalten, dann hätte er ihn nicht ans Kreuz schlagen lassen. Verlangt uns wirklich nur nach Gerechtigkeit?

Was fangen wir denn mit einem Gott an, der uns so sehr liebt, daß er seinen einzigen Sohn dahingibt, um ein so unermeßliches Leiden auf sich zu nehmen? Wie wirken sich diese zum Herzstück unseres Glaubens gehörenden Wahrheiten auf unser Verständnis des Problems des Übels und der Leiden aus? Aus christlicher Sicht betrachtet, muß sich unser Verständnis als auch unsere Haltung zum Übel und zum Leiden am Kreuz orientieren, sonst werden wir zwangsläufig „falsche Schritte" tun.

Fragen zum weiteren Nachdenken

1. Welchen drei Kategorien werden die in diesem Kapitel beschriebenen „falschen Schritte" zugeordnet? Nennen Sie die besonderen Merkmale jeder Kategorie.
2. Können Sie Ihre persönliche Reaktion auf das Übel und das Leiden in eine oder mehrere dieser Kategorien einreihen? Wenn ja, in welche? Begründen Sie Ihre Antwort.

3. Welcher ist der problematischste Aspekt des Atheismus, wenn es darum geht, eine Antwort auf das Problem des Übels und des Leidens zu finden?
4. Welche Verbindung besteht zwischen Ihrer Antwort auf die vorhergehende Frage und der Tatsache, daß sich Menschen oft an Gott wenden, wenn sie leiden müssen?
5. Warum gilt das biblische Christentum als eine Form des Theismus und nicht des Deismus? Inwiefern ist dies für das Problem des Übels und des Leidens von Bedeutung?
6. Werden Christen Gott in der Ewigkeit wirklich lieben? Oder werden sie dort vermögen, Gott nicht zu lieben? Wie wirkt sich Ihre Antwort auf die Frage aus, ob uneingeschränkte Willensfreiheit notwendig ist, damit Männer und Frauen Gott lieben können?

Anmerkungen

1 Richard Swinburne, *The Coherence of Theism*, Oxford: Clarendon, 1977, S. 149.

2 Harold Kushner, *Wenn guten Menschen Böses widerfährt.* Aus dem Amerikanischen übersetzt von Ulla Galm-Frieboes, bearbeitet von Heinz Sponsel. Gütersloh: Gütersloher Verlagshaus Gerd Mohn, 1988 (2. Aufl.) (GTB-Siebenstern 1089).

3 Ebd., S. 126.

4 So George B. Wall, *Is God Really Good? Conversations with a Theodicist*, Washington, D. C.: University Press of America, 1983.

5 Siehe hierzu: David Griffin, *God, Power and Evil: A Process Theodicy*, Philadelphia: Westminster, 1976; Howard R. Burkle, *God, Suffering and Belief*, Nashville: Abingdon, 1977. [In deutscher Sprache liegt eine ausführliche Einführung in die „Prozeßtheologie" vor: John B. Cobb, Jr. und David R. Griffin, *Prozess-Theologie. Eine einführende Darstellung.* Aus dem Amerikanischen übersetzt von Marianne Mühlenberg, Göttingen: Vandenhoeck und Ruprecht, 1979 (Theologie der Ökumene 17). – Anm. d. Übers.]

6 So Burton Z. Cooper, *Why, God?*, Atlanta: John Knox, 1988.

7 Henri Blocher, „Christian Thought on the Problem of Evil: Part II", *Churchman* 99 (1985), S. 101-130.

8 Clark Pinnock, „Gott schränkt sein Wissen ein", *Die Weltregierung Gottes und die Freiheit des Menschen: 4 Standpunkte*, Hrsg. von David Basinger und Randall Basinger. Aus dem Amerikanischen übersetzt

von Leslie Richford. Marburg an der Lahn: Verlag der Francke-Buchhandlung, 1987, S. 149-169.

[9] So Bruce R. Reichenbach, *Evil and a Good God,* New York: Fordham University Press, 1982. Reichenbach besteht darauf, daß Gott logischerweise keine durch die menschliche Willensfreiheit bedingten „kontrafaktischen Konditionale" wissen könne. Diese Auffassung ist, wie wir noch sehen werden, eindeutig schriftwidrig.

[10] Der bekannteste Vertreter dieser Ansicht dürfte John Hick sein. Siehe sein Buch *Evil and the God of Love,* New York: Harper and Row, 1966.

Zweiter Teil

Einzelteile des Puzzlespiels

Biblische Themen für leidende Menschen

Wir werden in diesem Teil des Buches eine Reihe biblischer Themen erörtern, die für das Verständnis des Problems des Übels und des Leidens von besonderer Bedeutung sind. Es sind aber nicht die einzigen Themen, die diesbezüglich beachtenswert wären. Mein Ziel ist, einige mit dem Problem des Übels zusammenhängende Grundstrukturen des christlichen Glaubens aufzuzeigen und darzulegen, welche Bedeutung ihnen für unseren Umgang mit der Trauer zukommt, die uns je und dann trifft.

Dabei wird keine endgültige „Lösung" des Problems angeboten, auch nicht eine rein intellektuelle. Es werden vielmehr Einzelbereiche untersucht, und zwar mit dem Ziel, ein Gesamtbild entstehen zu lassen und Übel und Leiden innerhalb eines bestimmten biblischen Rahmens zu lokalisieren. Viele unserer Schwierigkeiten mit dem Problem des Leidens sind darauf zurückzuführen, daß wir diesen biblischen Rahmen außer acht lassen. Das hat leider zur Folge, daß sich unser Leiden verschlimmert, denn der Rahmen hätte trotz des nicht vollkommenen Gesamtbildes ausgereicht, uns zu trösten und mit Hoffnung zu erfüllen. Beachten wir aber den Rahmen nicht, so werden wir nicht nur das Problem des Leidens nicht lösen, sondern auch auf einen Großteil des im Evangelium angebotenen Trostes verzichten müssen.

3. Der Preis der Sünde

Die Kernaussage der Bibel

Es ist möglich, so dicht bei einem Gegenstand zu stehen, daß man ihn nicht mehr deutlich zu erkennen vermag. Stellen Sie sich so vor einen großen Baum hin, daß Ihre Augen nur zwei Zentimeter vom Stamm entfernt sind, und starren Sie ihn fünf Minuten lang an. Versuchen Sie, sich vorzustellen, Sie hätten vorher noch nie einen Baum zu Gesicht bekommen. Würden Sie ihn nach dieser ersten Begegnung beschreiben können? Sie müßten schon ein wenig zurücktreten, um den ganzen Baum zu erkennen. Damit ist nicht gesagt, daß eine genaue Untersuchung der Borke oder eines Blattes nutzlos wäre; beschränken Sie sich aber darauf, verlieren Sie den Baum als Ganzes aus dem Blickfeld.

Mit dem Studium der Bibel verhält es sich ähnlich. Man kann sich so sehr in das Studium eines bestimmten Verses oder Buches vertiefen, daß die Kernaussage der Bibel – gewissermaßen der „rote Faden", der sich durch die ganze Schrift zieht – aus dem Blickfeld verschwindet.

Gleich am Anfang der Bibel wird berichtet, wie Gott Himmel und Erde erschuf (1. Mose 1,2). Gott sagt wiederholt, die gesamte Schöpfung sei „sehr gut". Es gibt weder Sünde noch Leiden. Der Garten Eden bringt Nahrung hervor, ohne daß der Mensch im Schweiße seines Angesichts dafür arbeiten muß. Erst nach dem ersten Aufbegehren des Menschen gegen Gott (1. Mose 3) treten Leiden, Mühsal, Schmerzen und der Tod auf den Plan. Nur zwei Kapitel später lesen wir die erschreckende sich wiederholende Aussage: „Dann starb er ... dann starb er ... dann starb er ... dann starb er."

Am Schluß der Bibel aber heißt es: Es gibt „einen neuen Himmel und eine neue Erde" (Offenbarung 21,1), „in denen die Gerechtigkeit zu Hause ist" (2. Petrus 3,13). „Jetzt ist die Wohnung Gottes bei den Menschen, und er wird unter ihnen wohnen. Sie werden sein Volk sein, und Gott selbst wird bei ihnen sein, ihr Gott. Er wird jede Träne von ihren

Augen abwischen. Es wird keinen Tod und keine Trauer mehr geben, auch kein Klagegeschrei und keinen Schmerz mehr, denn die frühere Ordnung ist vergangen" (Offenbarung 21,3-5). Damit ist das Ende allen Leidens und auch der Sünde verheißen: „Nichts Unreines wird je hineinkommen, auch keiner, der Schändliches oder Betrug begeht, sondern nur Menschen, deren Namen im Lebensbuch des Lammes eingetragen sind" (Offenbarung 21,27).

Von 1. Mose 3 an bis dorthin gehören das Böse und das Leiden zu den unleugbaren Tatsachen des Lebens. Betrachten wir sie aus der Gesamtschau der Bibel, stellen wir fest, daß sie aufs engste miteinander verknüpft sind: Das Böse ist die Hauptursache des Leidens, die Wurzel des Schmerzes, die Sünde die Quelle des Todes. Darum bezeugt der Prophet Jesaja, daß das Merkmal der herrlichen Segenszeiten, die er voraussagt, absolute Reinheit und tiefe Gotteserkenntnis sein wird. Er schreibt: „Sie werden ihre Schwerter zu Pflugscharen und ihre Speere zu Heckensicheln schmieden. Sie werden nicht mehr Volk gegen Volk das Schwert erheben noch werden sie für den Krieg ausgebildet werden" (Jesaja 2,4). Diese Worte stehen im Kontext einer umfassenderen Zukunftsvision: „In den letzten Tagen wird der Berg, auf dem der Tempel des Herrn steht, fest gegründet sein als der wichtigste aller Berge; er wird alle Hügel überragen, und alle Nationen werden zu ihm hinströmen. Viele Völker werden kommen und sagen: ‚Kommt, laßt uns zum Berg des Herrn, zum Haus des Gottes Jakobs, hinaufziehen. Er wird uns in seinen Wegen unterweisen, damit wir auf seinen Pfaden gehen'" (Jesaja 2,2-3). Wenn „der Wolf beim Lamm wohnen, der Leopard sich mit der Ziege hinlegen und ein kleiner Knabe Kälber, Löwen und Jährlinge miteinander führen wird" (Jesaja 11,6), dann gilt auch, daß „man auf meinem ganzen heiligen Berg weder Schaden noch Zerstörung anrichten wird, denn die Erde wird erfüllt sein mit der Erkenntnis des Herrn, so wie das Wasser das Meer bedeckt" (Jesaja 11,9).

Alle Aspekte der vielseitigen und vielschichtigen „Handlung" der Bibel lassen sich in diesen Rahmen einfügen. Die durch die Sintflut angerichtete Zerstörung und der Bund mit Noah, die Erwählung Abrahams und der nach ihm benannte Bundesschluß, das Werden des Volkes Israel und die Gottesoffenbarung am Berg Sinai, auch das Kommen Jesu: sein Tod, seine Auferstehung und seine Erhöhung – das alles steht im Zusammenhang mit den Nöten, die durch das Aufbegehren des Menschen und seine schrecklichen Folgen verursacht wurde. Auf diesen Kernpunkt weist Paulus hin, wenn er schreibt: „Der Lohn der Sünde ist der Tod" (Römer 6,23).

Aus diesem Blickwinkel betrachtet, bedarf der von vielen angenommene Unterschied zwischen moralischen und natürlichen Übeln einer sorgfältigen Prüfung. Natürlich unterscheidet man zum Beispiel zwischen einer Vergewaltigung und einem zerstörerischen Wirbelsturm oder zwischen einem durch menschliche Habgier hervorgerufenen Krieg und einem sich jeder menschlichen Einflußnahme entziehenden Erdbeben. Und doch sind alle Arten des Übels sowie das Leiden Folgen der Sünde, des Aufbegehrens gegen Gott – und daher des moralischen Übels.

Das Übel am Übel

Ehe wir den Versuch unternehmen, aus der Kernaussage der Bibel Schlüsse zu ziehen, müssen wir uns darüber im klaren sein, wie abscheulich das Übel ist.

Anfang des 20. Jahrhunderts herrschte überall, zumindest bei uns im Westen, utopischer Optimismus und maßloses Selbstvertrauen. Mittlerweile sind wir wesentlich nüchterner geworden: Unsere Rohstoffe gehen zur Neige, wir verfügen über ein ungeheures Massenvernichtungspotential, Diktaturen von rechts und links haben unzählige Menschen gefoltert und getötet, unser Jahrhundert hat zwei schreckliche Weltkriege und jahrzehnte langen „kalten Krieg" erlebt. Hungerkatastrophen nehmen bisher nicht gekannte Ausmaße an, und dennoch erleben wir eine Bevölkerungsexplosion. Inzwischen haben viele erkannt, daß die Wurzel des Übels in uns selbst zu suchen ist.

„Wir sind dem Feind begegnet und haben erkannt, daß wir es selbst sind." Dieser berühmte Satz aus dem Cartoon „Pogo" wird durch eine aufschlußreiche Aufsatzsammlung mit dem Titel *Facing Evil* (Dem Übel ins Auge schauen) eindrucksvoll bestätigt. Die Verfasser sind sich nicht in allen Punkten einig; zudem vertritt keiner von ihnen einen biblischen Standpunkt. In der Einleitung weigern sich die Herausgeber sogar, das Übel zu definieren. Und doch, viele unterstreichen, daß die Quelle aller Gewalt, Habgier, Lüsternheit und Böswilligkeit in erster Linie im menschlichen Herzen zu suchen ist. So legt der Schauspieler Lee Marvin folgendes bemerkenswerte Geständnis ab:

> Wie fühlte ich mich, als ich mich selbst auf dem Bildschirm sah? Neulich sah ich mir den Film *Point Blank* an, in dem ich eine der

Hauptrollen spielte. Es war mir sehr unangenehm, denn es handelte sich um einen Gewaltstreifen. Ich entsinne mich ganz genau: Wir hatten ihn um der Gewaltszenen willen gedreht. Ich war über so viel Gewalt schockiert. Der Film war schon 18 Jahre alt. Als ich ihn mir ansah, wurde mir so übel, daß ich mich kaum noch auf den Beinen halten konnte. Einen so brutalen Film hatte ich gedreht? Hatte ich mich wirklich für solche Gewaltszenen hergegeben? Sehen Sie, so etwas jagt einem einen Schrecken ein. Darum ziehen sich Schauspieler aus dem Geschäft zurück, mit der Feststellung, sie wollen sich diesen Dämonen nicht noch einmal ausliefern. Damit ist aber das Ich gemeint.[1]

Nachdrücklich weist die Bibel selbst auf das Übel am Übel hin. Kein biblischer Verfasser heißt die heidnische Denkart gut, nach der man zwei einander widersprechende Gesinnungen haben könne, weil sie zuletzt irgendwie doch miteinander übereinstimmen. „Wehe denen, die Böses gut und Gutes böse nennen, die Finsternis zu Licht und Licht zu Finsternis machen, die Bitteres für süß und Süßes für bitter erklären" (Jesaja 5,20). Propheten und Apostel sind sich einig, daß die Sünde äußerst verabscheuungswürdig ist. Das Böse sollen wir hassen (Römer 12,9) – und doch durchdringt es uns alle. Paulus reiht diesbezüglich eine Belegstelle an die andere: „Es gibt keinen Gerechten, auch nicht einen; es gibt keinen, der versteht, und keinen, der Gott sucht. Sie haben sich alle abgewandt, alle miteinander taugen sie nichts; es gibt nicht einen einzigen, der Gutes tut. Ihre Kehle ist ein offenes Grab; mit ihrer Zunge begehen sie Betrug. Natterngift ist auf ihren Lippen. Ihr Mund ist voll Fluch und Bitterkeit. Ihre Füße eilen, Blut zu vergießen; Verderben und Elend sind für ihre Wege bezeichnend, und den Pfad des Friedens kennen sie nicht. Die Gottesfurcht steht ihnen nicht vor Augen" (Römer 3,10-18).

Wie übel das Böse ist, können wir am Zorn Gottes ermessen (Römer 1,18 ff.). Dieser Zorn zeigte sich so unnachgiebig, daß der Sohn Gottes ans Kreuz mußte, um uns von seinen Auswirkungen zu befreien. Wir alle sind „von Natur aus Gegenstand des Zornes" (Epheser 2,3). Ohne das Kreuz gäbe es für uns keine Hoffnung.

Das Übel ist im elementaren Sinn böse, weil es sich um Auflehnung gegen Gott handelt. Böses ist die Weigerung, den Forderungen Gottes nachzukommen, und die Bereitschaft, das von Gott Verbotene zu tun. Lieben wir Gott nicht von ganzem Herzen, mit unserem ganzen Gemüt und unserer ganzen Kraft, wie es Gott von uns fordert, so ist dies ein großes Übel. Lieben wir unseren Nächsten nicht wie uns selbst, so ist das aus demselben Grunde ein großes Übel. Jemandes Haus oder Auto oder Ehefrau zu begehren, ist ein großes Übel, weil Gott die Begehrlichkeit verboten hat; sich der Bitterkeit und dem Selbstmitleid hinzugeben, ist ebenso ein Übel. Die Finsternis des Übels ist nur an der Herrlichkeit Gottes zu ermessen, die Häßlichkeit des Übels an der Lieblichkeit Gottes, die Schmutzigkeit des Übels an der Reinheit Gottes, den Egoismus des Übels an der Liebe Gottes.

Manchmal führt der Begriff „Übel“, der im Grunde eine zweifache Bedeutung hat, zu Verwirrung. Häufig verwenden wir das Wort als Bezeichnung für das Übel im eben beschriebenen moralischen Sinne des Aufbegehrens gegen Gott, manchmal aber auch für das Übel, das im gesamten Leiden und Schmerz und in allen Widerwärtigkeiten besteht, die strenggenommen eine Folge des Übels im moralischen Sinn sind. Das Übel ist also ein Teil der Strafe für das Aufbegehren der Menschheit gegen Gott. Ist eine solche Strafe aber auch ein Übel im moralischen Sinn?

Aus biblischer Sicht kann man diese Frage nicht eindeutig beantworten. Katastrophen und Schicksalsschläge empfinden wir Menschen ganz gewiß als große Übel. Der Tod selbst ist „der letzte Feind“ (1. Korinther 15,26). Kriege, Sorgen, Verfolgungen, Elend, Hunger, Plünderung, Naturkatastrophen – sie alle werden in der Bibel als große Nöte dargestellt. Doch handelt es sich nicht immer um bewußte Taten unserer Auflehnung gegen Gott. Deshalb können wir diese nicht im eigentlichen Sinne als „böse“ bezeichnen. Dazu kommt, daß sie aus Gottes Perspektive, sofern sie uns gerechterweise als Strafe auferlegt sind, als „gut“ bewertet werden müssen.

Wir können noch weiter gehen. Nach der besonderen Wirkungsweise der Weltregierung Gottes, die wir in Kapitel 11 besprechen wollen, können moralische Übel nicht nur gute Folgen haben, sondern sogar ein Teil der guten Pläne Gottes sein, selbst wenn Menschen sie in böser Absicht begehen. Nach dem Kreuz Christi ist vielleicht das deutlichste Beispiel hierfür die Behandlung Josefs. Seine Brüder verkauften ihn heimtückisch in die Sklaverei; sie verfolgten dabei böse Absichten, und Josef machte daraufhin jahrelang schreckliche Erfahrungen. Zuletzt begriff er jedoch, daß dabei nicht allein die Absichten seiner Brüder ausschlaggebend gewesen waren: „Ihr hattet die Absicht, mir Schaden zuzufügen“, sagte er ihnen. „Dabei hatte Gott jedoch Gutes im Sinn, um das zu erreichen, was jetzt geschieht: nämlich viele Menschenleben zu retten“ (1. Mose 50,20). Kann das Böse des Menschen Gott Ehre bringen (Psalm 76,11), dann nicht deshalb, weil es an sich etwas Gutes wäre (im Gegenteil, es „führt nicht zu dem gerechten Lebensstil, den Gott von uns verlangt" [Jakobus 1,20]), sondern weil Gott sozusagen den Spieß umdreht und das Übel seinen Zielen unterwirft.

Hier sind mehrere Themen miteinander verflochten. Wir werden das eine oder andere in einem späteren Kapitel wieder aufgreifen. Für den Augenblick genügt die Erkenntnis: In der gesamten Bibel wird mit dem gebotenen Ernst über Übel und Leiden gesprochen. Auf der elementarsten Ebene besteht zwischen dem Leiden und dem moralischen Übel die gleiche Beziehung wie zwischen Wirkung und Ursache; dennoch ist das Leiden an sich so eng mit der gefallenen Schöpfungsordnung verknüpft, daß es zu Recht als allgemeines Übel aufgefaßt und auch so erlebt wird. Wie Gott die verschuldeten und naturgegebenen allgemeinen Übel in seine Weltregierung einbezieht, bleibt noch zu untersuchen.

Die Güte Gottes

Ehe wir diese Grundwahrheiten des christlichen Glaubens auf unsere Erfahrung des Leidens anzuwenden versuchen, müssen wir einen weiteren Punkt berücksichtigen: die Güte Gottes. In Gott ist keine Finsternis (1. Johannes 1,5). „Er ist der Fels; seine Werke sind vollkommen und alle seine Wege gerecht. Ein treuer Gott ist er, der kein Unrecht tut, sondern in allem wahrhaft und gerecht bleibt" (5. Mose 32,4). Nahum behauptet: „Der Herr ist ein eifernder und rächender Gott; der Herr übt Rache und ist von Zorn erfüllt", so fügt er fast im gleichen Atemzug hinzu: „Der Herr ist gut, ein Zufluchtsort zur Zeit der Not" (Nahum 1,2.7). Niemand wird sich am Jüngsten Tag damit herausreden können, daß Gott ihn irgendwie zum Bösen verleitet habe (Jakobus 1,13).

Auch diesbezüglich gibt es schwierige Bibelstellen, vor allem solche, die von der Allherrschaft Gottes auch bei ungerechten Handlungen der Menschen sprechen. Einige dieser Stellen werden wir in Kapitel 11 eingehend untersuchen. Hier genügt es, die Kernaussage der Bibel festzuhalten: Der frei waltende und uneingeschränkt gute Gott rief eine gute Welt ins Dasein; wir Menschen begehrten gegen ihn auf; das Aufbegehren ist heute Teil unser aller Natur. Alles Leiden, dem wir uns ausgesetzt sehen, ist auf diesen Tatbestand zurückzuführen. Im Mittelpunkt der biblischen Botschaft steht das Handeln Gottes gegen diese entsetzlichen Wirkungen und ihre Hauptursache, der Sünde. Glaubende setzen ihre Hoffnung auf die neue Schöpfung, in der es keine Sünde und kein Leid mehr geben wird.

Einige Folgerungen

Aus dem bisher Gesagten dürfte deutlich geworden sein, daß Harold Kushners berühmter Buchtitel nach dem Maßstab der christlichen Auffassung von Gott und der Welt äußerst irreführend ist. „Wenn guten Menschen Böses widerfährt" setzt voraus, daß sich die Weltbevölkerung im großen und ganzen aus „guten Menschen" zusammensetzt. Die Bibel sieht das anders: Wir alle haben uns der Sünde des Aufbegehrens gegen Gott schuldig gemacht, und darum gehört keiner von uns zu den „guten Menschen", ja, in Wahrheit gibt es sie gar nicht.

Damit ist aber das Problem des Übels und des Leidens nicht gelöst. Es wäre jedenfalls Unrecht, von Leid Heimgesuchte brutal zu ermahnen: „Hört auf zu klagen, euch geschieht ganz recht!" An vielen Stellen relativiert die Bibel ihre Aussagen über Gerechte und Ungerechte. Keiner ist so böse, wie er es sein könnte. Zudem fragen wir uns des öfteren, weshalb es allem Anschein nach Menschen in dieser gefallenen Welt außerordentlich gutgeht, während andere, oftmals anständige Leute, schwer leiden müssen. Soll unsere Erkenntnis, daß es auf der Welt ungerecht zugeht, abgebaut werden, müssen wir weitere biblische Wahrheiten unter die Lupe nehmen.

Christen, die Schmerz und Leid erdulden, sollten über die Kernaussage der Bibel und über den Preis der Sünde nachdenken. Wir leben in einer Zeit, in der viele auf ihre „Rechte" pochen. Tatsächlich aber haben wir unsere „Rechte" vor Gott aufgrund unserer Sünde eingebüßt. Glauben wir, daß unsere Sünde den Zorn Gottes nach sich zieht, dann werden wir, wenn wir an den Leiden dieser Welt und somit an den Folgen des menschlichen Aufbegehrens teilhaben, Gott dafür nicht verantwortlich machen, sondern anerkennen, daß wir kein Grundrecht auf ein angenehmes, leidensfreies Leben haben. Aus biblischer Sicht müssen wir vielmehr bekennen: „Die Güte des Herrn ist's, daß wir nicht gar aus sind" (Klagelieder 3,22 nach der rev. Lutherübers.).

Damit ist *nicht* gesagt – und das möchte ich nachdrücklich betonen –, daß jedes Leiden unmittelbar auf eine ganz bestimmte Sünde zurückzuführen sei. Die ist eine verwerfliche Irrlehre, die zu einer Quelle unsagbarer seelischer Schmerzen werden kann. Es würde bedeuten, wer am meisten leidet, hat auch am meisten gesündigt – eine Position, die im Lichte der Bibel wie der Erfahrung eindeutig falsch ist. Auf eine mögliche Verbindung zwischen bestimmten Sünden und Krankheiten werden wir noch zu sprechen kommen. Hier genügt vorerst die Feststellung: Eine Krankheit *kann* – wie in dem in 1. Korinther 11,27-34 geschilderten Fall oder wie beim Mann, der seit 38 Jahren gelähmt war (Johannes 5,1-15) – unmittelbare Folge einer bestimmten Sünde sein, doch gibt es keinen *allgemeinen* Zusammenhang zwischen bestimmten Sünden und besonderen Leiden (siehe z. B. den Fall des Blindgeborenen [Johannes 9]).

Die biblische Lehre von der Belohnung der Gläubigen im Himmel und von den Abstufungen der Höllenstrafen – ein weiteres Thema, auf das wir später eingehen müssen! –, läßt die Frage unbeantwortet, weshalb die Strafen nicht bereits hier gerecht verteilt werden. Natürlich werden wir in diesem Leben nicht auf alle Fragen eine Antwort erhalten; die Gerechtigkeit wird erst bei der Wiederkunft des Herrn vollkommen offenbar werden.

Bis dahin werden wir als Folge des sündigen Zustands der Menschheit immer wieder Schmerzen erleiden. Solche Nöte werden zuweilen wie mit einem sehr groben Pinsel auf die Leinwand der Menschheitsgeschichte aufgetragen. So spricht etwa Gott zu Jerusalem: „Ich gehe gegen dich vor. Ich werde mein Schwert aus der Scheide ziehen und Gerechte wie Ungerechte in dir ausrotten“ (Hesekiel 21,8). In gewissem Sinne ist niemand gerecht (Römer 3,10 ff.), aber das steht hier nicht zur Debatte. Es soll hier vielmehr deutlich werden: Wenn Jerusalem verwüstet wird, dann werden nicht nur die Bewohner leiden müssen, deren Sünden unmittelbar zu dieser schrecklichen Katastrophe beigetragen haben, sondern auch solche, die daran unbeteiligt waren.

So verhält es sich mit Kriegen, Seuchen, Erbkrankheiten und vielen anderen Nöten: Sie suchen Menschen aller Kategorien ohne Unterschied heim. Sehen wir sie nur als Strafe für bestimmte Sünden an, kann uns das verbittern, warum Menschen, die daran schuldlos sind, mit denen, die sich schuldig gemacht haben, leiden müssen. Sehen wir sie aber in erster Linie als Folge des Sündenfalls an, also als eine Folge des Bösen, dem wir alle verfallen sind, dann werden wir – sosehr es uns schmerzen kann, wenn wir leiden müssen – dem mit einer anderen, besseren Einstellung begegnen.

Die biblischen Verfasser sind deshalb kaum überrascht, wenn die Gottlosigkeit überhandnimmt und Leiden nach sich zieht. Gewiß, gelegentlich kommt es zu quälenden Fragen, warum diese Person oder jenes Volk leiden muß, während anderen, die weitaus gottloser sind, solche Nöte erspart bleiben. Das beste Beispiel hierfür ist Hiob, dessen Fragen besonders ausdrucksstark sind. Allgemein aber sind die biblischen Verfasser nicht überrascht und verwirrt von Strafen, die Gott auferlegt, sie sind es vielmehr von seiner Geduld und Güte. Gott bestrafte die Amoriter erst, als ihre Schuld ihr volles Maß erreicht hat (1. Mose 15,16). Immer wieder wird uns vor Augen geführt, daß der Herr geduldig ist, langsam zum Zorn und voller Erbarmen. Jona läuft vor dem Auftrag davon, in Ninive zu predigen, weil er weiß, daß Gott viel eher zur Vergebung bereit ist als er selbst. Der Prophet wollte, daß Gott die heidnische Stadt Ninive zerstört. „Deshalb bin ich so schnell nach Tarsis geflohen“, beteuert er. „Wußte ich doch, daß du ein gnädiger und barmherziger Gott bist, langmütig und reich an Liebe, ein Gott, der sich erweichen läßt, so daß die Katastrophe ausbleibt“ (Jona 4,2). Aus dieser Sicht wäre es viel sinnvoller, staunend ein Buch mit dem Titel zu schreiben: „Wenn bösen Menschen Gutes widerfährt“.

Die Segnungen, deren wir uns im Leben erfreuen, sind Zeichen der Geduld und der Nachsicht Gottes. Paulus stellt deshalb die Frage: „Verachtest du den Reichtum seiner Freundlichkeit, Nachsicht und Geduld, weil du nicht merkst, daß Gottes Freundlichkeit dich zur Buße leitet?“ (Römer 2,4)

Ich vermute, daß der Grund, warum es vielen unter uns so schwer fällt, diese Erkenntnis in die Praxis umzusetzen, der ist, daß wir die Wahrheiten nur gedanklich anerkennen, aber nicht mit unserem ganzen Leben. Das Glaubensbekenntnis, das ich nachspreche, bezeugt: ich bin ein erbärmlicher Sünder, ich verdiene Höllenstrafen und alles, woran ich mich im Leben erfreue, ist eine gnädige Gottesgabe. Ich kann nicht damit rechnen, vom Leiden verschont zu bleiben. Trotzdem regt sich in mir das Empfinden, daß mein eigenes Leiden ungerecht ist.

Damit aber nehme ich die biblische Darstellung meiner persönlichen Schuld wirklich ernst. Hiob kam erst zur Ruhe, als er das Wesen Gottes erkannte; und Jesaja rief, als er im Tempel in einer Vision Gott erblickte: „Wehe mir . . . Ich bin verloren! Denn ich bin ein Mann mit unreinen Lippen und lebe mitten unter einem Volk mit unreinen Lippen, und meine Augen haben den König, den allmächtigen Herrn, erblickt“ (Jesaja 6,5).

Verstehen wir besser, in welcher Beziehung wir selbst zur Kernaussage der Bibel stehen – wie Gott unsere Sünde einschätzt und was wir wegen unserer Auflehnung gegen Gott verdient haben –, dann werden wir die schmerzhaften Zeiten im Leben mit weniger Unmut und Empörung und mit mehr Dankbarkeit und Vertrauen bewältigen als sonst – auch wenn wir nicht auf alle unsere Fragen über das Übel und das Leiden eine Antwort finden.

Fragen zum weiteren Nachdenken

1. Beschreiben Sie kurz die Kernaussage der Bibel – ihren „roten Faden".
2. Warum ist diese Kernaussage für das Problem des Übels und des Leidens von Bedeutung?
3. Warum ist das Übel aus biblischer Sicht böse?
4. Wie schätzen Sie nach Ihrem augenblicklichen Verständnis die Beziehung zwischen dem Leiden und der Sünde ein?
5. Was haben Sie in den Augen Gottes verdient? Haben Sie das empfangen, was Ihnen zusteht? Was haben Sie von Gott empfangen?

Anmerkung

[1] Paul Woodruff und Harry Wilmer (Hrsg.), *Facing Evil: Light at the Core of Darkness,* LaSalle: Open Court, 1988, S. VII.

4. Gesellschaftliche Übel, Armut, Krieg, Naturkatastrophen

Die in dieser Überschrift anklingenden Themen sind so vielschichtig, daß im Rahmen dieses Kapitels nicht einmal ein kurzer Überblick über die entsprechenden biblischen Aussagen gegeben werden kann. Ich werde auch keine Lösung des Problems der Armut geben, noch mich hier mit dem umstrittenen Thema der „heiligen Kriege“ des Alten Testaments befassen (das behalten wir uns für ein späteres Kapitel vor). Ich verfolge mit dem vorliegenden Kapitel ein bescheideneres Ziel, nämlich darzulegen, was die Bibel über das durch die genannten Übel verursachte Leiden zu sagen hat, und welche Bedeutung diesen Aussagen in heutiger Zeit zukommt.

Die hier besprochenen Übel stehen stellvertretend für viele Nöte, die ich mit in dieses Kapitel hätte aufnehmen können. So habe ich beispielsweise auf eine Erörterung der Aids-Problematik verzichtet, obwohl Aids ein großes gesellschaftliches Übel ist. Es wäre mir im Rahmen dieses Kapitels nicht möglich gewesen, einem so vielschichtigen, von starken Emotionen begleiteten Thema aus biblischer Sicht gerecht zu werden. Deshalb habe ich mich entschieden, meine Gedanken über Aids in einem gesonderten Anhang am Ende des Buches darzulegen.

Vom Staat verhinderte und vom Staat begangene Übel

Die Heilige Schrift macht deutlich, daß staatliche Instanzen (die „Obrigkeit“) das Übel in Schranken halten. Man kann durchaus die Meinung vertreten, dies sei ihre wichtigste Aufgabe. So berichtet beispielsweise das

Buch der Richter von einer Zeit, in der es in Israel noch keinen König gab, der für Ordnung sorgte – und erzählt in diesem Zusammenhang von entsetzlichen Gewalt- und Greueltaten: von brutaler Vergewaltigung, Mord, Ausbeutung und Barbarei. Bei der Schilderung dieser Grausamkeiten verwendet der Verfasser wiederholt einen Satz, der sich bald zum einprägsamen Refrain entwickelt und zuletzt den Schluß des Buches bildet: „In jenen Tagen hatte Israel keinen König; jeder tat, was er selbst für richtig hielt" (Richter 21,25). Aus der Sicht der Heilsgeschichte wird der Leser mit diesen Worten auf das Königtum unter Saul und David vorbereitet. Das Ganze hat jedoch auch eine sittliche Aussage: Sind keine zuständigen Instanzen vorhanden, um dem Übel Grenzen zu setzen, dann werden die Menschen in ihrer Habgier, ihrem Mordsinn und ihrer Gewalttätigkeit immer hemmungsloser. Die Bibel vertritt weder die Ansicht, staatliche Instanzen seien der Ursprung allen Übels noch stützt sie die romantisch-utopische Vorstellung, der Mensch könne sämtliche gesellschaftlichen Übel beseitigen.

Deshalb erkennt Paulus hinter jeder menschlichen Regierung die Hand Gottes. Er schreibt:

> Alle müssen sich den staatlichen Instanzen unterordnen, denn es gibt keine staatliche Gewalt, die nicht von Gott stammt. Die bestehenden Instanzen sind von Gott eingesetzt worden. Folglich: Wer sich der staatlichen Gewalt widersetzt, der rebelliert gegen die Ordnung Gottes; und wer so etwas tut, der zieht sich selbst das Gericht zu. Denn Herrschende versetzen nicht die in Angst und Schrecken, die das Gute tun, sondern nur die, die ein Unrecht begangen haben. Willst du ohne Furcht vor den Trägern staatlicher Gewalt leben? Dann tue, was recht ist, und sie werden dich dafür ehren. Denn sie sind Gottes Diener, auch dir zugut. Begehst du aber ein Unrecht, dann fürchte dich, denn sie tragen nicht umsonst das Schwert. Sie sind Diener Gottes, Vermittler seines Zornes, und vollziehen am Übeltäter das Strafgericht. Es ist deshalb unerläßlich, sich den staatlichen Instanzen unterzuordnen – nicht nur weil sie Strafen verhängen können, sondern auch um des eigenen Gewissens willen. (Römer 13,1-5)

Paulus drückt sich hier sehr bestimmt aus. Er sagt nicht nur, daß staatliche Instanzen Gewalt ausüben („das Schwert tragen"), um das Böse in Schranken zu halten – und daß daher die Furcht, bestraft zu werden, ein wichtiger Grund ist, diesen Instanzen zu gehorchen –, sondern auch, daß Gott selbst hinter der staatlichen Gewalt steht. Darum sollen Christen den staatlichen Stellen nicht nur aus Angst, bestraft zu werden, gehorchen, sondern aus der Erkenntnis heraus, daß Gott selbst hinter ihnen steht. Christen gehorchen der Regierung nicht so sehr aus pragmatischen Gründen („Ich habe keine Lust, ins Gefängnis zu wandern"), sondern aus moralischen, ja aus Gewissensgründen.

Andererseits stützt die Bibel nicht den marxistischen Mythos von der Wohltätigkeit des Staates. Schließlich wird der Staat von Menschen verwaltet, und Menschen sind gefallene Geschöpfe. Wo gefallene Menschen Macht ausüben, läßt die Korruption nicht lange auf sich warten; und da wir alle Sünder sind, ist sie allgegenwärtig. Im alten Israel hatte Gott mit dem Volk einen „Bund" geschlossen – ein detailliertes Abkommen, das viele Gesetze umfaßte. Sowohl die Regierenden als auch das Volk waren verpflichtet, diesen Gesetzen zu gehorchen. Solange Gesetzesübertretungen – ganz gleich, ob von Regierenden oder vom Volk begangen – geahndet wurden, waren der Korruption und dem durch sie verursachten Leid enge Grenzen gesetzt.

Doch kamen immer wieder Könige an die Macht, die für ihre Taten nicht zur Rechenschaft gezogen wurden. Der erste König des Nordreiches nach dem Tode Salomos und der Reichsspaltung verführte das Volk zum Götzendienst. Sein Name wurde um dieses Übels willen sprichwörtlich. Spätere Könige wurden häufig danach beurteilt, ob sie wie er handelten: „... und tat, was dem Herrn mißfiel, ganz wie Jerobeam, der Sohn Nebats."

Auch ein hochgeachteter König wie David tat Böses: Er verführte Bathseba und ordnete an, ihren Ehemann Uria umbringen zu lassen (2. Samuel 11). Den gottlosen König Ahab gelüstete nach Nabots Weinberg; daraufhin zog seine Frau, die ebenso gottlose Königin Isebel, den guten Ruf Nabots in den Schmutz und ließ Nabot selbst durch ein bestechliches Gericht zum Tode verurteilen. Wie sehr muß Nabot gelitten haben, und in welche Armut und Schande wurde seine Familie gestürzt!

Nicht nur der vom alttestamentlichen Bundesvolk errichtete Staat, sondern auch andere politische Mächte sind ungerecht. Paulus denkt in Römer 13 an das römische Kaiserreich. Die Bibel bezeugt, daß Gott der Herr über *alle* Nationen ist. Gott erwartet von ihnen, daß sie Gerechtigkeit walten lassen; sie alle sind ihm gegenüber rechenschaftspflichtig. „Gerechtigkeit erhöht ein Volk; aber die Sünde bringt Schande über eine Nation" (Sprüche 14,34). Regierungen können politische Stabilität nur durch Rechtsstaatlichkeit sichern (vgl. Sprüche 29,4).

Weil Gott sich für die Gerechtigkeit einsetzt, werden nicht allein das Bundesvolk (siehe das Buch Amos), sondern ebenso andere Nationen mit dem Gericht bedroht – auch solche, die Gott benutzt hat, um sein eigenes Volk zu züchtigen. So erklärt Gott in Jesaja 10,5 ff., daß Assyrien ein Werkzeug in seiner Hand sei, mit dessen Hilfe er sein Volk richte. Die Assyrer selbst jedoch handeln dabei selbstherrlich und sollen deshalb zur Verantwortung gezogen werden. Sie meinen, aus eigener Kraft ganze Völker zu vernichten. Darum wird Gott auch sie vernichten, nachdem er sich ihrer bei der Bestrafung seines Volkes bedient hat. Gottes leidenschaftliches Engagement für Gerechtigkeit erstreckt sich weit über die Grenzen des Bundesvolkes hinaus.

Im ersten Petrusbrief werden Sklaven unterwiesen, wie sie sich zu verhalten haben, wenn sie aufgrund des menschenunwürdigen Systems der Sklaverei zu Unrecht leiden müssen. Die ersten Christen hatten gewiß keine romantischen Illusionen über die Rechtschaffenheit des Staates. Sie wußten, was die Staatsmacht ihrem Herrn angetan hatte. Gegen Ende des ersten Jahrhunderts wurden die Christen derartig von staatlichen Instanzen verfolgt, daß sie ein recht düsteres Bild vom Staat zeichneten: Der Staat sei ein „Tier", eine „Hure" (so die Offenbarung des Johannes), weil er sich das anmaßt, was Gott allein zusteht.

Fassen wir zusammen: Einerseits besteht die Bibel darauf, daß der Staat das Übel einschränkt; andererseits weiß sie, daß der Staat selbst Übel begeht. Der Staat bewahrt uns vor dem Leiden und ist zugleich Urheber von Leiden.

Dem entspricht unsere heutige Erfahrung. Keiner lebt gern unter gesetzlosen Verhältnissen, wie sie, etwa in Uganda nach dem Zusammenbruch der Regierung Idi Amins herrschten. „Ein Gottloser, der über ein hilfloses Volk herrscht, ist wie ein brüllender Löwe oder ein angriffslustiger Bär" (Sprüche 28,15).

Brutalität und Leiden müssen nicht nur physische Formen annehmen. Das nationalsozialistische Regime hat zwischen 1933 und 1939 auch positive Maßnahmen ergriffen. Sie wurden jedoch belastet mit Staatsterror und durch moralisch verwerfliches Wunschdenken. Zu schwerem Leiden führende staatliche Gewalt kann alle Bereiche des Lebens erfassen: in der Wirtschaft, im Bildungssystem, im Rechtswesen, beim Militär. Wie im Privatleben gibt es auch hier nicht nur Tat-, sondern auch Unterlassungssünden.

Deshalb legen viele Theologen Römer 13,1-5 so aus, als fordere er nur einen bedingten Gehorsam dem Staat gegenüber. Sofern staatliche Instanzen sich als Diener Gottes erweisen und den Übeltäter strafen, müßten wir ihnen gehorchen. Wo der Staat aber zum Werkzeug des Bösen werde, müßten wir uns ihm widersetzen. Mit dieser Argumentation haben Christen ihr Handeln gerechtfertigt, wenn sie sich an Revolutionen oder an Befreiungskriegen beteiligten.

Die Fragen, die damit zusammenhängen, können hier nicht erörtert werden. Doch haben wir im Blick auf das menschliche Leiden bereits vier Einsichten gewonnen:

1. Die Bibel ist ganz und gar realistisch, sowohl im Hinblick auf das Leiden, das der Staat verursacht, als auch auf das Leiden, das vom Staat verhindert werden soll. Christen sind nicht von dem ausgeschlossen, was das mit sich bringt.

2. Dem biblischen Denken liegen folgende Voraussetzungen zugrunde: das Gefallensein des Menschen; unser Hang zum Bösen; die Tragik und die Tücke einer gebrochenen, von Auflehnung geprägten Welt.

3. Trotz des Leidens, das wir entweder aufgrund von Übeln, die der Staat einzuschränken berufen ist, oder das wir von seiten des Staates selbst erdulden müssen, werden Christen sich stets ihre Verantwortung vor Augen halten, die Gerechtigkeit zu fördern. Sie haben keine träumerische Hoffnung auf eine diesseitige heile Welt. Sie erkennen, daß auch ihre besten Bemühungen nur begrenzt und bruchstückhaft sind. Die endgültige Heilung bringt erst die neue Schöpfung Gottes.

4. Wieder steht uns das Unergründliche der Weltregierung Gottes vor Augen. Gott steht hinter dem Staat, doch geschieht es, daß der Staat auch böse, ungerecht handelt. Er zieht ihn dafür zur Rechenschaft. Das werden wir in Kapitel 11 ausführlicher behandeln.

Unterschiedliche Armut

Es zeugt von großem Scharfblick, wenn der Weisheitsdichter Agur, der Sohn des Jake, schreibt: „Gib mir weder Armut noch Reichtum, sondern teile mir lediglich mein tägliches Brot zu. Ich könnte sonst zuviel Eigentum erwerben, dich verleugnen und sagen: ‚Wer ist denn der Herr?'" (Sprüche 30,8 f.). Die Armut mag zwar in süßlichen Balladen gerühmt und von denen, die als besonders fromm gelten wollen, gepriesen werden, doch angenehm ist sie nie.

Armut ist allerdings ein vielschichtiger Begriff. Es ist eine Sache, knapp unterhalb einer von der Regierung festgelegten „Armutsgrenze" zu leben, und eine ganz andere, den Hungertod zu erleiden. Auch ein Leben

„knapp unterhalb der Armutsgrenze" kann sich in ungleichen Familien recht unterschiedlich auswirken.

Theologen befassen sich oft mit dem Problem der Armut aus christlicher Sicht, ohne zu bedenken, daß viele Aspekte dieses Problems eindeutig modernen Ursprungs sind[1]. Im Marxismus werden Menschen als „arm" bezeichnet, die ihrer Machtlosigkeit wegen wirtschaftlich unterprivilegiert sind. In einigen Studien wird vorausgesetzt, daß im Alten Testament jeder als arm gilt, der über keinen Grundbesitz verfügt. Zudem geht man allgemein davon aus, daß Armut stets ein Übel sei, obwohl dies aus biblischer Sicht keineswegs ausschließlich der Fall ist; Armut ist zuweilen anderen Lebensmöglichkeiten vorzuziehen. Aber auch dort, wo wir uns bemühen, den Sinn der Schrift richtig zu erfassen, ist es nicht immer leicht, die Botschaft der Bibel in der Gegenwart anzuwenden.

Das aber darf nicht zu dem Fehlurteil führen, über die Armut nichts aus der Schrift lernen zu können. Doch wir müssen dabei bedenken: Die immer breiter werdende Kluft zwischen Reichen und Armen in der heutigen Welt zwingt uns, uns intensiv mit dieser Frage zu befassen – aber gerade dieser Druck beeinträchtigt das klare Denken.

Wir wollen uns hier mit sechs Arten der Armut befassen, die uns die Schrift vor Augen führt, und überlegen, welche Bedeutung ihnen im Blick auf das Thema des vorliegenden Buches zukommt.

Die unglücklichen Armen

Es gibt Menschen, die aufgrund unglücklicher Umstände arm sind. Vielleicht hat sich der Erwerbstätige der Familie eine Krankheit zugezogen, die ihn arbeitsunfähig macht. Vielleicht war eine mehrjährige Dürre für die Not verantwortlich. Denken wir an Ruth und ihre Schwiegermutter Naëmi. Naëmi war wegen einer langen Dürreperiode gezwungen, mit ihrer Familie von Juda nach Moab zu ziehen; wegen drei tragischer Todesfälle kehrte sie später mit ihrer verwitweten Schwiegertochter zurück.

Finden soziale Umwälzungen statt, sind es gewöhnlich die Armen, die am meisten darunter leiden. „Der Reichtum der Reichen ist ihre befestigte Stadt, aber dem Armen bringt seine Armut Verderben" (Sprüche 10,15).

In unserer gefallenen Welt wird es immer Menschen geben, deren Armut auf tragische Umstände zurückzuführen ist. Das berührt das Geheimnis der Vorsehung – ein Thema, auf das ich später zurückkommen werde. Darüber, wie Christen reagieren sollen, wenn ihnen Armut dieser Art begegnet, besteht kein Zweifel. Aus biblischer Sicht sollte diese Art von Armut keine philosophischen Spekulationen hervorrufen – und erst recht nicht Selbstgerechtigkeit oder Schicksalsergebenheit –, sondern Erbarmen vor allem durch materielle Unterstützung. „Es werden stets Arme im Lande sein“, erklärt Gott. „Darum gebiete ich dir, gegen deine Brüder und gegen die Armen und Bedürftigen im Lande freigebig zu sein“ (5. Mose 15,11). „Wenn du beim Abernten deines Ackers eine Garbe übersiehst, sollst du nicht umkehren, um sie zu holen. Laß sie für den Fremden, den Vaterlosen und die Witwe liegen, damit der Herr, dein Gott, dich bei jeder Arbeit deiner Hände segne. Wenn du deine Ölbäume abklopfst, sollst du die Äste nicht noch ein zweites Mal absuchen. Was übrigbleibt, das laß für den Fremden, den Vaterlosen und die Witwe hängen. Wenn du in deinem Weinberg die Trauben erntest, sollst du keine Nachlese halten. Was übrigbleibt, das laß für den Fremden, den Vaterlosen und die Witwe hängen. Denk daran, daß ihr in Ägypten Sklaven gewesen seid. Darum gebiete ich euch, dies zu tun“ (5. Mose 24,19-22). Den vielen Tagelöhnern war der Lohn prompt auszuzahlen (3. Mose 19,13). Und das mosaische Gesetz bestimmte (wiewohl es vermutlich nicht sehr oft befolgt wurde), daß alle drei Jahre ein Zehntel des landwirtschaftlichen Ertrags für die Armen und die Leviten abzuliefern sei (5. Mose 26,12 ff.). Im siebten Jahr mußten die Äcker brachliegen, den Armen war es aber gestattet, von dem zu leben, was dort von selbst wuchs (2. Mose 23,10 f.). Daß der rechtschaffene Boas sich an diese und ähnliche Gesetze hielt, war für Ruth und Naëmi ein großer Segen.

Wie unergründlich die Vorsehung auch sein mag, es darf nicht sein, daß wir angesichts solcher Armut gleichmütig mit den Schultern zucken und nur an uns denken. Jeder, ob reich oder arm, ist nach Aussage der Bibel zum Ebenbild Gottes erschaffen worden. Deshalb steht geschrieben: „Wer die Armen verspottet, verachtet deren Schöpfer; und wer über ein Unglück, das einem anderen widerfährt, Schadenfreude empfindet, der wird nicht ungestraft bleiben“ (Sprüche 17,5).

Die unterdrückten Armen

Im Alten Testament wird diese Gruppe häufig erwähnt. Armut dieser Art ist auf die Rücksichtslosigkeit anderer, zum Beispiel auf skrupellose Ausbeutung zurückzuführen. „Der Acker eines Armen kann reichen Ertrag bringen, aber der Gottlose rafft ihn an sich“ (Sprüche 13,23). Denken wir wieder an Nabot und Uria. Die Propheten brandmarkten die Habgier, die den kleinen Mann vom Markt drängte: „Wehe euch, die ihr

Haus an Haus fügt und Acker an Acker reiht, bis kein Raum mehr da ist und ihr ganz allein im Lande lebt“ (Jesaja 5,8).

Die unmenschlichen Auswirkungen dieser Armut sind ungemein verheerend, weil sie mit Zynismus gepaart sind. Das beschreibt eindeutig der Verfasser des Buches Prediger:

> Ich sah die Tränen der Unterdrückten – und sie hatten niemanden, der sie tröstete. Ihre Unterdrücker taten ihnen Gewalt an – und sie hatten niemanden, der sie tröstete. Da erklärte ich die Toten, die bereits verstorben sind, für glücklicher als die Lebenden, die noch am Leben sind. Aber besser dran als alle beide ist der, der noch nicht gewesen ist und all das Böse, das unter der Sonne begangen wird, noch nicht gesehen hat ... Siehst du, wie die Armen in einer bestimmten Gegend unterdrückt und wie ihnen Recht und Gerechtigkeit versagt werden, dann wundere dich nicht über solche Vorgänge; denn auf jeden Beamten hat ein höherer ein Auge, und über beiden stehen noch höhere. Sie alle nehmen den Ertrag des Landes an sich; selbst der König profitiert vom Acker. Wer das Geld liebt, bekommt davon nie genug; wer den Reichtum liebt, ist nie mit seinen Einkünften zufrieden. Auch dies ist sinnlos. (Prediger 4,1-3; 5,8-10)

Wie bei der unglücklichen Armut, über die wir sprachen, ist auch hier Sünde im Spiel, und zwar die Sünde derer, die den Armen ausbeuten. Wir fragen uns vielleicht, weshalb Gott solche Übel „zuläßt“, doch sind sie eindeutig Menschenwerk. Wir sind als Menschen für unser sittliches Tun verantwortlich. Deshalb müssen wir vor allem auf uns selbst achtgeben.

Der einzelne kann oft nicht viel für Opfer der Unterdrückung tun, außer, ihnen christliche Nächstenliebe entgegenzubringen. Was jedoch die Armen in solchen Fällen besonders brauchen, ist ihr Recht. Wo wir es ihnen verschaffen können, sollten wir es unbedingt tun. „Der Gerechte kümmert sich um die Rechtssache des Armen, aber dem Gottlosen ist sie gleichgültig“ (Sprüche 29,7). „Nimm dir kein Blatt vor den Mund, sondern richte gerecht; verteidige die Rechte der Armen und Bedürftigen“ (Sprüche 31,9).

Dabei sollten wir bedenken, daß wir über unseren Umgang mit der Gerechtigkeit vor Gott Rechenschaft ablegen müssen. „Das haben der

Arme und sein Unterdrücker gemeinsam: Der Herr gibt beiden das Augenlicht. Spricht ein König dem Armen unbestechlich Recht, so wird sein Thron für immer Bestand haben" (Sprüche 29,13 f.).

Die arbeitsscheuen Armen

In den Sprüchen Salomos werden uns verschiedene Arten von Armut vor Augen geführt. Auffällig wird dabei der Faule – der Arbeitsscheue – erwähnt. „Der Faulenzer wünscht sich alles mögliche, bekommt jedoch nichts; das Verlangen des Fleißigen hingegen wird voll und ganz befriedigt ... Wer Zucht mißachtet, erntet Armut und Schande, aber wer eine Zurechtweisung beherzigt, der wird geehrt" (Sprüche 13,4.18). „Harte Arbeit bringt stets Gewinn, aber leeres Geschwätz macht nur arm" (Sprüche 14,23). „Faulheit führt zum Tiefschlaf, und ein träger Mensch muß hungern" (Sprüche 19,15). Faulheit ist manchmal auch mit anderen Lastern verbunden: „Gesell dich nicht zu denen, die übermäßig Wein trinken und Fleisch in sich hineinschlingen, denn Säufer und Schlemmer werden arm, und Schläfrigkeit kleidet sie in Lumpen" (Sprüche 23,20 f.). Die Armut des jüngeren Sohnes im Gleichnis vom verlorenen Sohn (Lukas 15,11-16) war eine Folge seiner Lebensgier und der Schwachheit gegen sich selbst.

Diesbezüglich sind Pauschalurteile meist fehl am Platz. Wer keine Arbeit finden kann oder während einer Rezession seine Stelle verliert, kann dadurch so entmutigt werden, daß er zu trinken anfängt und arbeitsscheu wird, obwohl er vorher ganz anders eingestellt war. Dieser Mensch ist zwar für seine Haltung verantwortlich, doch hat der Verlust seiner Arbeitsstelle nicht unwesentlich zu seinem sittlichen Verfall beigetragen. Statistiken beweisen, daß es in solchen Fällen wenig hilfreich ist, Almosen zu verteilen, auch wenn dies aus Mitleid heraus geschieht. Milde Gaben können beim Empfänger ein Gefühl der Abhängigkeit erzeugen, das auf Dauer demütigend wirkt.

Faulheit kann erheblichen Schaden zufügen. Wenn immer mehr Geld für immer weniger Arbeit verlangt wird; wenn man nicht mehr stolz auf seine Arbeit ist noch für den tariflichen Lohn die entsprechende Leistung bringt; wenn bei Tarifverhandlungen die Produktivität keine Rolle spielt, obwohl sie zur Sicherung der Wettbewerbsfähigkeit des betreffenden Industriezweiges unbedingt gesteigert werden müßte – dann wird das unweigerlich böse Folgen nach sich ziehen: Fabrikschließungen, Massenarbeitslosigkeit, eine sterbende Kultur. Das alles können Auswirkungen der Faulheit sein.

Auch diesbezüglich ist die Sünde der entscheidende Faktor. Faulheit und mangelnde Disziplin verstoßen gegen den Willen Gottes. Freilich spielen dort, wo jemand durch den Verlust seiner Arbeitsstelle „faul" geworden ist, vielleicht auch die Sünden anderer eine Rolle (Armut der zweiten Art) und vielleicht auch unglückliche Umstände (Armut der ersten Art). Handelt es sich jedoch um rein persönliche Faulheit, dann darf uns dies nicht verleiten, selbst untätig herumzusitzen oder gar Gott die Schuld zuzuweisen.

Armut bei den Angehörigen Bestrafter

Wie beurteilen wir den Fall der Kinder Sauls und Jonathans, die jahrelang in relativer Armut leben mußten, bis David das Gelübde erfüllte, das er gegenüber Jonathan geleistet hatte, und Mephiboscheth an seinen Hof holte, um ihm Gutes zu tun? Wird jemand aus eigener Schuld – etwa wegen Mordes oder Hochverrats – hingerichtet, dann kann seine Familie dadurch in große Not geraten. Wie haben wir Leiden dieser Art zu beurteilen?

Diesbezüglich handelt es sich zum Teil um eine besondere Erscheinungsform der Armut der ersten Art – die durch unglückliche Umstände ausgelöst wird. Dabei ist jedoch nicht an ein Unglück zu denken, sondern an die Sünde einer anderen Person. Hier jedoch wurde eine ganze Familie durch das Vergehen und die anschließende Bestrafung eines Angehörigen ins Elend gestürzt.

Daraus wird deutlich, daß die Sünde auch Menschen, die im herkömmlichen Sinne keine „Opfer" sind, in Not bringen kann. Bei einer Vergewaltigung zum Beispiel oder bei einem Mord oder Raubüberfall leidet das Opfer selbst am meisten. Im Falle der betroffenen Angehörigen eines Täters geraten Menschen, die vermutlich keine persönliche Schuld auf sich geladen haben und die der Täter sich gewiß nicht als Opfer ausersehen hatte, in Notlagen, die einzig und allein auf die Schuld des Täters zurückzuführen sind. Dazu gehören neben Armut auch andere Formen von Schmerz und Ungerechtigkeit.

Wie groß die Schuld derer auch sein mag, die durch ihr Verhalten eine Übertragung des Aids-Virus bewußt in Kauf nehmen – auf jene aber, die sich die Krankheit zuziehen, weil sie als Bluter auf Transfusionen angewiesen sind, lastet keinerlei Schuld. Sünden anderer rächen sich oftmals an Unschuldigen. Elia erfuhr, daß Gott siebentausend Männer und Frauen in Israel davor bewahrt hatte, vor Baal die Knie zu beugen (1. Könige

19,18). Das hat aber bestimmt viele von ihnen nicht davor bewahrt, unter der dreijährigen Dürre zu leiden, ja vielleicht gar zu sterben?

Unsere Beurteilung solcher Leiden darf niemals oberflächlich sein. Wenn ein Leiden durch die Tat eines anderen ausgelöst wird, fällt es uns meist schwerer, es zu akzeptieren, als wenn wir unmittelbar Opfer eines Unterdrückers geworden wären.

Die Auswirkungen der Sünde beschränken sich nie auf den Täter und sein unmittelbares Opfer. Ein wenig Sauerteig durchsäuert den ganzen Teig (1. Korinther 5,6); ein wenig Böses kann weit über den Kreis hinaus, in dem es begangen wurde, katastrophal sein.

Diese Erkenntnis bietet denen, die aus solchen Gründen leiden müssen, wenig Trost. Sie kann jedoch Christen helfen, das Wesen des Übels besser zu verstehen und derartigen Geschehnissen gefaßter zu begegnen. Vielleicht können wir in solchen Situationen gewisse praktische Maßnahmen ergreifen, uns zum Beispiel für Gerechtigkeit einsetzen oder denen Hilfe anbieten, die unter unverschuldeten Nöten leiden müssen. Vor allem aber müssen wir ein besseres Verständnis dafür bekommen, was es heißt, in einer gefallenen Welt zu leben, damit wir nicht falschen Erwartungen erliegen und solchen Geschehnissen fassungslos gegenüberstehen. Die Bibel sagt nirgends, daß das Leben in dieser Welt problemlos sein wird. Wir selbst sind Teil dieser dem Bösen verfallenen Welt, und es ist allein die Barmherzigkeit des Herrn, „daß wir nicht gar aus sind“ (Klagelieder 3,22 nach der rev. Lutherübers.).

Freiwillige Armut

Über diese Armut müssen wir nicht viele Worte verlieren: Wenn sich jemand aus freien Stücken zur Armut entschlossen hat, dann kann man seine Armut kaum als lösungsbedürftiges Problem ansehen.

Ich denke hier nicht nur an freigebige Menschen. Als Christen sind wir alle zur Freigebigkeit und zur Großzügigkeit aufgerufen. Oft gibt Gott freigebigen Menschen seinen besonderen Segen: „Der eine teilt reichlich aus und bekommt dafür immer mehr; der andere ist übertrieben sparsam und verarmt trotzdem“ (Sprüche 11,24). Ich spreche von denen, die auf alles verzichten, um dem Herrn Jesus mit ihrem ganzen Vermögen dienen zu können. Unter den ersten Christen gab es nicht wenige, die, vom Geist gedrängt, so handelten (s. Apostelgeschichte 2,44 f.).

Menschen, die diesen Schritt wagen, sind offensichtlich nicht wegen der Sünde arm, zumindest nicht wegen ihrer eigenen. Sie verhalten sich wie Christus, der seine Herrlichkeit aus freien Stücken ablegte und sich erniedrigte (Johannes 17,5; Philipper 2,6 ff.). Das erwuchs aus seiner Bereitschaft zur Selbstverleugnung. Freilich wäre diese freiwillige Hingabe nicht notwendig gewesen, hätten andere nicht gesündigt.

Wer aber den Weg freiwilliger Armut beschreitet, sollte sich der heimtückischen Fallen bewußt sein. Dazu zählt zweifellos der Hochmut, von anderen als besonders heilig und selbstlos angesehen zu werden. In diese Falle gerieten Ananias und Saphira, die diesbezüglich im Neuen Testament als abschreckendes Beispiel genannt werden (Apostelgeschichte 5). Der einzige rechte Beweggrund zur freiwilligen Armut ist Liebe und Selbstlosigkeit.

Begegnen wir Menschen, die sich zur freiwilligen Armut entschlossen haben, so ist ihnen gegenüber unser Mitleid am wenigsten angebracht. Haben sie ihren Weg aus reinen Motiven gewählt, dann können sie gut und gern auf unser Mitleid verzichten; haben sie ihn aber aus unreinen Beweggründen eingeschlagen, dann ist Mitleid in jeder Hinsicht eine gefährliche Versuchung für sie.

Die „geistlich Armen"

„Glückselig sind die Armen im Geist [Luther: die da geistlich arm sind], denn ihnen gehört das Himmelreich. Glückselig sind die Trauernden, denn sie werden getröstet werden. Glückselig sind die Sanftmütigen, denn sie werden die Welt ererben" (Matthäus 5,3-5). „Ich schätze einen jeden, der demütig [oder: arm] und zerknirscht ist und der vor meinem Wort zittert" (Jesaja 66,2).

Wie bei der freigewählten Armut gilt auch diesbezüglich: Wer zu den hier Aufgezählten gehört, der bedarf weder unseres Mitleids noch unseres Beistands. Dennoch sollten wir darüber nachdenken, warum Jesus in seiner Seligpreisung das Bild der Armut verwendete.

Bereits im Alten Testament beziehen sich einige hebräische Begriffe, die oft mit „arm" wiedergegeben werden, auf Menschen, die aufgrund einer langanhaltenden wirtschaftlichen oder sozialen Notlage ihr Vertrauen allein auf Gott setzen (so z. B. Psalm 37,14; 40,18; 69,30.33 [Luther: „elend"]; Sprüche 16,19; 29,23 [Luther: „demütig"]; Jesaja 61,1). „Daß ein König sich wiederholt als ‚arm und elend' bezeichnet (so oder ähnlich Psalm 40,18; 69,30; 70,6; 86,1; 109,22), ist zumindest ungewöhnlich – es sei denn, er meint damit nicht seine Eigentumsverhältnisse. In den genannten Psalmen fühlt sich der König von Gegnern bedroht, die ihm Übles wünschen und ihm nach dem Leben trachten; deshalb bittet er Gott, nicht ihn, sondern sie ‚zuschanden werden' zu lassen.[2] Bei dem „Reichtum", dessen Verlust der König hier fürchtet, handelt es sich in erster Linie nicht um materielle Güter, sondern um Bewahrung, Aussehen, ja sogar um das Leben selbst.

Alttestamentliche Verfasser weisen wiederholt darauf hin, daß es Schlimmeres gibt, als arm zu sein – eine Wahrheit, die wir aus materialistischer Gesinnung oft in Zweifel ziehen. „Besser ein trockener Knust und Frieden dabei, als ein ganzes Haus voll Festessen und dabei Streit" (Sprüche 17,1). Es ist jedoch noch etwas anderes zu berücksichtigen: Reiche und Mächtige sind oftmals selbstzufrieden und überheblich, daß sie kein Bedürfnis nach Gnade und Barmherzigkeit empfinden, oder sie sind so sehr darauf bedacht, den äußeren Schein zu wahren, daß sie es nicht zugeben. „Der Arme fleht um Erbarmen, aber der Reiche gibt eine harte Antwort" (Sprüche 18,23). Der Arme aber kommt zu Einsichten, die dem Reichen verschlossen bleiben. „Der Reiche mag in seinen eigenen Augen klug sein, doch ein verständiger Armer durchschaut ihn" (Sprüche 28,11). Deshalb betont Jesus, wie schwer es den Vermögenden fällt, ins Reich Gottes zu gelangen. Seine öffentliche Wirksamkeit leitet er mit dem Prophetenwort aus Jesaja 61 ein: „Der Geist des Herrn ist auf mir, weil er mich gesalbt hat, den Armen die gute Nachricht zu predigen. Er hat mich gesandt, den Gefangenen die Freiheit und den Blinden die Wiedererlangung ihres Augenlichts anzukündigen, die Unterdrückten zu befreien und das Gnadenjahr des Herrn auszurufen" (Lukas 4,18 f.).

Wie Maria, die Mutter Jesu (Lukas 1,46-55), wenden sich die „geistlich Armen" in ihrer Not an den Herrn und erfahren sein Erbarmen.

Wahrscheinlich handelt es sich hier um einen der wichtigsten Gesichtspunkte zu diesem Thema überhaupt. Wir haben uns bisher darüber Gedanken gemacht, wie Armut zu beurteilen ist, ob wir selbst oder andere davon betroffen sind. Wir haben gesehen, daß die Bibel größtes Gewicht auf Erbarmen und Gerechtigkeit legt, und wir haben das Geheimnis der Vorsehung berührt, das hinter vielen Fragen nach dem Sinn des Übels und der Leiden steht. Wenn wir aber vieles auf die Vorsehung schieben, können wir leicht den Blick für das verlieren, was vor Augen ist. Halten wir uns zurück, uns zuviel Gedanken zu machen, was wir in dieser oder jener Situation zur Rechtfertigung Gottes vorbringen können. Kümmern wir uns vielmehr darum, wie wir im Gehorsam gegenüber dem Gott der Bibel auf uns begegnende Fälle von Leiden reagieren sollen.

Die logischen und praktischen Folgen dessen, was hier gesagt wurde, müssen wir im Lichte weiterer biblischer Werte und Wahrheiten bedenken.

Kriege und Naturkatastrophen

Vor einigen Jahren verfaßte Peter Craigie ein wertvolles kleines Buch mit dem Titel *The Problem of War in the Old Testament*[3] (Das Problem des Krieges im Alten Testament). Stellen Kriege im Alten Testament tatsächlich ein „Problem" dar?

Gewiß, für die Israeliten waren Kriege äußerst problematisch – wenn sie diese verloren. Für Habakuk und andere war es ein großes Problem, wenn ein offenkundig gottloses Volk ein anderes besiegte. Mächtige Königreiche werden für ihre Raubgier und Barbarei bei ihren Eroberungszügen von Gott zur Verantwortung gezogen. Aber nirgendwo im Alten Testament werden theoretische Überlegungen darüber angestellt, warum es in unserer Welt Kriege gibt. Es wird davon ausgegangen, daß Kriege unter bestimmten Umständen ein geeignetes Mittel sind, Streitigkeiten auszutragen. Das alttestamentliche Gottesvolk darf sich als politische Größe mit kriegerischen Mitteln verteidigen. Siege sind Erweis der Kraft und Gegenwart Gottes. Der Krieg ist eigentlich erst in unserer Generation zum „Problem" geworden, zum Teil wohl deshalb, weil es in unserem Jahrhundert zu einer Reihe besonders brutaler Konflikte gekommen ist, bei denen Millionen ihr Leben lassen mußten, zum Teil aber auch, weil rüstungstechnische „Fortschritte" die Gefahr einer weltweiten Nuklearkatastrophe heraufbeschworen haben.

Der Wechsel vom alten zum neuen Bund und die damit verbundene Änderung im Status des Gottesvolkes, das nun keinen Nationalstaat mehr bildet, sondern als supranationale Gemeinde alle Männer und Frauen, die den Namen des Herrn anrufen, umfaßt (1. Korinther 1,2), hat zur Folge, daß das Volk Gottes *als Gemeinde* nicht mehr zum Schwert greifen darf, um sich zu verteidigen.

Die neutestamentlichen Verfasser sind aber ebensowenig über das Vorhandensein von Kriegen schockiert wie die alttestamentlichen. Jesus sagt, daß es bis zu seiner Wiederkunft immer wieder zu Kriegen kommen wird: „Ihr werdet von Kriegen und Kriegsgerüchten hören, doch sollt ihr aufpassen und euch auf keinen Fall erschrecken lassen. Solche Dinge müssen geschehen, aber damit ist das Ende noch nicht erreicht. Ein Volk wird sich gegen das andere erheben und ein Reich gegen das andere" (Matthäus 24,6-7a). Von Naturkatastrophen gilt es ebenso: „An verschiedenen Orten wird es Erdbeben und Hungersnöte geben" (Matthäus 24,7b). Wir sollen uns nicht überraschen lassen: „Das alles ist erst der Anfang der Geburtswehen"[4] (Matthäus 24,8).

Damit ist weder gesagt, daß wir Kriege als unvermeidbar hinnehmen sollen, noch daß wir uns angesichts der von Kriegen und Naturkatastrophen verursachten Leiden passiv verhalten dürfen. Wir sind berufen, Friedensstifter zu sein, und werden aufgefordert, diese Berufung ernst zu nehmen. Die angeführten Bibelworte wollen uns in erster Linie deutlich machen, daß Kriege Gott nicht überraschen – und daß sie es deshalb auch uns nicht tun sollten. Erleidet unser Glaube Schaden, weil irgendwo ein Krieg ausbricht, dann zeigt das nur, daß wir diesbezüglich noch nicht die Botschaft der Bibel verstanden haben. Weder im Alten noch im Neuen Testament werden Kriege in einem positiven Licht dargestellt. In beiden Testamenten wird der Krieg als Tatsache genommen, die es bis zur Wiederkunft Jesu geben wird. Es wird davon ausgegangen, daß wir in einer gefallenen Welt mit derartigen Übeln rechnen müssen.

Was haben wir als Christen von Kriegen und Naturkatastrophen zu halten? Eine im Blick auf diese Frage hilfreiche Bibelstelle finden wir in Lukas 13,1-5:

> Einige Anwesende berichteten Jesus von den Galiläern, deren Blut Pilatus mit ihren Opfern vermischt hatte. Jesus antwortete: „Meint ihr, daß diese Galiläer schlimmere Sünder waren als alle anderen Galiläer, weil sie so gelitten haben? Ich sage euch: Nein; sondern wenn ihr nicht Buße tut, werdet auch ihr alle umkommen. Oder jene achtzehn Menschen, die erschlagen wurden, als in Siloah der Turm auf sie fiel – meint ihr, daß sie mehr Schuld auf sich geladen hatten als alle anderen Bewohner Jerusalems? Ich sage euch: Nein; sondern wenn ihr nicht Buße tut, werdet auch ihr alle umkommen."

Dieser beachtenswerte Abschnitt enthält wichtige Lektionen für uns.

Erstens: Jesus ist nicht der Meinung, daß die von Pilatus bzw. die beim Einsturz des Turmes Erschlagenen ihr Schicksal nicht verdient hätten. Er sagt seinen Zuhörern, daß auch sie umkommen werden, wenn sie nicht Buße tun – und macht damit deutlich, daß der Tod immer eine Folge der Sünde ist und Menschen deshalb nie unverdient trifft.

Zweitens: Jesus stellt fest, daß ein solch schrecklicher Tod nicht als Beweis dafür angesehen werden darf, daß die Getöteten gottloser waren als die Menschen, die einem derartigen Schicksal bisher entgangen sind. Er geht davon aus, daß alle den Tod verdient haben. Sterben durch Tyrannei oder durch einen tragischen Unfall ist also auch gerechte Strafe

Gottes für begangene Sünden. Das bedeutet aber nicht, daß jene, die noch einmal davongekommen sind, eine geringere Strafe verdient hätten. Sie sind nur aufgrund des Erbarmens Gottes am Leben geblieben und sind den Getöteten auf keinen Fall moralisch überlegen.

Drittens: Jesus betrachtet Kriege und Naturkatastrophen nicht als geheimnisvolle Handlungen Gottes. Sie sind Mahnung und Aufforderung, Buße zu tun. Sie wollen unsere Aufmerksamkeit auf unsere Schuld, auf Gottes kommendes gerechtes Gericht und auf die Strafe lenken, die uns erwartet, wenn wir nicht Buße tun. Diese Absicht wird im vierten Kapitel des Buches Amos ausführlich entfaltet. Eine Katastrophe ist eine Aufforderung zur Buße. Jesus hätte – wie an anderer Stelle – hinzufügen können, daß es ein unverdientes Zeichen der Güte und der Langmut Gottes ist, wenn wir behütet und in Frieden leben können.

Daß wir diese Tatbestände umkehren, ist ein Beweis unserer Verlorenheit. Wir meinen, wir hätten Zeiten des Segens und des Wohlergehens verdient, und empfinden Kriege und Katastrophen als ungerecht. Wir stellen ihretwegen sogar die Güte und Allmacht Gottes, ja oft sogar seine Existenz in Frage. Jesus sieht das ganz anders!

Vor einiger Zeit war ich zugegen, als ein Missionar, der in Medellin in Kolumbien seinen Dienst versieht, die unberechenbare, gefährliche Lage in dieser Stadt schilderte und seine Meinung dazu äußerte. Seine Worte haben mich zutiefst bewegt. Medellin ist auf der ganzen Welt als Hauptstadt des kolumbianischen Drogenkartells bekannt. In letzter Zeit haben die Drogenbosse den Versuch unternommen, die Landesregierung zu stürzen, und aus diesem Grunde ist es zu einer Explosion der Gewalt gekommen. Der Missionar schilderte sehr nüchtern die Situation, in der er und seine Frau ihren Dienst versehen, und fügte hinzu, daß die schrecklichen Geschehnisse in der Gier der Menschen nach Geld, nach Gütern und nach der Macht, die man mit Geld erwerben kann, wurzelten. Wir sind alle dieser Sünde teilhaftig geworden. Es ist wichtig, daß wir in den furchtbaren Geschehnissen in Kolumbien und anderswo, in Rauschgifthändlern, Mördern und Betrügern uns selbst wiedererkennen, unsere Sünden bereuen und auch andere zur Buße auffordern. Die Sünde liegt bei manchen lediglich offener zutage als bei uns.

Fragen zum weiteren Nachdenken

1. Inwiefern werden in dem Land, in dem Sie leben, Übel durch staatliche Instanzen verhindert? Inwiefern begehen diese Instanzen selbst Übel?

2. Darf ein Christ den „zivilen Ungehorsam“ praktizieren? Wenn ja, unter welchen Umständen? Können Sie sich Umstände vorstellen, in denen Christen sich an einer Revolution oder einem Staatsstreich beteiligen dürften? Wenn ja, welche?
3. Welche vier Schlußfolgerungen ziehen wir aus dem vom Staat verhinderten oder von ihm begangenen Übel? Machen diese Schlußfolgerungen deutlich, wie wir reagieren sollen, wenn wir Zeugen solcher Übel werden?
4. Nennen Sie heutige Beispiele der sechs Arten von Armut, die in diesem Kapitel aufgezählt werden. Wie sollten wir als Christen auf diese verschiedenen Arten von Armut reagieren?
5. Welcher großen Gefahr sind – vom biblischen Standpunkt aus betrachtet – reiche Menschen ausgesetzt? Welchen möglichen Segen zieht das Armsein nach sich? Wenden Sie Ihre Antworten auf Ihr eigenes Leben an.
6. Fassen Sie mit eigenen Worten zusammen, was Jesus in Lukas 13 über Unterdrückung und tragische Unfälle sagt. Reagieren Sie auf solche Tragödien so, wie Jesus es von uns verlangt? Wie können Sie sich die Ansichten und Wertvorstellungen zu eigen machen, für die Jesus eingetreten ist?

Anmerkungen

[1] Im folgenden lehne ich mich an einen Artikel von T. R. Hobbs an: „Reflections on ‚the Poor‘ and the Old Testament“, *Expository Times* 100 (1989), S. 291-295.

[2] Ebd., S. 293.

[3] Peter Craigie, *The Problem of War in the Old Testament*, Grand Rapids: Eerdmans, 1978.

[4] Dieser letzte Ausdruck bezieht sich meines Erachtens auf die gesamte Leidensperiode zwischen dem ersten und dem zweiten Kommen Jesu. Siehe Carson, „Matthew“, *The Expositor's Bible Commentary*, Bd. VIII, S. 488 ff., insbesondere S. 498.

5. Das leidende Gottesvolk

Auch Christen werden krank und gebrechlich. Sie bekommen Krebs und Herzkrankheiten, werden schwerhörig und erblinden, und zuletzt sterben sie. In vielen Gegenden müssen auch Christen hungern und die Geißel des Krieges und der Gewalt spüren. Ich bestreite nicht, daß Gott manches Mal wunderbar zugunsten seines Volkes eingreift; doch leben auch wir Christen in einer gefallenen Welt und können uns dem allgemeinen Übel und den Leiden, die ihr bestimmt sind, nicht entziehen.

Es gibt Leiden, die besonders das Volk Gottes treffen. Experten sagen, daß in unserem Jahrhundert mehr Christen als Märtyrer gestorben sind als in allen 19 vorhergehenden Jahrhunderten zusammengerechnet.

Im vorliegenden Kapitel geht es um die Leidensarten, die für das Volk Gottes bezeichnend sind, als auch darüber, wie wir auf sie reagieren sollten.

Leiden, die für das Volk Gottes bezeichnend sind: Züchtigungen

Nach Aussage der Bibel gibt es eine für das Volk Gottes besonders bezeichnende Leidensart: die Züchtigung durch Gott.

Dieses Thema wird in beiden Testamenten immer wieder aufgegriffen, besonders in Hebräer 12,5-12:

> Ihr habt das ermutigende Wort vergessen, das euch als Söhne anredet: „Mein Sohn, schätze die Zucht des Herrn nicht gering, und verliere nicht den Mut, wenn er dich zurechtweist. Denn wen der Herr liebt, den züchtigt er; er bestraft jeden, den er als Sohn annimmt." Erduldet die Not als eine Züchtigung; Gott behandelt euch wie Söhne. Denn welcher Sohn wird nicht von

seinem Vater gezüchtigt? Werdet ihr aber nicht gezüchtigt – und Züchtigungen erlebt jeder –, dann seid ihr uneheliche Kinder und keine echten Söhne. Außerdem: Wir alle hatten menschliche Väter, die uns züchtigten, und wir haben sie dafür geachtet. Um wieviel mehr sollten wir uns dem Vater der Geister unterwerfen und leben! Unsere Väter haben uns für kurze Zeit nach ihrem Gutdünken gezüchtigt; Gott aber tut es zu unserem Besten, damit wir Anteil an seiner Heiligkeit erlangen. Eine Züchtigung kommt uns, während sie vorgenommen wird, nie angenehm vor, sondern schmerzhaft. Später jedoch bringt sie denen, die sich von ihr haben zurechtbringen lassen, als Ernte Gerechtigkeit und Frieden hervor. Deshalb: Stärkt die erschlafften Hände und die schwachen Knie!

Diese Verse sind aus mehreren Gründen beachtenswert:

1. Der Kontext macht deutlich, daß die Züchtigung, von der hier die Rede ist, dazu dient, den Christen in ihrem Kampf gegen die Sünde zu helfen. In dem Vers, der diesem Abschnitt vorausgeht, erteilt der Verfasser seinen Lesern eine Rüge: „In eurem Kampf gegen die Sünde habt ihr noch nicht bis aufs Blut Widerstand geleistet" (Hebräer 12,4). Mit anderen Worten: Eure Bemühungen, die Sünde in eurem Leben zu bekämpfen, haben noch keine Märtyrer hervorgebracht; darum habt ihr keinen Grund, euch zu beklagen.

2. Der Verfasser bezeichnet die dort angeführte Passage aus den Sprüchen als ein „Wort der Ermutigung". Die Aussicht auf Züchtigung soll denen, die ihrem himmlischen Vater in allem treu bleiben, eine Ermutigung sein. Züchtigt Gott, wen er liebt, dann zeigt sich, sobald wir uns dagegen auflehnen, unsere geistliche Unreife – und unsere mangelnde Bereitschaft, in das Ebenbild unseres himmlischen Vaters hineinzuwachsen. Paulus kann sich über seine Schwachheit und seine Gebrechen freuen: Er weiß, daß sie nicht nur seinen Stolz beschneiden (2. Korinther 12,7-9), sondern auch wunderbaren Erfahrungen mit der Gnade des Herrn den Weg bereiten.

3. Diese Züchtigung geschieht zu unserem Besten: „Gott züchtigt uns zu unserem Besten, damit wir Anteil an seiner Heiligkeit erlangen" (Hebräer 12,10); und „ohne Heiligung wird niemand den Herrn sehen" (Hebräer 12,14). Nur der Glaube, der bis ans Ende beharrt, ist wirklich echt: „Wir sind sein Haus, wenn wir an unserer Zuversicht und an der Hoffnung, deren wir uns rühmen, festhalten ... Denn wir haben an

Christus Anteil bekommen, wenn wir bis zum Ende an der Zuversicht festhalten, die wir anfangs hatten" (Hebräer 3,6.14). Darum übt Gott eine liebevolle Zucht aus: Er erzieht uns zur Ausdauer.

4. Die Züchtigung gehört zum Umgang Gottes mit seinem Volk. Erfährt jemand keine göttliche Zucht, ist sein Status als Gotteskind zu bezweifeln. Solche Menschen erweisen sich als „uneheliche Kinder und keine echten Söhne" (Hebräer 12,8).

Auf die vielen göttlichen Zuchtmaßnahmen wird hier nicht näher eingegangen. Aus dem biblischen Text wird deutlich, daß zu ihnen Kriege, Seuchen, Zurechtweisung, persönliche, aber nicht näher bestimmte „Pfähle im Fleisch", Todesfälle, Statusverlust, persönliche Gegner gehören können.

Viele der genannten Phänomene sind an und für sich Übel und werden auch als Folgen des Sündenfalls oder als Werk des Teufels hingestellt. Deshalb steht es für Paulus fest, daß sein „Pfahl im Fleisch", obwohl von Gott gesandt, um ihn vor Überheblichkeit zu bewahren, ein „Bote Satans" war (2. Korinther 12,7). Es ist sehr wichtig, daß wir diesen Zusammenhang richtig erkennen, sonst werden wir fälschlicherweise gewisse Bereiche und Umstände unseres Lebens ausschließlich dem Teufel, andere aber ausschließlich Gott zuschreiben. Das könnte dazu führen, daß wir so leben, als befänden wir uns in einem „dualistischen" Universum, in dem das Gute und das Böse gleich stark sind. Oder wir könnten zu dem Schluß kommen, daß Gott, da er gut ist, verpflichtet sei, jedes Übel auf unser Gebet hin aus unserem Leben zu entfernen. Verschwindet das Übel nicht, sind wir über Gott oder über die Wirkungslosigkeit unseres Glaubens enttäuscht.

In Wirklichkeit befinden wir uns niemals außerhalb des Wirkungsbereichs der göttlichen Weltregierung. Wollen wir uns als treue Kinder des frei waltenden Gottes erweisen, dann gilt es, ihm auch dann zu vertrauen, wenn sein Wirken bei Geschehnissen , die die Bibel als Übel bezeichnet, schwer auszumachen ist. Hier stoßen wir wieder – wenn auch in anderer Form – auf das Geheimnis der Vorsehung; wir werden in Kapitel 11 darauf zurückkommen. Hier genügt die Feststellung, daß einige der Mittel, die Gott einsetzt, um uns zu züchtigen, verheerende Übel sein können.

Ein Beispiel: Das durch eine chronische Krankheit verursachte anhaltende Leiden ist ein schlimmes Übel, doch kann es, im rechten Geist angenommen, Geduld und ein intensives Gebetsleben bewirken, Mitleid mit anderen Leidenden erzeugen, zur Besinnung und zu Selbsterkenntnis führen, die der Selbstherrlichkeit und Ungeduld ein Ende bereiten.

Ich kenne Ehepaare, die Missionare geworden sind, weil ihre Kinder ums Leben kamen, Prediger, denen die Seelsorge erst wichtig wurde, nachdem sie in der eigenen Familie einen Trauerfall erlebten, und ältere Christen, deren Hinwendung zu ungläubigen Verwandten und Bekannten ungemein zunahm, nachdem sie unter tragischen Umständen ihre Kinder verloren.

Ich kann nicht beurteilen, ob diese Fälle als Beispiele von Gottes väterlicher Zucht einzustufen sind. Es wird sich eher um eine Verbindung von göttlicher Zucht mit anderen Elementen gehandelt haben. Gerade diese Ungewißheit, wenn es darum geht, die Umstände zu deuten, ist besonders schmerzvoll. Will mir Gott durch ein schmerzvolles Geschehen sagen, daß ich mich ändern soll? Handelt es sich vielleicht um eine Zuchtmaßnahme, die mich abhärten oder hingebungsvoller machen soll? Oder ist es nur eine Auswirkung der Sündenknechtschaft aller Kinder Adams bis zur Parusie – was dann also mit Zucht nichts zu tun hat, aber uns dennoch von Gottes geheimnisvoller Vorsehung in einer gefallenen Welt auferlegt wurde?

Müssen wir uns überhaupt immer für eine der Möglichkeiten entscheiden? Darüber müssen wir uns später innerhalb eines größeren Bezugsrahmens intensiv Gedanken machen (siehe Kapitel 11 und 12). Doch sollte uns jetzt schon deutlich geworden sein, daß eine Züchtigung in einem Gesamtzusammenhang gesehen werden muß und uns allein keine endgültige „Lösung" des Problems des Übels und des Leidens gibt. Dennoch sollte sie uns zu einer kritischen Selbstbesinnung veranlassen.

5. Aus Hebräer 12 ergibt sich ein weiterer Punkt. Der Verfasser stellt fest (Vers 11), daß eine Züchtigung, während sie vorgenommen wird, nie angenehm, sondern stets schmerzhaft ist. Selbst wenn wir alles vorbehaltlos annehmen, was in diesem Abschnitt gesagt wird, sind Züchtigungen für uns keineswegs angenehme Erfahrungen. Wenn wir Schläge bekommen, schmerzen sie nicht weniger, weil wir eine bibeltreue Theologie vertreten. Eine harte Folge von Abhärtungsübungen macht auch dem Rechtgläubigsten unter uns keinen Spaß. Dennoch ist es eine Hilfe, wenn wir wissen, daß „das verheißene Land vor uns liegt", auch wenn wir es noch nicht sehen können. Daß Gott also alles in der Hand hält zum Wohl seines Volkes, auch wenn es zur Zeit nicht danach aussieht. Unser Leiden wird dadurch nicht geringer, wird aber erträglicher, wenn wir uns diese größere Perspektive vor Augen halten. Werden wir von Gott gezüchtigt, dann tut es weh und kann uns Tränen bereiten. Wir lernen aber so, unserem himmlischen Vater zu vertrauen und uns auf seine

Weisheit zu verlassen, wenn er uns Wege führt, die wir niemals für uns selbst ausgesucht hätten.

Vieles läßt sich diesbezüglich an biblischen Beispielen verdeutlichen. So finden wir in den Psalmen häufig eine Verflechtung von Glauben und Angst. David schreibt: „Herr, strafe mich nicht in deinem Zorn und züchtige mich nicht in deinem Grimm. Erbarme dich meiner, Herr, denn ich bin matt; heile mich, Herr, denn in meinen Knochen habe ich große Schmerzen. Zudem ist meine Seele tief verstört. Du aber, Herr, wie lange noch?“ (Psalm 6,2 ff.). Ganz gleich, um welche Schmerzen es sich handelt, der Psalmist erkennt, daß er es hier mit einer göttlichen Züchtigung zu tun hat. Diese Züchtigung schließt Seelenqualen ein, aber auch das Gespött der Feinde (V. 11) und sogar eine Todesdrohung (V. 6).

Nirgends versucht die Bibel, die Angst des leidenden Gottesvolkes zu beschönigen. Die Gläubigen rechten mit Gott, klagen und weinen. Ihr Glaube läßt sie nicht zu gleichmütigen Stoikern werden; im Gegenteil, oft kämpfen sie mit Gott.

Unsere geistliche Haltung weist in dieser Hinsicht erhebliche Mängel auf. Wo unser Glaube in widerwärtigen Umständen den Sieg davonträgt, erwarten wir, daß er sich in stoischer Ruhe äußert; wo der Glaube versagt, wird die Treue und womöglich gar die Existenz Gottes angezweifelt.

David zeigt uns einen besseren Weg. Er legt weder stoische Gelassenheit an den Tag noch zweifelt er an der Existenz Gottes. Fühlt er sich von Gott verlassen, motiviert es ihn, Gott von ganzem Herzen zu suchen und ihn mit seinen quälenden Fragen zu bedrängen. „Meine Seele ist tief verstört“, klagt er. Es kümmert ihn nicht, ob andere ihm diese Haltung als geistliches Versagen auslegen. „Wende dich mir zu, Herr, und befreie mich; errette mich doch um deiner nie versagenden Liebe willen ... Ich bin vom Seufzen erschöpft; die ganze Nacht überschwemme ich mein Bett mit Tränen und benetze mein Lager mit meinen Zähren.“ Hier appelliert David ganz offen an das Erbarmen des Herrn.

Andererseits aber erfahren wir: wenn David den Durchbruch zu einer neuen Ebene des Vertrauens erlebt, äußert sich das keineswegs in passiver Ergebenheit gegenüber einer geheimnisvollen Vorsehung. Er gelangt vielmehr von neuem zur Gotteserkenntnis und zur Gewißheit, daß Gott ihn erhört hat und ihm tatsächlich helfen wird. „Hinweg von mir, alle ihr Übeltäter, denn der Herr hat mein Weinen gehört. Der Herr hat meinen Schrei um Erbarmen gehört; der Herr nimmt mein Beten an. Alle meine Feinde werden sich schämen und in Bestürzung geraten; sie werden in plötzlicher Schmach umkehren“ (Psalm 6,9-11). Wer so betet, ist weder an einer rein intellektuellen Verteidigung Gottes interessiert noch irgendeiner Form der Schicksalsergebenheit verfallen. Er möchte vielmehr Gott erkennen und ihn ganz praktisch erleben. Der Psalmist schreibt an anderer Stelle: „Gott, du bist mein Gott; dich suche ich von ganzem Herzen. Meine Seele dürstet nach dir, nach dir schmachtet mein Leib in einem trockenen, ausgedörrten Land, wo kein Wasser ist ... Weil deine Liebe besser ist als das Leben selbst, werden meine Lippen dich rühmen ... Meine Seele wird sich sättigen wie an den fettesten Speisen; mit fröhlichen Lippen wird mein Mund dich preisen" (Psalm 63,2.4.6).

Das Prinzip der göttlichen Zucht wird auch durch die Prophetie des Habakuk veranschaulicht, bei der viele ähnliche Wahrheiten im Mittelpunkt stehen. Das Buch Habakuk überliefert gleich zu Anfang ein offenes Ringen zwischen einem leidenden Gläubigen und seinem Gott. Der Prophet ist sowohl wegen der Gottlosigkeit seines Volkes als auch wegen des scheinbaren Schweigens Gottes verzweifelt: „Wie lange, Herr, soll ich noch um Hilfe rufen, und du hörst nicht? Oder zu dir schreien: ‚Gewalt!', und du hilfst nicht? Warum zwingst du mich, mir so viel Ungerechtigkeit anzusehen? Warum duldest du das Unrecht? Ich habe Zerstörung und Gewalt vor Augen; es gibt Streit, und Konflikte nehmen überhand. Darum sind die Gerichte lahmgelegt, und das Gesetz setzt sich nicht mehr durch. Die Gottlosen haben den Gerechten umzingelt, und das Recht wird verdreht" (Habakuk 1,2-4).

Vielleicht erwartete Habakuk, daß Gott einen großen Propheten oder einen mächtigen, gerechten König aufkommen lassen würde. Vielleicht hoffte er, es werde eine landesweite Erweckung geben. Doch die Antwort, die er tatsächlich vom Herrn erhält, erschüttert ihn zutiefst. „Seht auf die Nationen und schaut zu – und kommt aus dem Staunen nicht mehr heraus!", entgegnet der Herr. „Denn ich werde in euren Tagen etwas vollbringen, was ihr, erzählte man euch davon, nicht glauben würdet." Worum handelt es sich? Gott wird die Babylonier beauftragen, sein Bundesvolk zu bestrafen. Zwar bezeichnet Gott die Babylonier als „ein grausames, ungestümes Volk", das „zur Gewalt entschlossen ist" und „selbst sein Recht bestimmt"; doch sagt er auch, daß er selbst sie „erwekken" wird, damit sie dieser Aufgabe nachkommen (Habakuk 1,5 ff.).

Habakuk ist entsetzt. Er versteht nur zu gut, was Gott gesagt hat: „O Herr, du hast sie bestellt, um dein Gericht zu vollziehen. O unser Fels, du hast sie bestimmt, uns zu bestrafen" (Habakuk 1,12). Aber Gott ist der, „dessen Augen zu rein sind, um Böses anzusehen", und „der das Unrecht nicht dulden kann". Warum aber läßt er es dennoch zu, daß sein eigenes Bundesvolk, so rebellisch es auch gewesen sein mag, von einem noch sündigeren Volk gezüchtigt wird? Ist das nicht furchtbar ungerecht? Habakuk möchte von Gott wissen, „warum du Treulose duldest. Warum schweigst du, wenn die Gottlosen solche verschlingen, die gerechter sind als sie selbst?“ (Habakuk 1,13).

Die Antwort, die der Herr seinem Knecht Habakuk gibt, ist recht vielschichtig. Im Mittelpunkt steht eine scharfe Verurteilung der Sünde. Es ergehen entsetzliche Weherufe über alle, die Hehlerware zusammenraffen, sich mit unrechtem Gewinn ein eigenes Reich bauen, Trunkenheit, Ausschweifung und Schändliches fördern und dem Götzendienst verfallen (Habakuk 2). Phrasendrescherei, Angeberei und Götzendienst sind Gott ein Greuel: „Der Herr ist in seinem heiligen Tempel; alle Welt schweige vor ihm!“ (Habakuk 2,20).

Diese Antwort Gottes erweist sich als zweischneidiges Schwert. Einerseits gibt sie den Grund an, warum Israel bestraft werden muß: Seine Sünde macht es unumgänglich. Andererseits wird aber auch den Babyloniern, die Israel züchtigen werden, Strafe angedroht: Gott wird sie für ihre Sünden zur Rechenschaft ziehen. Die Züchtigung Israels ist ein prophetisches Zeichen; alle Menschen werden ihren gerechten Lohn empfangen. Der Gerechtigkeit soll – für alle sichtbar – Genüge getan werden.

Habakuk gefällt nicht alles, was er zu hören bekommt, doch er versteht es. Er fleht Gott an, mit derselben rettenden Macht einzugreifen, die er schon früher an Israel erwiesen hat: „Herr, ich habe von deinem Ruhm gehört; ich habe einen gewaltigen Respekt vor deinen Taten, Herr. Laß sie in unseren Tagen von neuem geschehen, in unserer Zeit laß sie kundwerden; gedenke im Zorn der Barmherzigkeit“ (Habakuk 3,2). Dann geht Habakuk – nachdem er einen Überblick in Gedichtform über die früheren schrecklichen Erweise des Zornes Gottes gegeben hat – drei Verpflichtungen ein.

Er hat die Gewißheit, daß die Gerechtigkeit Gottes den Sieg über die Unterdrücker davontragen wird, und das, obwohl diese Unterdrücker Werkzeuge in der Hand Gottes sind, um das Bundesvolk zu bestrafen: „Ich hörte, und mein Herz pochte; meine Lippen bebten, als ich den Lärm vernahm. Fäulnis befiel meine Gebeine, und mir schlotterten die Knie. Doch will ich geduldig auf den Tag der Not warten, der dem Volk bevorsteht, das über uns herfällt“ (Habakuk 3,16). Habakuk fällt es leichter zu akzeptieren, daß ein gottloses, gewalttätiges Volk in absehbarer Zeit sein eigenes Volk bestrafen wird, wenn er die Gewißheit hat, daß einst alle Völker – auch dasjenige, durch das die Züchtigung zugemessen wird – zur Rechenschaft gezogen werden. Der Apostel Petrus bringt in etwa den gleichen Gedanken zum Ausdruck (obwohl er ihn anders anwendet), wenn er schreibt: „Denn es ist an der Zeit, daß das Gericht bei der Familie Gottes seinen Anfang nimmt; wenn es aber bei uns anfängt, wie wird das Ende derer sein, die dem Evangelium Gottes nicht gehorchen?“ (1. Petrus 4,17). Habakuks Entschluß zeigt also die Richtung an, der wir folgen müssen: Unsere Leiden bekommen ein anderes Gewicht, wenn wir sie aus dem Blickwinkel der Ewigkeit betrachten.

Dann bekennt Habakuk: Je größer die Not wird, die er gemeinsam mit dem Bundesvolk erleiden muß, um so mehr wird er sich an Gott freuen. Der angekündigte Verlust aller materiellen Segnungen und jeglicher äußeren Sicherheit bewirkt bei ihm, sich an Gott zu freuen; es ist ja sonst nichts und niemand da, worauf er sich verlassen könnte, und darum gibt es auch nichts, was seine Freude an Gott trüben könnte. So schreibt er: „Obwohl der Feigenbaum keine Knospen ansetzt und es an den Reben keine Trauben gibt; obwohl die Olivenernte ausbleibt und die Äcker keine Nahrung hervorbringen; obwohl es im Pferch keine Schafe und im Stall keine Rinder gibt – dennoch werde ich mich am Herrn freuen und über Gott, meinen Retter, jubeln“ (Habakuk 3,17 f.). Das ist ein fester Entschluß, aber keine Trotzhaltung! Habakuk ist deshalb so entschlossen, weil er erkannt hat, woran er sich hätte von Anbeginn freuen müssen. Die von Gott zugemessene Züchtigung, die schlimme Strafe, die er über die gesamte Nation verhängt, wird zum Gnadenmittel – wenn nicht für das ganze Volk, so doch für Habakuk und für alle, die sich ihm anschließen.

Schließlich verpflichtet sich Habakuk, Gott zu loben, statt sich zu beklagen. „Der Herr, der Höchste, ist meine Stärke; er macht meine Füße wie die Füße einer Hirschkuh und läßt mich auf den Höhen schreiten“ (Habakuk 3,19). Dies ist nicht stoische Ergebung, sondern „das Opfer des Lobes“ (vgl. Hebräer 13,15). Es hat nichts mit einem religiös verbrämten „positiven Denken“ zu tun. Der Prophet gibt sich auch nicht einem schwärmerischen Optimismus hin (schließlich hat sich weder an seinen Umständen noch an seinen Aussichten etwas geändert). Seine Bereitschaft, Gott zu preisen, ist eine Frucht seines Gehorsams wie auch seiner Entschlossenheit, in rechter Weise auf Gott einzugehen. Gleichzeitig handelt es sich um eine spontane Anbetung, die einem tiefen Verständnis des Wesens Gottes entspringt.

Die Bibel bezeichnet also die Züchtigung als die unter dem Gottesvolk am weitesten verbreitete Leidensform. Wir sollten an dieser Stelle einen Blick auf einen weiteren Bibelabschnitt werfen, wo der Zusammenhang aufgezeigt wird zwischen Züchtigungen und der Bedeutung und dem Wesen des Christseins.

In Römer 5 leitet Paulus aus der Lehre von der Rechtfertigung aus Glauben allein einige Folgerungen ab. Die Rechtfertigung nimmt in seinem Denken eine Vorrangstellung ein. Sie ist zwar nicht unbedingt der Kernpunkt, um den sich jede andere christliche Lehre zu drehen hat, doch ermöglicht sie den Zugang zum geistlichen Leben und zur Jüngerschaft. „Darum: Da wir durch den Glauben gerechtfertigt worden sind", – das ist das Gegebene – „haben wir Frieden mit Gott durch unseren Herrn Jesus Christus" (Römer 5,1). Dieser Frieden mit Gott ist im höchsten Maße erstrebenswert. Wie Paulus gleich zu Anfang seines Briefes feststellt, unterliegen wir alle sowohl von Natur als auch aufgrund unseres persönlichen Lebens dem Zorngericht Gottes. Der Römerbrief – wie die ganze Bibel – bezeugen, wie Rebellen, die dem Zorn Gottes ausgesetzt sind, mit Gott versöhnt werden können. Das geschieht durch Jesus Christus – durch seine Menschwerdung, seinen Tod und seine Auferstehung. Gott hat Jesus an unserer Statt sterben lassen. So „bleibt er gerecht, wenn er die, die an Jesus glauben, rechtfertigt" (Römer 3,26). Aufgrund dessen, was Jesus am Kreuz vollbracht hat, werden die Menschen, die ihm vertrauen, „gerechtfertigt". Sie werden von dem heiligen Gott für gerecht erklärt, und zwar nicht aufgrund ihres Charakters, und ganz gewiß nicht, weil ihre Sünden unbedeutend wären, sondern weil Jesus Christus am Kreuz ihren Platz eingenommen hat. Weil wir „durch den Glauben gerechtfertigt worden sind, haben wir Frieden mit Gott durch unseren Herrn Jesus Christus".

Das alles wird von der Gnade Gottes bewirkt, jener unverdienten Gunst, die er Sündern aufgrund seines Erbarmens – und trotz seines Zornes – gewährt. Durch Jesus haben wir, so Paulus weiter, „durch den Glauben den Zugang zu dieser Gnade, in der wir jetzt stehen". Damit hätten wir Grund zu grenzenloser Freude. Es bedeutet, daß wir nicht nur hier und heute mit Gott versöhnt sind, sondern ihn sogar einmal in seiner unverhüllten Herrlichkeit sehen werden. Das deutet Paulus an, wenn er hinzufügt: „Und wir rühmen uns unserer Hoffnung auf die Herrlichkeit Gottes" (Römer 5,2). Das Wort „Hoffnung" meint eine sichere Zukunftsperspektive. Wir freuen uns über die Aussicht, eines Tages die Herrlichkeit Gottes zu schauen.

Eine so umfassende Schau führt zu einem Prioritätenwechsel. Die Erlangung eines möglichst sorgenfreien Lebens in dieser gefallenen Welt spielt jetzt nur noch eine untergeordnete Rolle. Viel wichtiger ist die Frage nach der Beziehung zwischen unseren gegenwärtigen Umständen und unserem Glauben an Jesus Christus, unserem Frieden mit Gott und unserer Aussicht darauf, ihn eines Tages zu sehen. Darum folgert Paulus, daß wir uns nicht nur „unserer Hoffnung auf die Herrlichkeit Gottes" rühmen, sondern „wir rühmen uns ebenso *unserer Leiden,* weil wir wissen: Leiden bewirkt Ausdauer, Ausdauer aber Erfahrung und Erfahrung Hoffnung" (Römer 5,3 f.).

Hier haben wir also eine „Theologie des Leidens", ein Denkmodell, bei dem das Leiden sowohl mit der Erlösung, an der wir gegenwärtig Anteil haben, verknüpft wird als auch mit der Vollendung dieser Erlösung, der Herrlichkeit bei Gott. Ähnlich wie bei einem disziplinierten körperlichen Training bewirkt Leiden Ausdauer. Das gilt zwar nicht ausnahmslos, denn Leiden kann auch Murren und Unglauben hervorrufen. Wenn sich aber das Leiden mit dem in den Versen 1 und 2 erwähnten Glauben und mit der Freude an der Versöhnung mit Gott verbindet, bringt es Ausdauer hervor. Das Stehvermögen unseres Glaubens entfaltet sich erst und stellt sich erst dann unter Beweis, wenn es durch Leiden geprüft wird.

Zunehmende Ausdauer bewirkt „Bewährung". Hier wird ein griechisches Wort (dokimé) wiedergegeben, das wörtlich „Bewährtsein" bedeutet und eine Reife meint, die durch Prüfungen erlangt wird – wie Metall, das durch Hitze geläutert wird. „Bewährtsein" wiederum bewirkt ein Aufblühen der Hoffnung: Unsere Vorfreude auf die Herrlichkeit Gottes (V. 2) erhält Nahrung und wird dadurch stärker. Diese Hoffnung „enttäuscht uns nicht" (V. 5). Daß sie sich erfüllen wird, steht jetzt schon fest. Sie wird immer gewisser und erweist sich als Kraft, „weil Gott durch den heiligen Geist, den er uns geschenkt hat, seine Liebe in unsere Herzen ausgegossen hat" (V. 5). Die Erwähnung des heiligen Geistes bereitet die ausführliche Besprechung in Römer 8 vor. Paulus berührt hier ein Thema, auf das er immer wieder zurückkommt: Der heilige Geist ist dem Gläubigen als Anzahlung („Unterpfand") und Garantie des vollen Erbes gegeben, das ihm eines Tages gehören wird. Es ist der heilige Geist, der die Liebe Gottes in unser Herz ausgießt. Paulus meint hier ein Christentum, das man *fühlen* kann. An anderer Stelle zeigt er auf, daß ein derartiges Erlebnis der Liebe Gottes in ihrer ganzen Fülle ein unverzichtbarer Aspekt geistlicher Reife ist, worum Christen Gott bitten sollten (vgl. Epheser 3,14-21, insbes. V. 17b-19). Wer die Liebe Gottes auf diese Weise erlebt, ist zwar noch nicht am Ziel, doch empfindet er Befriedigung. Seine Hoffnung wird gestärkt, und er gewinnt seinen Leiden einen gewissen positiven „Sinn" ab.

Es gibt eine Reife, die nur durch Leiden erlangt werden kann. „Während seines irdischen Lebens brachte Jesus unter lautem Geschrei und mit Tränen dem, der ihn vor dem Tod retten konnte, Gebete und Bitten dar und wurde um seiner Ehrfurcht und Ergebenheit willen erhört. Wiewohl er ein Sohn war, *lernte er an dem, was er erlitt, den Gehorsam;* und einmal zur Vollendung gelangt, ist er für alle, die ihm gehorchen, zum Urheber des ewigen Heils geworden" (Hebräer 5,7-9; Hervorhebung vom Verfasser). Hier wird nicht etwa angedeutet, daß Jesus in der Zeit, als er noch nicht gelitten hatte, ungehorsam war. Betont wird vielmehr, daß auch der fleischgewordene Gottessohn dazulernen und einen Gehorsam erreichen mußte, den er nur durch sein Leiden erlangte. Seine volle Identifikation mit der Menschheit und sein Gehorsam gegenüber seinem himmlischen Vater konnten erst durch die Hitze des Leidens vollendet werden. Dies hatte zwei Folgen: Zum einen wurde er „für alle, die ihm gehorchen, zum Urheber des ewigen Heils"; zum anderen konnte er dadurch, „mit unseren Schwächen mitzufühlen", da er „in jeder Hinsicht ebenso wie wir versucht worden ist, doch ohne zu sündigen" (Hebräer 4,15). Mußte sogar Jesus „an dem, was er erlitt", Gehorsam lernen, dann bleiben wir davon nicht ausgenommen.

Die heftige Sprache des Apostels Paulus in Philipper 3 erklärt sich aus den in Römer 5 genannten Wertvorstellungen sowie der in Hebräer 2 zur Sprache kommenden Vorbildfunktion Jesu. Der Apostel wägt ab, was die Welt zu bieten hat, gegen das, was ihm Christus bedeutet, und kommt zu dem Ergebnis: „Ich betrachte alles als Verlust im Vergleich zur überschwenglichen Größe der Erkenntnis Christi Jesu, meines Herrn, um dessentwillen ich alles verloren habe. Ich erachte es als Unrat, damit ich Christus gewinne und in ihm gefunden werde. Ich habe keine eigene, aus dem Gesetz hergeleitete Gerechtigkeit, sondern durch meinen Glauben an Jesus Christus habe ich eine Gerechtigkeit, die von Gott kommt und dem Glauben zugerechnet wird" (Philipper 3,8 f.). Es handelt sich dabei nicht um eine einmalige Errungenschaft, die jegliche Weiterentwicklung überflüssig macht. Paulus ist entschlossen, in der Erkenntnis Jesu Christi zu wachsen. Er fügt deshalb hinzu: „Ich will Christus und die Macht seiner Auferstehung erkennen, *ich will an seinen Leiden teilhaben und so werden, wie er war, als er starb,* um auf welche Weise auch immer zur Auferstehung von den Toten zu gelangen" (Philipper 3,10 f., Hervorhebung vom Verfasser).

Wie wir mit Leiden umgehen, die uns zur Prüfung oder zur Züchtigung auferlegt werden, hängt also nicht unwesentlich davon ab, worauf wir unseren Blick richten.

Leiden, die für das Volk Gottes bezeichnend sind: Gegnerschaft und Verfolgung

Es ist – wie bereits angedeutet – nicht immer möglich, und manchmal auch nicht sachdienlich, zwischen Leiden, die göttliche Zuchtmaßnahmen sind, und Leiden, die durch Gegnerschaft und Verfolgung verursacht werden, zu unterscheiden. Doch bestärkt uns die Bibel, daß eine solche Unterscheidung, zumindest in einigen Fällen, angebracht ist. Allerdings ergeben sich beim Versuch, die durch solche Übel hervorgerufenen Leiden zu verstehen, eine Reihe neuer Gesichtspunkte.

Zu denken ist vor allem an die Gegnerschaft und Verfolgung, die dem Gottesvolk *allein deshalb widerfährt, weil es das Gottesvolk ist* – und weil sich aus dieser Identität ganz bestimmte Konsequenzen ergeben. Da im Alten Testament das Bundesvolk nach Sinai als Nation konstituiert war, kann man nicht mit letzter Gewißheit feststellen, ob die Völker, die das Bundesvolk bekämpften, dabei religiös motiviert waren oder einfach aus politischen oder wirtschaftlichen Beweggründen handelten. Vermutlich wäre es auch zeitgenössischen Beobachtern nicht leichtgefallen, derartige Unterschiede zu beurteilen. Als die Assyrer über Israel und die Babylonier über Juda herfielen, waren sie entschlossen, ihre expansionistische Politik voranzutreiben. Sie waren Imperialisten und keine antiken Vorläufer der spanischen Inquisition. Dennoch ist klar, daß zumindest teilweise der Haß auf die israelitische Religion für die politischen und militärischen Feldzüge ausschlaggebend war. Dieser Haß erreichte seinen Höhepunkt unter dem brutalen Regime des Antiochus Epiphanes, gegen den sich – fast 200 Jahre vor dem Auftreten Jesu – die Makkabäer erhoben. Doch ist es in den meisten Fällen unmöglich, zwischen religiös und politisch motivierten Angriffen unterscheiden zu wollen.

Andererseits gibt es eine Fülle von Belegen dafür, daß einzelne Gläubige sich einem enormen Druck ausgesetzt fühlten, wenn sie die bösen Absichten derer durchschauten, die sie bekämpften. Vor allem in den Psalmen wird uns immer wieder überliefert, wie Gläubige auf derartige Angriffe reagierten. So betet David: „Verschaff mir in meiner Not Erleichterung; sei mir gnädig und erhöre mein Flehen“ (Psalm 4,2). Dann wendet er sich an seine Gegner und sagt: „Ihr Herren, wie lange wollt ihr meine Ehre in Schande verkehren? Wie lange wollt ihr Trugbilder lieben und falschen Göttern dienen? Erkennt doch, daß der Herr die Gottesfürchtigen für sich ausgesondert hat; der Herr wird mich erhören, wenn ich zu ihm rufe“ (Psalm 4,3 f.). An anderer Stelle heißt es: „Wer mit Bösem schwanger geht und Schwierigkeiten zeugt, gebiert Ernüchterung. Wer ein Loch gräbt und es ausschaufelt, der fällt in die Grube, die er selbst gemacht hat. Die Schwierigkeiten, die er verursacht, fallen auf ihn selbst zurück; seine Gewalttat kommt auf sein eigenes Haupt" (Psalm 7,15-17; vgl. Matthäus 26,52). Im Mittelpunkt mancher Psalmen steht der Kampf des Herrschers gegen Gottlose, Listige und Gewalttätige.

Im Neuen Bund rückt das Leiden des Gottesvolkes noch deutlicher ins Blickfeld. Dies rührt zum Teil daher, daß das Volk Gottes kein Nationalstaat ist und daß die ihm entgegengebrachte Feindschaft deshalb nicht mehr als eine rein politische Konfrontation zwischen zwei Staaten gedeutet werden kann. Noch bedeutsamer freilich ist der Glaube der Christen an einen gekreuzigten Messias. Zudem ist in ihm das Reich Gottes bereits angebrochen, und dieses Reich ruft überall dort einen Interessenkonflikt hervor, wo eine gesellschaftliche oder staatliche Instanz – sei es Familie, Regierung, Beruf oder Staat – eine Loyalität für sich in Anspruch nimmt, die Gott allein zusteht. Genau darauf wollte Jesus mit dem Wort aufmerksam machen, er sei nicht gekommen, um Frieden auf die Erde zu bringen, sondern das Schwert (Matthäus 10,34).

Schmähungen der Welt folgen dem echten Christen auf Schritt und Tritt. Die wohl bekannteste Bibelstelle zu diesem Thema finden wir in Markus 8,34-38: „Wenn jemand mein Jünger sein will, muß er sich selbst verleugnen, sein Kreuz auf sich nehmen und mir nachfolgen. Denn wer sein Leben retten will, wird es verlieren, aber wer sein Leben um meinetwillen und um des Evangeliums willen verliert, wird es retten. Was nützt es einem Menschen, wenn er die ganze Welt gewinnt, dabei aber sein Leben verliert? Oder was kann ein Mensch als Gegenwert für seine Seele geben? Wenn sich jemand in dieser ehebrecherischen und sündigen Generation meiner und meiner Worte schämt, wird sich der Menschensohn seiner schämen, wenn er in der Herrlichkeit seines Vaters mit den heiligen Engeln kommt."

Auf eine ins einzelne gehende Deutung dieses Abschnitts müssen wir hier aus Platzgründen verzichten, aber ein Hinweis auf folgende Punkte ist hier angebracht:

1. Mit dem Ausdruck „sein Kreuz auf sich nehmen" ist nicht gemeint, daß Gläubige verhältnismäßig geringfügige Übel ertragen müssen. Das Gekreuzigtwerden war die Hinrichtungsart für schlimme Verbrecher. Bürger des römischen Reiches durften ohne Sondergenehmigung des Kaisers nicht gekreuzigt werden. Nach der Urteilsverkündung wurde der Verurteilte gegeißelt, und zwar mit der schwersten der drei römischen Geißelungsarten, der *verberatio*[1]. Dabei band man ihm den Querbalken an Armen und Schultern fest, um ihn so zur Hinrichtungsstätte

zu tragen; dort wurde der Querbalken an den bereits aufgerichteten Pfahl befestigt. „Sein Kreuz auf sich zu nehmen", das bedeutete, damit zur Stätte der eigenen qualvollen und schmachvollen Hinrichtung zu gehen.

Diesen Ausdruck in einem bildlichen Sinn zu verwenden, heißt nicht, ihn abzuschwächen. Jesus will sagen, daß seine Nachfolger der Selbstsucht absterben, sich dem Glanz und dem Reiz dieser Welt gegenüber für tot erklären und bereit sein müssen, auch demütigendste Leiden auf sich zu nehmen. Damit folgen sie Jesus, der diesen Weg bereits gegangen ist.

2. Die Alternative heißt, seine Seele zu verlieren. Nach dem Beifall dieser Welt zu trachten, steht unter der Mißbilligung Jesu. Jesus und sein Reich und die erlösungsbedürftige Welt stehen in völligem Gegensatz zueinander. Deshalb kann man nur für die eine oder für die andere Seite Partei ergreifen. Paradox dabei ist: Wer durch diese „Kreuzigung" sein Leben „verliert", der findet es. Er entdeckt, daß das, was er bisher immer geleugnet hat, doch wahr ist: Er gehört zu Gott und kann nie sich wahrhaft selbst finden, nie seine Erfüllung finden, nie sein Potential voll ausschöpfen, ohne dem Eigennutz zu entsagen und sich Gott hinzugeben. Solange das in einer von Auflehnung gegen Gott und von Selbstherrlichkeit geprägten Welt geschieht, sind Leiden und Gegnerschaft vorprogrammiert.

3. Jesus verwendet bei der Schilderung dieser Konfrontation die Begriffe der christlichen Missionsarbeit. Wenn jemand „in dieser ehebrecherischen und sündigen Generation" sich Jesu und dessen Worte schämt, dann wird sich Jesus bei seiner Wiederkunft am Ende des Zeitalters auch dieses Menschen schämen. Ja, er wird zu ihm sagen: „Ich habe dich nie gekannt. Weg von mir, du Übeltäter!" (Matthäus 7,23). Echter christlicher Glaube kann nicht auf Dauer verborgen bleiben. Er wird sich kundtun in der Bezeugung Jesu und seiner Botschaft vor einer Welt, die seinen Ansprüchen völlig ablehnend gegenübersteht.

Darum spricht Paulus an anderer Stelle folgende Warnung aus: „In der Tat wird jeder, der ein gottgefälliges Leben in Christus Jesus führen will, verfolgt werden" (2. Timotheus 3,12). Paulus dachte hier an das römische Kaiserreich im ersten Jahrhundert. Moderne westliche Demokratien, auf die ein gewisses christliches Weltbild überkommen ist, standen völlig außerhalb seines Gesichtskreises. Und doch – unser geistliches Erbe ist so abgeschwächt, so gründlich verwässert oder verfälscht worden, daß sich Christen in vielen Bereichen – im Geschäftsleben, in der Welt des Sportes, in der Industrie und im öffentlichen Dienst – einem schleichenden Druck ausgesetzt sehen. Das Christsein fordert auch heute seinen Preis.

Es ist normal, daß der Christ sein Kreuz auf sich nehmen muß, wenn er

Jesus nachfolgt. In dieser gefallenen Welt wird jeder, der ein gottgefälliges Leben in Christus Jesus führt, verfolgt werden. In den meisten Ländern dieser Erde ist es nicht notwendig, den Christen diese Wahrheit zu erklären. Sie liegt auf der Hand, wie etwa in Äthiopien, China, der Türkei, Malaysia oder Bangladesch.

Wiederholt riet Jesus deshalb angehenden Jüngern, die Kosten zu überschlagen (Lukas 9,57-62; 14,25-34). Er schärfte seinen Jüngern immer wieder ein, im Rahmen ihres weltweiten Dienstes mit langfristigen Widerständen zu rechnen (siehe z. B. Matthäus 10,11-42). Dieser Bibelabschnitt ist es wert, immer wieder gelesen zu werden – zusammen mit zeitgenössischen Berichten über Leiden von Christen. „Wenn die Welt euch haßt, dann bedenkt, daß sie mich zuerst gehaßt hat. Wenn ihr dieser Welt angehörtet, würde sie euch als ihr Eigentum lieben. Ihr gehört jedoch nicht dieser Welt an, sondern ich habe euch aus der Welt erwählt. Darum haßt euch die Welt ... Wenn sie mich verfolgt haben, werden sie auch euch verfolgen. Wenn sie meine Lehre befolgt haben, werden sie auch eure Lehre befolgen ..." (Johannes 15,18-20).

Es ist darum nicht verwunderlich, daß die Apostel nach der Begegnung mit dem Hohen Rat der Juden „sich freuten, daß sie gewürdigt worden waren, um des Namens willen Schmach zu erleiden" (Apostelgeschichte 5,41). Der erste christliche Märtyrer eiferte auch im Tode seinem Meister nach: „Herr, rechne ihnen diese Sünde nicht an" (Apostelgeschichte 7,60).

Petrus nahm sich die Lektion zu Herzen. Ausgerechnet er, der sich im Garten Gethsemane mit einem Schwert zur Wehr setzen wollte (Johannes 18,10 f.), mußte erfahren, daß er Gott durch einen Märtyrertod verherrlichen würde (Johannes 21,18 f.). Er nahm sich diese Lektion so sehr zu Herzen, daß er sie auch anderen in seinem ersten Brief weitergab:

> Liebe Freunde, seid wegen der schmerzlichen Prüfung, die ihr erleidet, nicht verwundert, als stoße euch etwas Sonderbares zu. Freut euch vielmehr, daß ihr Anteil an den Leiden Christi habt, damit ihr überglücklich sein könnt, wenn seine Herrlichkeit offenbart wird. Werdet ihr um des Namens Christi willen beleidigt, so seid ihr seligzupreisen; denn der Geist der Herrlichkeit, der Geist Gottes, ruht auf euch. Leidet einer unter euch, dann sollte es nicht deshalb sein, weil er ein Mörder, ein Dieb oder ein Krimineller anderer Art ist, und auch nicht, weil er sich in fremde Angelegenheiten mischt. Leidet er aber als Christ, dann

> soll er sich nicht schämen, sondern Gott dafür preisen, daß er diesen Namen tragen darf ... Darum sollen solche, die gemäß dem Willen Gottes leiden, sich ihrem treuen Schöpfer anbefehlen und fortfahren, Gutes zu tun. (1. Petrus 4,12-16.19)

Paulus ist noch bestimmter: „Denn es ist euch um Christi willen *gegönnt* worden, nicht nur an ihn zu glauben, sondern auch für ihn zu leiden, da ihr den gleichen Kampf zu bestehen habt, den ihr an mir gesehen habt und jetzt auch von mir hört" (Philipper 1,29 f.; Hervorhebung vom Verfasser). Hier wird das Leiden sogar als *Vorrecht,* als eine den Gläubigen gewährte Gnadengabe bezeichnet. Nach den Worten Jesu macht derartiges Leiden deutlich, daß wir mit den Propheten auf *einer* Linie sind (Matthäus 5,12).

Daraus sollten Eltern und Gemeindehirten gewisse Konsequenzen ziehen. Manchmal möchten wir unsere Kinder bzw. unsere „Schafe" vor zu vielem bewahren. Manchmal versuchen wir, sie vor dem bitteren Hohn derer zu beschützen, die für die ethischen Wertmaßstäbe des Christentums nichts übrig haben. Meinen eigenen Kindern wünsche ich Widerstände, um stark zu werden, Schmähungen, um mutig geistliche Entscheidungen zu treffen, um zu erkennen, daß die Nachfolge ihren Preis hat – einen Preis, den zu zahlen sich durchaus lohnt. Eine Gemeinde, die sich behaglich einrichtet, die nie missioniert und ihre Mitglieder nie auffordert zu kämpfen, wird niemals stark, niemals dankbar und niemals in der Lage sein, Jesus wirklich nachzufolgen.

Christen können nur im Leiden lernen, was es heißt, „mehr als Überwinder" zu sein. Dieser Ausdruck steht im Neuen Testament nicht im Kontext einer Abhandlung über das „Überwinderleben" (eine angeblich überlegene Form christlicher Erfahrung, die den Gläubigen in die Lage versetzen soll, über kleine, lästige Ärgernisse wie Zweifel, Entmutigung, Niederlagen oder Niedergeschlagenheit ständig siegreich zu bleiben). Nein, im Kontext sind die Christen *Angriffen* ausgesetzt: „Wer wird uns scheiden von der Liebe Christi?", fragt Paulus. „Bedrängnis oder Not oder Verfolgung, Hunger oder Nacktheit, Gefahr oder Schwert? Wie geschrieben steht: ‚Um deinetwillen sind wir den ganzen Tag dem Tod preisgegeben; wir werden als Schafe betrachtet, die geschlachtet werden sollen.' Doch in alledem sind wir mehr als Überwinder durch den, der uns geliebt hat" (Römer 8,35-37). Wie könnte es auch anders sein? „Ist Gott für uns, wer vermag gegen uns zu sein? Er, der seinen eigenen Sohn nicht verschonte, sondern ihn für uns alle dahingab – wie sollte er uns zusammen mit ihm nicht alles schenken?" (Römer 8,31 f.). Mit „alles" sind hier, wie aus dem Zusammenhang hervorgeht, nicht materielle Dinge gemeint, die Menschen habgierig anhäufen, sondern vielmehr die Dinge, die wir zu unserem Heil brauchen und die uns sicher ans Ziel bringen, in denen alle, die berufen und gerechtfertigt worden sind, auch verherrlicht sein werden. Mit der unerschütterlichen Zuversicht, die sich auf Glauben an einen Gott gründet, der seine Versprechen niemals brechen wird, sagt Paulus: „Ich bin überzeugt, daß weder Tod noch Leben, weder Engel noch Dämonen, weder die Gegenwart noch die Zukunft, weder Mächte der Höhe oder Tiefe noch irgend etwas anderes in dieser Schöpfung in der Lage sein werden, uns von der Liebe Gottes zu trennen, die in Christus Jesus, unserem Herrn, ist" (Römer 8,38 f.). Und diese Gewißheit genügt.

Leiden der Leiter des Volkes Gottes

In vielen Gesellschaften stehen die Leiter hoch über den Menschen, die sie leiten, daß Maßnahmen ergriffen werden, um sie abzuschirmen.

Im Volk Gottes aber sind es oft gerade die Leiter, die vor allem leiden müssen. Wie könnte es auch anders sein? Dienen wir doch einem gekreuzigten Messias!

Das wird uns bereits im Alten Testament vor Augen geführt. Es stimmt zwar, daß Gott Männer und Frauen mit Gaben der Leiterschaft ausstattete und sie mit Ehre und großem Reichtum segnete. Doch gingen solche Segnungen stets Hand in Hand mit großer Verantwortung oder heftiger Feindschaft, häufig mit beidem. Viele Propheten sahen sich Widerständen ausgesetzt, die andere zerbrochen hätten; nicht wenige von ihnen kamen ums Leben. Nach einer außerbiblischen Tradition wurde Jesaja zersägt, als er sich in einem hohlen Baum zu verstecken versuchte. Und wir bezeichnen Jeremia nicht grundlos als den „klagenden Propheten".

Jeremia wollte kein Prophet sein. Das ist kaum verwunderlich: Wären seine Erfahrungen der Maßstab, dann wäre jeder, der freiwillig Prophet würde, ein Masochist! Jeremias Botschaft fand keine Zustimmung; sowohl die Mächtigen im Lande als auch das gemeine Volk lehnten ihn ab und machten sich über ihn lustig (Jeremia 37,2). Ihm wurde vorgeworfen, die öffentliche Ordnung und Sicherheit zu stören; er wurde geschlagen und in den Block, das antike Gegenstück zur Zwangsjacke, gesperrt (Kapitel 20). Später wurde er des Landesverrats angeklagt, weil er auf Weisung Gottes den Widerstand gegen die Babylonier als zwecklos und gefährlich verurteilte. Danach wurde er in ein elendes Verlies geworfen, aus dem er erst nach langer Zeit durch die Vermittlung Zedekias freikam. Mehr als einmal befand er sich in Lebensgefahr.

Jeremia überlebte den Untergang Jerusalems, doch blieb ihm nur der bittere Trost, recht gehabt zu haben. Wiederholt erteilte Gott Jeremia ein Verbot, für sein Volk zu beten (7,16; 11,14; 14,11). Gott verbot ihm außerdem, zu heiraten und Kinder zu zeugen (Kapitel 16) – eine äußerst schmerzliche Verfügung in einer Zeit, in der fast jeder verheiratet war. Daß Jeremia ledig blieb, war Zeichen des bevorstehenden Gerichts, in dem Väter, Mütter und Kinder umkommen sollten. Aus dem gleichen Grund gestattete Gott nicht, daß Jeremia Trauerkleidung trug oder anderen sein Beileid aussprach – ein Hinweis auf die nahe Zukunft, in der es so viele Tote geben würde, daß keine Zeit mehr war, zu trauern und anderen beizustehen. Jeremia durfte kein Fest besuchen, weil am Tag des Gerichts jedes fröhliche Treiben verstummen würde. Und als man ihn fragte, weshalb gerade das Bundesvolk Gottes von einer Katastrophe heimgesucht werden solle, mußte er eine kompromißlose, unbeliebte Antwort geben: „,Es geschieht, weil eure Väter mich verlassen haben', spricht der Herr; ,sie sind anderen Göttern nachgelaufen und haben ihnen gedient und sie angebetet. Sie haben mich verlassen und mein Gesetz nicht befolgt. Ihr aber habt euch noch gottloser verhalten als eure Väter. Seht, jeder von euch folgt dem widerspenstigen Trieb seines bösen Herzens, statt mir zu gehorchen'" (16,11 f.). Jeremia wird mit seinem Leiden und seinem Leben zum Zeichen der eigenen Botschaft.

Natürlich wird nicht jeder Prophet berufen, in solch finsteren Zeiten Dienst zu tun. Doch hat das Leiden im Leben so vieler geistlicher Leiter – sowohl im Neuen Testament als auch im Verlauf der Kirchengeschichte – eine bedeutsame Rolle gespielt.

Dabei entdecken wir, daß Leiden und geistliche Leiterschaft aus theologischen Gründen aufs engste miteinander verknüpft sind. Diesen Zusammenhang erkennen wir auf mindestens drei Ebenen:

1. Die erste finden wir in beiden Testamenten. Es handelt sich um das, worüber wir im ersten Abschnitt dieses Kapitels bereits gesprochen haben: Gläubige werden durch Leiden gezüchtigt und geformt. Ob wir an die 40 Jahre des Mose in der Wüste denken oder an die Aufforderung des Paulus an Timotheus, als ein guter Soldat Jesu Christi mitzuleiden (2. Timotheus 2,3) – wenn Gott alle seine Kinder züchtigt, bleiben die Leiter nicht ausgeschlossen, ja sie werden oftmals mehr zu erdulden haben als andere. Viele bedeutende Prediger haben anhaltendes Leid ertragen müssen. So litt beispielsweise Charles Haddon Spurgeon sein ganzes Leben

lang nicht nur unter verschiedenen chronischen Krankheiten, sondern auch unter Anfällen tiefer Niedergeschlagenheit.

2. Es ist nicht verwunderlich, wenn in einer dem Evangelium abgeneigten Welt ein dynamisches christliches Zeugnis die Gemeindeleiter, die dieses Zeugnis zu verantworten haben, in besondere Bedrängnis bringt. In Diktaturen werden oft Pastoren und Evangelisten inhaftiert und hingerichtet. Daran erinnert der paulinische Leidenskatalog in 2. Korinther 11, 23 ff. Einer alten Überlieferung gemäß starben elf der zwölf Apostel als Märtyrer. Ein wahrer geistlicher Leiter geht in allem voran und nicht hinterher.

Deshalb weist Paulus die Korinther auf das Leben und Leiden der Apostel hin:

> Ihr habt schon alles, was ihr begehrt! Ihr seid schon reich geworden! Ihr seid Könige geworden [Haben sie möglicherweise behauptet, daß sie als Kinder des himmlischen Königs hier schon Fürsten seien und darum wie die Fürsten leben sollten?] – und das ohne uns! ... Denn es kommt mir so vor, als hätte Gott uns Apostel einen Platz am Ende des Umzugs zugewiesen und uns dort zur Schau gestellt – so als wären wir zum Tod in der Arena verurteilt. [Bei diesem Bild denkt Paulus natürlich an die von den Römern veranstalteten Umzüge Kriegsgefangener, bei denen die Gefangenen je nach Status in geschlossene Gruppen eingeteilt wurden. Die Nachhut bildeten die „Allergeringsten", die auf diese Weise vor den anderen gedemütigt wurden, ehe sie in der Arena einen Kampf auf Leben und Tod mit wilden Tieren oder ausgebildeten Gladiatoren führten, zur Belustigung der römischen Bürger, die sie in großen Mengen von den Tribünen her beobachteten.] Wir sind für das ganze All, für Engel wie für Menschen, zum Schauspiel geworden. Wir sind Narren um Christi willen, ihr dagegen seid so klug in Christus! Wir sind schwach, aber ihr seid stark! Ihr werdet geehrt, wir werden entehrt! Bis zur Stunde leiden wir Hunger und Durst, gehen in Lumpen, werden brutal mißhandelt und haben kein Zuhause. Wir leisten mit eigenen Händen Schwerstarbeit [was in feinen Kreisen der griechisch-römischen Gesellschaft des ersten Jahrhunderts verpönt war]. Werden wir beschimpft, dann segnen wir; werden wir verfolgt, dann halten wir es aus; werden wir verleumdet, so geben wir eine freundliche Antwort. Wir sind

zum Abschaum der Welt, zum Unrat der Erde geworden, bis heute.
(1. Korinther 4,8-13)[2]

3. Die dritte Ebene ist noch erstaunlicher. Reife geistliche Leiter sind bereit, einen zusätzlichen Anteil an Leiden auf sich zu nehmen. „Ich freue mich an dem, *was für euch gelitten wurde* [Paulus denkt hier an seine eigenen Leiden], und ergänze in meinem Fleisch, was im Hinblick auf die Leiden Christi noch fehlt, und zwar *um seines Leibes, der Gemeinde, willen*" (Kolosser 1,24; Hervorhebung vom Verfasser). An anderer Stelle schreibt Paulus: „Wir werden von allen Seiten bedrängt, aber nicht erdrückt; wir sind bestürzt, aber nicht verzweifelt; wir werden verfolgt, aber nicht im Stich gelassen; wir werden niedergestreckt, aber doch nicht vernichtet. Wohin wir auch kommen, ständig tragen wir den Tod Jesu an unserem Leib, damit auch das Leben Jesu an unserem Leib sichtbar werde. Denn wir, die wir leben, werden immerfort um Jesu willen dem Tod ausgeliefert, *damit sein Leben an unserem sterblichen Leib sichtbar werde.* So ist nun der Tod in uns am Werk, *in euch aber das Leben*" (2. Korinther 4,8-12; Hervorhebung vom Verfasser).

Der Zusammenhang dürfte deutlich sein. Je mehr die Leiter von Leiden und Verfolgung heimgesucht werden, desto deutlicher wird es, daß sie ihre Berufung und Kraft allein Jesus verdanken. Das wirkt sich äußerst positiv auf die ganze Gemeinde aus. Ihr Leiden macht der Gemeinde Mut zur Nachfolge.

Darum können geistliche Leiter nicht einfach „eingesetzt" werden. Sie werden von Gott selbst „auf dem Amboß des Leidens" geschmiedet und „in der Schule der Bedrängnis" unterrichtet. Diesen Prozeß kann man nicht übergehen.

Fragen zum weiteren Nachdenken

1. Welche Ziele hat Gott im Auge, wenn er seine Kinder züchtigt?
2. Nennen Sie einige Begebenheiten aus Ihrem Leben, bei denen Sie am eigenen Leibe erfahren haben, was es heißt, von Gott gezüchtigt zu werden. Sind Sie als junger Christ noch unerfahren, dann berichten Sie aus dem Leben anderer Christen, die Sie beobachtet haben.

3. Wie ist der Glaube beschaffen, den David oder andere Verfasser von Klagepsalmen hatten, wenn sie leiden mußten? Drücken auch Sie sich in Ihren Gebeten ebenso offen und ehrlich aus?
4. Hat Gott Habakuks Fragen beantwortet?
5. Geben Sie Römer 5,1-5 mit eigenen Worten wieder. Wie wollen Sie diesen Abschnitt auf Ihr Leben anwenden?
6. Inwiefern haben Sie aufgrund Ihres christlichen Glaubens Widerstände erlebt oder die Feindschaft anderer auf sich gezogen?
7. Haben Ihnen diese Erfahrungen geschadet oder genutzt?
8. „Der nehme sein Kreuz auf sich und folge mir nach" – was bedeutet das für Sie ganz persönlich?
9. Nennen Sie einige Gründe, weshalb geistliche Leiter im Neuen Testament oft mehr leiden als andere Christen.
10. Streben Sie eine geistliche Leiterschaft an?

Anmerkungen

[1] Siehe den Kommentar zu Johannes 19,1 bei D. A. Carson, *The Gospel of John*, Leicester: Inter-Varsity; Grand Rapids: Eerdmans, 1991.

[2] Siehe Scott J. Hafemann, *Suffering and the Spirit: An Exegetical Study of II Cor. 2:14-3:3 within the Context of the Corinthian Correspondence*, WUNT 19, Tübingen: J. C. B. Mohr (Paul Siebeck), 1986.

6. Flüche, heilige Kriege – und die Hölle

Steh auf, Herr, in deinem Zorn; erhebe dich gegen die Wut meiner Feinde (Psalm 7,7). Seiner Tage mögen nur wenige sein; möge ein anderer ihn in seinem leitenden Amt ersetzen. Mögen seine Kinder zu Waisen werden und seine Ehefrau zur Witwe. Mögen seine Kinder zu umherziehenden Bettlern werden; mögen sie aus den Trümmern ihrer Häuser vertrieben werden ... Es soll niemand ihm freundlich begegnen, niemand soll sich seiner verwaisten Kinder erbarmen (Psalm 109,8-12). O Tochter Babel, du zum Untergang Verurteilte, wohl dem, der dir heimzahlt, was du uns angetan hast – der deine jungen Kinder packt und sie an den Felsen zerschmettert (Psalm 137,8 f.).

Wenn ihr vor einer Stadt aufmarschiert, um sie anzugreifen, sollt ihr den Bewohnern zunächst ein Friedensangebot unterbreiten. Nehmen sie es an und öffnen sie euch die Tore, dann soll die gesamte Bevölkerung zu Zwangsarbeit verurteilt werden und euch dienen. Wenn sie sich aber weigern, mit euch Frieden zu schließen, und euch den Krieg erklären, dann sollt ihr die Stadt belagern. Wenn der Herr, euer Gott, sie in eure Gewalt gibt, müßt ihr alle männlichen Bewohner mit dem Schwert erschlagen. Die Frauen aber, die Kinder, das Vieh und alles andere, das sich in der Stadt befindet, dürft ihr als Beute behalten. Alles, was ihr bei euren Feinden plündert, dürft ihr selbst verwenden, denn der Herr, euer Gott, hat es euch gegeben. So sollt ihr mit allen Städten verfahren, die weit von euch entfernt liegen und nicht zu euren Nachbarvölkern gehören.

In den Städten der Völker jedoch, die euch der Herr, euer Gott, als Erbteil schenkt, sollt ihr nichts am Leben lassen, was Atem hat. Ihr sollt sie – die Hethiter und die Amoriter, die Kanaaniter

> und die Perisiter, die Hiwiter und die Jebusiter – vollständig ausrotten, wie der Herr, euer Gott, es befohlen hat. Sonst werden sie euch lehren, all die gräßlichen Dinge nachzuahmen, die sie tun, wenn sie ihre Götter anbeten. Und dann würdet ihr euch am Herrn, eurem Gott, versündigen (5. Mose 20,10-18).
> Wie nun das Unkraut ausgejätet und im Feuer verbrannt wird, so wird es auch am Ende des Zeitalters sein. Der Menschensohn wird seine Engel aussenden, und sie werden aus seinem Königreich alles, was zur Sünde verführt, und alle, die Böses tun, ausjäten. Dann werden sie sie in den Feuerofen werfen, wo sie heulen und mit den Zähnen knirschen werden (Matthäus 13,40-42).

Vor einigen Jahren luden meine Frau und ich eine Bekannte ein, mit uns zusammen einen Gottesdienst in unserer Gemeinde zu besuchen. Diese Frau meinte, religiös, ja Christin zu sein, obwohl sie außer zu Weihnachten und zu Ostern nur selten in die Kirche ging. Unser Pastor fing gerade an diesem Sonntag mit einer Predigtreihe über Hosea an. Dabei las er einige längere Auszüge aus dem Buch Hosea vor, in denen recht eindeutig von Ehebruch, Hurerei, Blöße, Scham und dergleichen die Rede war. Nach dem Gottesdienst wirkte unsere Bekannte konsterniert. Während wir sie mit dem Auto nach Hause fuhren, herrschte eisiges Schweigen. Schließlich fragte sie: „Inwieweit unterscheidet sich die Bibel, die Sie in Ihrer Gemeinde verwenden, von der, die wir bei uns in der Kirche benutzen?“

Zunächst haben wir nicht verstanden, worauf sie hinauswollte. Dann wurde uns klar: Sie konnte nicht glauben, daß die Texte, die man ihr an diesem Vormittag aus Hosea vorgelesen hatte, auch in „ihrer“ Bibel standen. Es kostete erhebliche Mühe, sie vom Gegenteil zu überzeugen.

Bibelstellen wie diese bereiten vielen Christen, von Nichtchristen ganz zu schweigen, Unbehagen. Wir hören die Flüche und fragen uns, was sie in einem Buch zu suchen haben, in dem wir aufgefordert werden, die andere Backe hinzuhalten, auf Rache zu verzichten (weil sie ausschließlich Sache des Herrn sei), unsere Feinde zu lieben und für die, die uns mißhandeln, Fürbitte zu tun. Wir lesen Schriftstellen, die sogar zum Völkermord auffordern, und denken an die weltweite Empörung, die derartiges Geschehen in unserer Zeit auslöst, und daß die Täter als Kriegsverbrecher abgeurteilt werden müssen. Wir lesen von Höllenstrafen, die unserem humanen Handeln zuwider sind.

Einige umgehen die Schwierigkeiten, indem sie derartige Stellen beim

Bibellesen möglichst übergehen. Andere ziehen es vor, Flüche und Kriege im übertragenen Sinne zu deuten. Wir müssen uns aber damit auseinandersetzen, daß beim alttestamentlichen Völkermord Menschen aus Fleisch und Blut ums Leben kamen. Manche machen sich erst ernsthafte Gedanken über diese Themen, wenn Bekannte oder Verwandte davon betroffen sind. Was sollte ich der Frau sagen, die mich kürzlich um Hilfe und Trost bat, weil ihr Vater gestorben und nach der Aussage der Bibel in die Hölle gekommen ist? Ihr eigener Vater!

Ich behaupte nicht, darauf stets die passende Antwort zu wissen. Es ist jedoch kaum zu bestreiten, daß die erwähnten entsprechenden Bibelstellen Menschen, die vielleicht sensibler sind als andere, große Not bereiten. Es wird im Rahmen unserer Besprechung hilfreich sein, diese biblischen Realitäten mit sechs Faktoren abzuwägen, von denen die Bibel selbst sagt, daß wir sie berücksichtigen müssen.

Die Wahrnehmung des Problems

Als Peter Craigie das in Kapitel 4 bereits erwähnte Büchlein *The Problem of War in the Old Testament*[1] abfaßte, vergaß er nicht, darauf hinzuweisen, daß es sich bei dem „Problem", das der Titel anspricht, um die Schwierigkeiten handelt, die wir beim Lesen des Alten Testaments empfinden. Damit gibt er zu, daß der von ihm gewählte Titel, für sich allein genommen, irreführend ist, denn er scheint auszusagen, daß die Verfasser des Alten Testaments den Krieg irgendwie als problematisch empfanden. Dem ist jedoch, wie wir bereits gesehen haben, nicht so. Einer der biblischen Verfasser schreibt: „Gelobt sei der Herr, mein Fels, der meine Hände kämpfen lehrt und meine Fäuste, Krieg zu führen" (Psalm 144,1; rev. Lutherübers.).

Saul weigerte sich nicht, dem Herrn zu gehorchen und die Amalekiter restlos zu vertilgen, weil er etwa moralische Bedenken gehabt hätte, sondern weil er sich aus reiner Willkür entschlossen hatte, König Agag sowie das Beste vom Vieh zu verschonen (1. Samuel 15). Seine Ausrede, er habe das Vieh nur beiseite geschafft, um es dem Herrn als Opfer darzubringen, brachte ihm folgendes vernichtende Urteil Samuels ein: „Hat der Herr an Brand- und Schlachtopfern das gleiche Gefallen wie am Gehorsam gegenüber der Stimme des Herrn? Gehorsam ist besser als Opfer und Folgsamkeit besser als das Fett von Widdern. Denn Aufbegehren kommt der Sünde der Wahrsagerei gleich, und Vermessenheit ist ein ebenso schlimmes Übel wie der Götzendienst. Weil du das Wort des

Herrn verworfen hast, hat er dich als König verworfen“ (1. Samuel 15,22 f.). Mit anderen Worten: Was Samuel verurteilte, war nicht der Befehl, einen Völkermord zu begehen, sondern die rebellische Haltung eines Mannes, der es ablehnte, diesen Befehl auszuführen.

Ähnliches wäre über die Rachepsalmen und über die biblische Lehre von der Hölle zu sagen. So furchtbar die biblischen Schilderungen der Hölle auch sein mögen, überraschend ist, daß die meisten von Jesus stammen. Jesus hat weit mehr über die Hölle zu sagen gehabt als andere biblische Personen.

Das muß uns zu denken geben. Wir müssen uns an die Frage heranwagen, ob unser moralisches Empfinden irgendwie irregeleitet, vielleicht sozusagen falsch programmiert worden ist. Ist es denkbar, daß unsere schlimmsten Probleme mit diesen Formen des Leidens auf den gesellschaftlichen Pluralismus unserer Zeit zurückzuführen sind? Ist es denkbar, daß unser Entsetzen angesichts der Hölle zumindest teilweise auf unsere Unfähigkeit (oder Weigerung) zurückzuführen ist, die Sünde mit den Augen Gottes zu betrachten?

Woher kommt es, daß wir uns mit evangelikalen Klischees wie „Gott liebt den Sünder, aber er haßt die Sünde“ abfinden, obwohl es bereits in den ersten fünfzig Psalmen gleich vierzehn Stellen gibt, in denen ausdrücklich von Gott behauptet wird, er hasse den Gottlosen oder zürne ihm o. ä.?

Mir liegt es fern zu behaupten, an diesem Klischee sei nichts Wahres dran: Darauf werden wir in Kapitel 10 näher eingehen. Ich denke auch nicht daran, denen das Wort zu reden, die den Völkermord für gerechtfertigt halten. Der entsetzliche Slogan einiger militanter Christen: „Der Kampf gegen den Kommunismus ist der Kampf für Gott“, ist kurzsichtig. Zum Glück ist er mittlerweile überholt, denn der Kommunismus scheint sich, wie manch andere Ideologie vor ihm, ins geschichtliche Abseits manövriert zu haben. Statt uns kriegerisch in Marsch zu setzen, sollten wir lieber das eigene Herz erforschen. Ehe wir andere verwünschen, sollten wir lieber beherzigen, daß das Gericht am Hause Gottes anfängt, und uns fragen, welche Faktoren wir berücksichtigen müssen.

Die Kluft zwischen unserer modernen Sichtweise und der Weltanschauung der biblischen Verfasser wirkt ernüchternd. Es handelt sich diesbezüglich um einen weiteren Hinweis darauf, wie sehr wir uns daran gewöhnt haben, den Menschen in den Mittelpunkt unseres Denkens zu rücken – und Gott an den Rand zu drücken.

Das Vokabular der Entrüstung

Nicht jede biblische Äußerung moralischer Entrüstung darf wortwörtlich aufgefaßt werden. Die dabei geäußerten Wünsche werden oftmals nicht wirklich in Betracht gezogen.

Nehmen wir als Beispiel folgende Verwünschung durch Jeremia, der sich hier über sein unglückliches Los beklagt: „Verflucht sei der Tag, an dem ich geboren wurde! Möge der Tag, an dem mich meine Mutter gebar, nicht gesegnet sein! Verflucht sei der Mann, der meinem Vater die Nachricht übermittelte, der ihn mit den Worten erfreute: ‚Ein Kind ist dir geboren – ein Sohn!' Möge dieser Mann den Städten gleichen, die der Herr ohne Erbarmen in den Untergang stürzte. Er höre Wehgeschrei am Morgen und Kriegslärm um die Mittagszeit. Denn er hat mich nicht im Mutterleib getötet, so daß meine Mutter mein Grab geworden und ihr Leib auf ewig schwanger geblieben wäre. Warum bin ich überhaupt aus dem Mutterschoß hervorgekommen, um nichts als Kummer und Herzeleid zu erleben und um meine Tage in Schande zu beenden?" (Jeremia 20,14 ff.).

Die allgemeine Stoßrichtung dieser Verse ist eindeutig: Jeremia ist so unglücklich, daß er wünscht, er wäre tot, oder vielmehr, er wäre nie geboren. Aber muß das heißen, daß er den armen Burschen, der seinem Vater die Nachricht von seiner Geburt überbrachte, tatsächlich mit einem Fluch belegt? Wünscht Jeremia wirklich, daß seine Mutter ewig schwanger geblieben wäre? Nur krasser Buchstabenglaube könnte den Text so auffassen.

Würde aber diese Passage aus der Bibel gestrichen, so wäre das eine große Verflachung und täte dem starken Ausdruck der Empörung einen nicht geringen Abbruch. Jeremia läßt uns die volle Wucht seines Zornes spüren; durch starres Kleben am Buchstaben wäre eine ähnliche Wirkung nicht zu erzielen.

Folglich müssen wir fragen, ob nicht einige der in den Psalmen vorkommenden Verwünschungen ebenfalls als lebhafter Ausdruck der Entrüstung aufzufassen sind. Diese Passagen wollen nämlich nicht informieren, sondern entflammen. Sie haben mit einer kühlen Abhandlung nichts gemein. Sie sind plötzliche Aufschreie. Sie verkünden keine Heerespolitik, sondern verleihen dem Entsetzen der Verfasser darüber Ausdruck, daß „die finsteren Schlupfwinkel des Landes voll Gewalt sind" (Psalm 74,20).

Dabei ist zu beachten, wie diese Ausbrüche der Empörung in den Gesamtkontext des Lebens und der Botschaft des jeweiligen Verfassers einzuordnen sind. So wurde Jeremia gelegentlich wegen seines zwar verständlichen, doch von Bitterkeit durchsetzten Selbstmitleids vom Herrn gerügt. David wurde es nicht gestattet, den Tempel zu bauen, weil er – im Gegensatz zu seinem Sohn Salomo – Kriege geführt und Blut vergossen hatte (1. Chronik 28,3). Aus Jesajas Schau vom Abschluß der Geschichte, nach der die Völker „ihre Schwerter zu Pflugscharen und ihre Speere zu Heckensicheln schmieden" und „nicht mehr gegeneinander das Schwert erheben noch für den Krieg üben werden" (Jesaja 2,4), geht deutlich hervor, daß der Krieg in der Bibel keineswegs als wertneutral aufgefaßt wird. Vielmehr sind Kriege, Rachegelüste und Massaker vor dem Hintergrund einer gefallenen Welt zu betrachten, in der das Böse in Schranken gehalten werden muß und begangene Übel Ausrufe der Empörung und der Verzweiflung auslösen sowie freimütige Forderungen nach strafender Gerechtigkeit.

Der Einfluß des alten Bundes

Im alten Bund – dem Abkommen, das Gott durch Vermittlung Moses am Berg Sinai mit dem Volk Israel traf – war das Gottesvolk als Nation konstituiert. Andere Völker kamen zwar in den Genuß der Nachsicht und der Segnungen Gottes, manchmal auch seiner Vergebung (so z. B. Ninive zur Zeit des Propheten Jona), Israel jedoch war sein erwähltes Bundesvolk. Und Israel bildete einen Nationalstaat, bis nach einiger Zeit zwei Staaten daraus hervorgingen.

Obwohl Gott der König Israels war, übte er seine Herrschaft durch Stellvertreter aus: durch einen König, Priester und Propheten. Sie vertraten das Volk vor Gott und Gott vor dem Volk. Sündigten sie, so traf es das ganze Volk; waren sie gottesfürchtig und gerecht, dann wurde das Volk gesegnet.

Weil das Gottesvolk als Nationalstaat konstituiert war, war es nicht möglich, zwischen dem Segen Gottes und dem Wohlergehen der Nation, zwischen dem Gericht Gottes und dem Niedergang der Nation, zwischen der sittlich-geistlichen Reinheit des Volkes und der religiösen Verfassung der Nation oder zwischen dem Mitleid des Volkes und der Mildtätigkeit der Nation zu unterscheiden.

Die Unterschiede zwischen staatlichen und religiösen oder zwischen politischen und ethischen Belangen, die für uns so selbstverständlich sind, waren nicht vorhanden. Das Bundesvolk Gottes bildete einen Nationalstaat. Dieser Nationalstaat war eine Theokratie, deren Grundgesetz das Gesetz Gottes war und deren Beamte von Gott selbst eingesetzt wurden.

Darum spiegelten, zumindest dem Ideal nach, politische Entscheidungen, Gerichtsbeschlüsse und Entscheidungen der Legislative den Willen Gottes wider, und zwar im Kontext der Politik. Wurde von einem Gericht eine Strafe verhängt, dann handelte es sich jedenfalls der Theorie nach – und manchmal in der Praxis – um eine Strafe von Gott.

Das galt auch im Blick auf die Kriege Israels. Die Feinde Israels waren Feinde Gottes. Israel erhielt von Gott den Auftrag, wann und wo es Krieg führen durfte. Die Zerstörung, die es bei seinem Einzug in das Gelobte Land anrichtete, waren in der Regel ein schreckliches Gottesgericht, das die Einwohner des Landes wegen ihrer Bosheit traf. In Kanaan gehörte zum groben Götzendienst sowohl der Fruchtbarkeitskult als auch gelegentliche Menschenopfer. Kinder wurden dem Gott Moloch in durch Feuer erhitzten steinernen Schalen dargebracht.

Wenn Gott es für notwendig hielt, durch die Sintflut fast die gesamte Menschheit zu vernichten, um das Böse in Schranken zu halten (1. Mose 6-9), und wenn „der jetzige Himmel und die jetzige Erde" durch dasselbe machtvolle Wort, das die Sintflut auslöste, „für das Feuer aufgespart und bis zum Tag des Gerichts und der Vernichtung gottloser Menschen bewahrt werden" (2. Petrus 3,7), dann verwundert es kaum, daß Gott durch sein Bundesvolk ähnliche Strafen verhängte, wenn auch in viel kleinerem Umfang.

Sahen sich die Könige Israels von Feinden bedrängt, konnten sie nicht in rein militärischen oder politischen Kategorien denken. Der König war Gottes Vasall. Seine Sache war gerecht – weil sie Gottes Sache war. Es hatte durchaus seine Berechtigung, wenn der König sich an Gott wandte, sein Anliegen vor ihm ausbreitete und um sein Recht flehte. Wurde ihm dieses Recht zuteil, dann hatte das aufgrund der vom alten Bund festgelegten Strukturen nationale, politische und manchmal auch militärische Folgen.

Das wirft die Frage auf, ob Gott heute in ähnlicher Weise wirkt. Die Antwort ist nicht eindeutig. Einerseits müssen wir die Frage verneinen. Im neuen Bund ist das Gottesvolk nicht als Nationalstaat konstituiert, und jeder Versuch, eine „christliche Nation" zu bilden, in der Kirche und Staat eins sind, ist deshalb von vornherein zum Scheitern verurteilt. Andererseits aber ist Gott der Gott aller Völker, ob sie ihn anerkennen oder nicht. Kriege können aus christlicher Sicht, wie wir bereits in einem früheren Kapitel festgestellt haben, unterschiedlich gedeutet werden. Es ist nicht falsch, sie unter dem Gesichtspunkt des Gerichts zu betrachten.

Es ist bezeichnend, daß die Mehrzahl der verheerenden, sich über ganze Kontinente ausdehnenden Kriege unseres Jahrhunderts von Völkern geführt wurden, die zu den kultiviertesten zählen und deren intellektuelle Glanzleistungen und technisches Know-how sie zum Inbegriff der „zivilisierten Welt" gemacht haben. Blindheit, Habgier, Ehrgeiz und Arroganz dieser Völker haben zu einem massiven Abfall von Gott geführt, zu dem sich ihre Vorfahren weithin bekannt hatten.

Ich behaupte nicht, daß es im Zweiten Weltkrieg kein erkennbares Recht oder Unrecht gegeben habe. Es steht außer Zweifel, daß die Deutschen den Krieg angefangen haben und das aus völlig verwerflichen Motiven. Doch werde ich diesbezüglich an Habakuk erinnert: Manchmal benutzt Gott ein gottloses Volk, um ein anderes Volk zu bestrafen, das auch in den Augen Gottes gerichtsreif ist. Lese ich Berichte über unglaublich törichte Entscheidungen, die das britische Parlament und das französische Kabinett in den sieben Jahren, die dem Krieg vorausgingen, trafen – Hitler hätte man mehrmals Einhalt gebieten können –, so frage ich mich, ob Gott nicht damals einige Politiker mit Blindheit geschlagen hatte, um so dem Gericht, das später über ihre Länder hereinbrechen sollte, den Weg zu bereiten.

Christen müssen natürlich behutsam sein, die Vorsehung im nachhinein deuten zu wollen. Doch ist unser Denken heute dermaßen vom Naturalismus geprägt, daß für Gott wenig Raum übrig bleibt. Weithin nehmen wir die biblische Darstellung vom gerechten Gott nicht ernst. Dieser Gott aber zieht alle Menschen, Einzelpersonen wie ganze Völker, zur Rechenschaft und erreicht seine Ziele. Dabei wirkt er manchmal durch geheimnisvolle Fügungen, die sich der bösen Machenschaften von Menschen bedienen, um ganze Nationen und Völker zu erhöhen und untergehen zu lassen.

Anmaßende Selbstgerechtigkeit und herablassendes Entsetzen sind keine angemessene Reaktion auf das „Problem" der heiligen Kriege im Alten Testament, sondern vielmehr Reue, Zerbruch und Fürbitte. Nehmen wir noch die Worte Jesu ernst: „Wenn ihr nicht Buße tut, werdet auch ihr alle umkommen" (Lukas 13,5)?

Drei weitere Punkte können uns ebenfalls helfen, uns in dieser Problematik zurechtzufinden.

Was Jesus über die Hölle lehrte

Wenn es ein Thema gibt, über das nur wenige Christen gern nachdenken, dann sicherlich dieses.

Dabei stammen die anschaulichsten Schilderungen der Hölle, die wir im Neuen Testament finden, von Jesus selbst. So spricht er von einem „Ofen, in dem das Feuer brennt" (Matthäus 13,42); von einem Ort, wo die Menschen „heulen und mit den Zähnen knirschen" werden (Matthäus 8,12); davon, daß die Verdammten sich nach einem Tropfen Wasser sehnen, mit dem sie sich die Zunge kühlen könnten (Lukas 16,24); und von einem Ort äußerster Finsternis, weit von der Seligkeit entfernt, an der das Volk Gottes Anteil haben wird (Matthäus 8,12). Er hat auch keine Bedenken, von einer ewigen Trennung zu sprechen: „Dann werden sie hingehen: Diese [die Verlorenen] zur ewigen Strafe, die Gerechten aber in das ewige Leben" (Matthäus 25,46). Auch spricht er von der Auferstehung der Gerechten und der Ungerechten sowie davon, daß Menschen, die Böses getan haben, zum Gericht auferstehen werden (Johannes 5,28 f.). Und es ist Jesus, der darauf hinweist, daß die Kluft zwischen denen, die Qualen erleiden, und denen, die sich in Abrahams Schoß befinden, unüberwindbar ist (Lukas 16,26).

Selbst wenn wir davon ausgehen, daß es sich bei diesen Beschreibungen der Hölle um Metaphern handelt – die angeführten Stellen entstammen größtenteils Gleichnissen –, so haben diese Metaphern dennoch einen Bezug zur Wirklichkeit. Sie erwecken in uns die Vorstellung einer schrecklichen Existenz jenseits des Grabes. Zudem wird die schockierende Sprache, deren Jesus sich bedient, in weiteren Abschnitten des Neuen Testaments bekräftigt.

Es gibt mehrere Gesichtspunkte, die uns helfen können, diese Bibelstellen zu deuten.

1. Was Jesus selbst zu schockieren scheint, ist nicht die Existenz der Hölle, sondern die menschliche Herzenshärtigkeit. Wie bereits angedeutet, können wir daraus entnehmen, daß wir es nötig haben, uns mit wesentlich größerem Eifer als bisher damit zu befassen, wie Gott die Sünde sieht, nämlich als etwas hochgradig Entwürdigendes und moralisch Anstößiges.

2. Die Bibel deutet nirgendwo an, daß es möglich sein wird, in der Hölle Buße zu tun. Wer dorthin kommt, wird vielleicht – wie der reiche Mann im Gleichnis vom reichen Mann und vom armen Lazarus (Lukas 16,19-31) – um Erleichterung flehen, vielleicht auch darum, daß seine noch lebenden Brüder eine Vorwarnung erhalten; aber nirgendwo gibt es

einen Hinweis darauf, daß man in der Hölle Buße tun kann. Tatsache ist, daß mindestens eine Stelle das Gegenteil andeutet. Im letzten Kapitel der Offenbarung sagt der die Vision interpretierende Engel zu Johannes: „Versiegle die prophetischen Worte dieses Buches nicht, denn die Zeit ist nahe. Wer Unrecht tut, soll weiterhin Unrecht tun; wer unrein ist, soll weiterhin unrein sein; wer das Rechte tut, soll weiterhin das Rechte tun; und wer heilig ist, soll weiterhin heilig sein" (Offenbarung 22,10 f.). In gewissem Sinne wird durch diesen Ausspruch das Gericht vorweggenommen: Wenn jemand am Ende für unrein befunden werden wird, dann hat es für ihn keinen Zweck, sich jetzt noch zu ändern, denn die Gnadenzeit ist für ihn bereits abgelaufen. Dieser Aussage liegt, wie ich meine, folgende Annahme zugrunde: Ebenso wie die Menschen, die zuletzt aufgrund des Evangeliums Christi für heilig erklärt werden, in der Heiligkeit – und das in höchster Vollendung – beharren werden, so werden auch diejenigen, die aufgrund ihres Aufbegehrens und ihrer Hartherzigkeit für unrein erklärt werden, in der Unreinheit – auch das in ausgeprägtester Form – beharren.

Wir sollten uns also die Hölle als einen Ort vorstellen, wo die Menschen fortfahren, rebellisch zu sein, auf ihren eigenen Willen bestehen, an von Vorurteilen und Haß geprägten gesellschaftlichen Strukturen festhalten und dem lebendigen Gott trotzen. Da sie fortfahren, Gott die Stirn zu bieten, fährt er fort, sie zu bestrafen – ad infinitum.

Man kann durchaus die Meinung vertreten, daß dies vergleichbar ist mit dem, was im Alten Testament vor sich ging. „Wer hat Jakob den Beutegierigen und Israel den Plünderern ausgeliefert? Hat nicht der Herr es getan, an dem wir uns versündigt haben? Denn sie wollten auf seinen Wegen nicht wandeln; auch sein Gesetz hielten sie nicht. Darum goß er seinen glühenden Zorn über sie aus, die ganze Gewalt des Krieges. Rings um sie her ging alles in Flammen auf, doch sie verstanden es nicht; sie wurden davon verzehrt, doch sie nahmen es sich nicht zu Herzen" (Jesaja 42,24 f.).

In den letzten Jahren haben angesehene evangelikale Theologen die These vertreten, die Hölle werde, auch wenn sie in alle Ewigkeit bestehen bleibe, nicht ewig bevölkert sein. Das den einzelnen „Insassen" zugemessene Strafmaß sei zwar unterschiedlich, doch würden zuletzt alle der Annihilation – der Vernichtung – preisgegeben. Die Vorstellung, Menschen müßten „ewige Pein" erleiden, sei unbiblisch. Außerdem löse man mit der letztendlichen Vernichtung der Gottlosen ein schwerwiegendes moralisches Problem: Niemand werde für zeitliche Sünden ewig bestraft.

Es geht hier tatsächlich um sehr schwierige Fragen, und niemand sollte zu selbstsicher seine Meinung vortragen. Wenn es falsch ist, eine rein traditionelle Sicht der Hölle zu vertreten, da ihr – wie die Verfechter der Annihilationslehre behaupten – die biblische Legitimation fehle und da sie mit unüberwindlichen moralischen Problemen verbunden sei, dann ist es sicherlich falsch, die althergebrachte Interpretation der biblischen Texte aus unzureichenden Gründen fallenzulassen, denn damit würde man Menschen falschen Trost zusprechen. Ich wage zu bezweifeln, daß irgend jemand – außer Gott selbst – in der Lage ist, eine „angemessene" Strafe für den erbitterten Widerstand gegen den heiligen Schöpfergott zu bestimmen. Auch bin ich mir nicht ganz sicher, was mit „ewiger" Pein gemeint ist. Wenn die von mir umrissenen Argumente stimmen, entpuppt sich das von den Verfechtern der Annihilationslehre angenommene Dilemma als Luftblase. Ganz davon abgesehen, daß ihre Deutung der biblischen Texte meines Erachtens falsch ist, geht ihrer Ansicht jegliche moralische Legitimation ab, sofern davon ausgegangen wird, daß Sünder in der Hölle immerfort sündigen, immerfort für ihre Sünde bestraft werden und sich immerfort weigern, vor Gott das Knie zu beugen.

3. Wir dürfen nie vergessen, daß der Gott der Bibel nicht auf „neutrale" Männer und Frauen stößt, die er willkürlich entweder für den Himmel oder für die Hölle bestimmt. Gott rettet vielmehr sündige Männer und Frauen, die allesamt seinen Zorn verdient haben, aus reiner Barmherzigkeit und Liebe. Ja,hätte er nur einen einzigen Menschen errettet, so wäre das schon ein Akt der Gnade gewesen. Daß er tatsächlich eine unzählbare Schar errettet, bestätigt über jeden Zweifel hinaus die Weite seiner Gnade. Aus biblischer Perspektive betrachtet, ist die Hölle ein furchtbarer Beweis menschlichen Trotzes angesichts der großartigen Gnade Gottes.

4. Der Himmel wäre sicherlich für Menschen, die sich am Segen der unverhüllten Gegenwart Gottes nicht freuen können und diesen Segen auch nicht wünschen, höllisch.

5. Vielleicht das wichtigste Argument ist, daß der Gott der Bibel angesichts unserer Leiden nicht ungerührt bleibt. Er ist langsam zum Zorn und voll Erbarmen. Derselbe Jesus, der die schrecklichen Weherufe über die frommen Heuchler seiner Zeit verkündete (Matthäus 23), weint über die Stadt Jerusalem: „Ach, Jerusalem, Jerusalem, du tötest die Propheten und steinigst, die zu dir gesandt werden! Wie oft schon habe ich mich danach gesehnt, deine Kinder zu sammeln, wie eine Henne ihre Küken unter ihre Flügel sammelt; aber ihr habt nicht gewollt. Seht, euer Haus

wird euch verwüstet werden“ (V. 37 f.). Das stereotype Bild des Predigers, der seine Hörer mit einer „Drohbotschaft“ über die Höllenqualen traktiert, ist der Bibel fremd. Die Bibel verwendet zwar deutliche, manchmal starke, drohende Worte, doch nie ohne Tränen. Christen wissen, daß sie, wie alle anderen Menschen auch, „von Natur aus Kinder des Zorns“ sind (Epheser 2,3). Warnen sie andere vor dem Zorn Gottes, dann nicht aus einer Haltung vermeintlicher Überlegenheit heraus, sondern aus innerem Zerbruch und aus Freude über die Erlösung, die sie weitergeben möchten.

Das Wesen der Gemeindezucht – und die Rufe nach Vergeltung

Verbinden wir die letzten beiden Überlegungen (zum Wesen des alten Bundes sowie zur von Jesus vertretenen Lehre von der Hölle), so können wir uns einem weiteren Punkt nicht entziehen.

Manchmal wird folgende Sichtweise vertreten: Das Alte Testament sanktioniere zwar heilige Kriege und verfluche die Feinde Gottes, das Neue Testament aber sei ihm moralisch und ethisch weit überlegen und distanziere sich davon.

Es stimmt zwar, daß es der Kirche nicht erlaubt ist, das Evangelium mit Waffengewalt zu verbreiten oder sich gewaltsam zu verteidigen. Das bedeutet jedoch nicht, daß die Kirche überhaupt keine Zucht kennt. Jesus gibt hierfür Richtlinien in Matthäus 18,15-18. Paulus schreibt den Korinthern, daß ein Christ, der mit seiner Schwiegermutter schläft, aus der Gemeinde auszuschließen sei (1. Korinther 5,1 ff.).

Die christliche Gemeindezucht kann auf verschiedene Weise geübt werden: sanftes Zurechtweisen, Ermutigung, gegenseitiges Bekennen, bis zum Ausschluß aus der Gemeinde als härteste Maßnahme. Diese Maßnahme ist im Neuen Testament nur für drei Fälle vorgesehen: bei erheblichen Abweichungen von der überkommenen Lehre, bei anhaltenden schwerwiegenden moralischen Verfehlungen und bei Personen, die immer wieder in liebloser Weise Zwietracht säen.

Dabei handelt es sich lediglich um geistliche Maßnahmen, wird hier eingewendet. Im Alten Testament aber hat man körperliche Zucht ausgeübt. Die neutestamentlichen Aussagen über die Hölle machen uns diesbezüglich nachdenklich. Erklärt die Gemeinde im Namen Gottes, daß jemand nicht mehr zum Volk Gottes gehört, dann tut sie es zwar in der Hoffnung, daß diese Person Buße tut und „am Tage des Herrn“ gerettet wird (1. Korinther 5,5), doch muß man auch die andere schreckliche Möglichkeit klar ins Auge fassen.

Was die Rufe nach Vergeltung angeht, so drängen sich verblüffende Parallelen zwischen der Offenbarung und den Psalmen auf. So schreien die Seelen derer, die um des Wortes Gottes und um ihres Zeugnisses willen umgebracht worden waren: „Wie lange dauert es noch, allmächtiger Herr, du Heiliger und Wahrhaftiger, bis du die Bewohner der Erde richtest und unser Blut an ihnen rächst?" (Offenbarung 6,10). „Zahlt ihr [Babylon, der Großen] mit gleicher Münze heim, gebt ihr doppelt zurück, was sie getan hat. Mischt ihr einen doppelten Anteil aus ihrem eigenen Becher. Schenkt ihr ebensoviel Folter und Trauer ein, wie sie sich selbst Prunk und Luxus gegönnt hat. Denn sie prahlt in ihrem Herzen: ‚Ich throne als Königin; ich bin keine Witwe und werde niemals trauern müssen.' Darum werden ihre Plagen an einem Tag über sie kommen: Tod, Trauer und Hunger. Sie wird im Feuer verbrennen, denn mächtig ist Gott der Herr, der sie richtet" (Offenbarung 18,6-8). „Wehe! Wehe, du große Stadt, wo alle, die Schiffe auf dem Meer hatten, durch deinen Reichtum reich wurden! ... Freu dich über sie, o Himmel! Freut euch, ihr Heiligen und Apostel und Propheten! Gott hat sie dafür gerichtet, daß sie euch so mißhandelt hat" (Offenbarung 18,19 f.). Ähnliche Stellen gibt es noch viele im Neuen Testament.

Auch hier gelten die Überlegungen, die wir bei unserer Betrachtung ähnlicher Passagen aus dem Alten Testament anstellten. Nehmen wir die die Ewigkeit einschließende Perspektive des Neuen Testaments ernst, dann dürfen wir nicht die alttestamentlichen Aussagen als wesentlich härter ansehen. Es ist erkennbar, daß im Kommen des Herrn Jesus und in dem neuen Bund, den er mit seinem Blut versiegelt hat, die Gerechtigkeit Gottes als auch seine Barmherzigkeit deutlicher zutage treten als jemals zuvor.

Schlimmere Alternativen

Was kann man jener Frau sagen, deren Vater, soweit es zu beurteilen ist, sich in der Hölle befindet? Beispielsweise, daß niemand mit letzter Gewißheit sagen kann, was sich zwischen einem Menschen und dem allmächtigen Gott ereignet hat, bevor der Mensch in die Ewigkeit abberufen wurde. Oder, daß die Liebe und Güte Gottes sich ein für allemal am Kreuz erwiesen haben. Oder auch, daß wir über die neue Schöpfung viel zu wenig wissen, um uns jetzt irgendeine Vorstellung darüber machen zu können, ob wir uns dort der Menschen bewußt sein werden, die sich auf Erden entschieden haben, ohne Gott zu leben. Ich hätte auch sagen können, daß es gerade dann, wenn wir verwirrt sind, hilfreich sein kann, an das zu denken, was wir über das Wesen Gottes wissen, und mit Abraham uns fragen: „Sollte der Richter über die ganze Erde nicht tun, was recht ist?" (1. Mose 18,25).

Es geht jedoch nicht an, sich für ein theologisches System zu entscheiden, das die biblischen Aussagen nur selektiv berücksichtigt. Dürfen wir uns etwa für die Allversöhnungslehre entscheiden? Was machen wir dann mit den eindeutigen Bibelstellen, die derartige Spekulationen ausschließen? Behandelt Gott diejenigen, die seinem Sohn vertrauen, wirklich so wie die, die Christus ablehnen – obwohl es in seinem Wort heißt: „Wer an den Sohn glaubt, hat das ewige Leben; wer aber den Sohn ablehnt, wird das Leben nicht sehen, denn der Zorn Gottes bleibt auf ihm" (Johannes 3,36)? Sind Wahrheit und Offenbarung die ausschlaggebenden Faktoren, oder ist es die Aufrichtigkeit des einzelnen? Wozu dann das Kreuz? Welchen Stellenwert hätte es dann noch?

So schwer es auch ist, manche Dinge zu verstehen, es wird niemals hilfreich sein, uns die biblischen Wahrheiten herauszupicken, die uns zusagen. Für Christen ist die Bibel das Wort Gottes, und darf nicht verwässert oder verkürzt werden. Auch wenn die Antworten, die wir dort vorfinden, nicht immer allgemeinverständlich und für uns eindeutig sind, so reden sie doch deutlich von dem Gott, bei dem allein wir Trost und Zuversicht finden können.

Fragen zum weiteren Nachdenken

1. Wann – wenn überhaupt – ist es für Christen erlaubt, die in den Psalmen und in der Offenbarung enthaltenen Rufe nach Vergeltung zu wiederholen?
2. Inwiefern ist unsere Ablehnung der Rachepsalmen, der „heiligen Kriege" des Alten Testaments und der Aussagen Jesu über die Hölle Zeichen unserer Entfremdung von der Denk- und Sichtweise Gottes?
3. Wann sind Äußerungen moralischer Entrüstung ein Ausdruck schlechter Laune oder selbstbezogener Rachsucht, und wann sind sie Ausdruck unseres Schmerzes und deshalb wirklich gottgemäß?
4. Welche der in diesem Kapitel erwähnten Sanktionen dürfen nicht ohne weiteres vom alten auf den neuen Bund übertragen werden?
5. Ist Gott in seiner Grundhaltung der Sünde gegenüber wandelbar? Wel-

che gleichen Reaktionen Gottes auf die Sünde finden wir in beiden Testamenten?

6. Was ist die Hölle? Nennen Sie kurz das, was Sie darüber wissen.[2]
7. Warum ist es das Beste, Gott auch dann zu vertrauen, wenn man nicht auf alles eine Antwort weiß?

Anmerkungen

1 Peter Craigie, *The Problem of War in the Old Testament*, Grand Rapids: Eerdmans, 1978.

2 Einen informativen Überblick über die biblischen Aussagen zur Hölle bietet William Hendriksen in seinem Buch *Das Jenseits. Grundriß der biblischen Lehre von den letzten Dingen.* Aus dem Amerikanischen von Leslie Richford. Marburg: Verlag der Francke-Buchhandlung, 1992, S. 42-45. 110 f. [Anmerkung des Verlags].

7. Krankheiten, der Tod und Trauerfälle

Wir verlieren in unserem Leben liebe Menschen durch den Tod und werden eines Tages selbst sterben.

Wir werden immer wieder von Schmerz und Trauer überrascht. Trotzdem hoffen wir insgeheim, möglichst davon verschont zu bleiben. Und wenn unser Kind oder unser Ehepartner stirbt; wenn wir zusehen müssen, wie einer unserer Lieben an einer schmerzhaften Krankheit dahinsiecht; wenn wir selbst wie aus heiterem Himmel von entsetzlichen Schmerzen oder einer Behinderung heimgesucht werden, und das ohne jede Aussicht auf Besserung – dann quält uns besonders die Frage: „Warum läßt Gott das alles zu?“ Schon dieser Gedanke ist Gotteslästerung, dennoch meinen wir in solchen Situationen, daß Gott ungerecht an uns handelt, daß unser Schmerz und unsere Trauer in keinem Verhältnis zu unserer Sünde stehen und daß wir uns in unserer Not alleingelassen fühlen.

Das Schreiben dieses Kapitels fällt mir besonders schwer, zumal Leser gewiß schon aus dem bitteren Kelch der Trauer getrunken haben und deshalb auf der Suche nach existentiellen Antworten sind. Vergeltungsrufe, heilige Kriege, die Hölle – das alles befindet sich normalerweise außerhalb unseres Erfahrungshorizonts, und wir begnügen uns dann mit intellektuellen, theoretischen Antworten. Leiden wir jedoch selbst, so bedürfen wir besonderen Trostes. Rein intellektuelle Antworten können uns dann nicht befriedigen.

Es steht außer Frage, daß „Gott in allem das Wohl derer im Auge hat, die ihn lieben“ (Römer 8,28); dennoch wäre es unangebracht, Eheleuten, die erst kürzlich ihr Kind verloren haben, diesen Vers vorzuhalten. Das könnte den Eindruck erwecken, man wolle sie mit billigem Trost und ein paar hingeworfenen Bibelstellen abspeisen.

Auf diesbezügliche seelsorgerische Überlegungen werde ich in Kapitel 13 noch einmal zu sprechen kommen. Hier möchte ich betonen, wie wichtig es ist, daß wir uns gewisse geistliche Denkstrukturen aneignen, damit sie uns – noch bevor wir von Schmerz und Leid heimgesucht werden – in Fleisch und Blut übergehen. Deshalb entspricht das, was ich in diesem Kapitel geschrieben habe, nicht unbedingt dem, was ich einem Trauernden sagen würde. Es spiegelt vielmehr das wider, was ich in den Gemeinden lehre, um Christen auf künftiges Leid vorzubereiten. Wenn Sie ein tieferes Verständnis der verschiedenen Ebenen der Trauer gewinnen möchten, dann gibt es für Sie hervorragende Bücher zu diesem Thema; wenn Sie selbst von Schmerzen heimgesucht sind und sich nach einer baldigen Befreiung von einem Leiden sehnen, das so unentrinnbar zu sein scheint wie die Luft, die wir atmen, dann sollten Sie mindestens fünf- oder sechsmal täglich den 23. und den 90. Psalm durchlesen. Sind Sie jedoch bereit, sich zu diesen Themen biblisches Denken anzueignen, dann können Ihnen folgende Gedanken – mehr wollen sie nicht sein – möglicherweise eine Hilfe sein.

Sünde, Krankheit und Tod

Wir haben bereits festgestellt, daß alles Leiden, nicht zuletzt auch das Kranksein und der Tod, mit der Sünde zusammenhängt. Hätte der Mensch nie gesündigt, dann würde er weder sterben noch krank werden (die Vorstufe zum Tode). Doch müssen wir diesen Zusammenhang genauer erkennen.

Erstens: Der Tod ist das wohlüberlegte Urteil Gottes über unsere Sünde.

Freilich, das möchten trauernde Hinterbliebene nicht hören. Ich bin mir vollkommen darüber im klaren, daß wir, um zu einem angemessenen Verständnis des Todes zu gelangen, eine ganze Reihe weiterer Überlegungen berücksichtigen müssen; viele von ihnen werden in diesem Buch angesprochen. Und trotzdem: Dieser erste Punkt ist so entscheidend, daß wir ihn weder umgehen noch an die Peripherie unseres Denkens rücken dürfen.

Der Tod ereignet sich nicht zufällig; er ist Gottes Werk. Mose wagt sogar folgende Formulierung: „Du läßt die Menschen zum Staub zurückkehren und sagst: ‚Werdet wieder zu Staub, ihr Menschensöhne.' Denn tausend Jahre sind in deinen Augen wie ein Tag, der eben vergangen ist, oder wie eine Nachtwache. Du fegst die Menschen im Todesschlaf hinweg; sie sind wie frisch gewachsenes Gras am Morgen –

obwohl es morgens neu aufsproßt, so ist es bis zum Abend verdorrt und verwelkt" (Psalm 90,3-6). Doch spiegelt sich in diesem Handeln Gottes nicht allein die Kluft zwischen dem Unendlichen und dem Endlichen. Der Tod wird hier nicht als eine Laune Gottes gesehen. Mose erklärt weiter: „Wir werden von deinem Zorn verzehrt und von deinem Grimm in Schrecken versetzt. Du hast unsere Missetaten vor dich hingestellt, unsere heimlichen Sünden in das Licht deiner Gegenwart. Alle unsere Tage vergehen unter deinem Zorn; wir beenden unsere Jahre mit Gestöhn. Unser Leben währt 70 Jahre – oder 80, wenn wir dazu die Kraft haben; doch ihre Spanne ist nichts als Mühsal und Leid, denn sie vergehen schnell, und wir fliegen davon. Wer kennt die Gewalt deines Zornes? Denn dein Grimm ist ebenso groß wie die Ehrfurcht, die dir gebührt" (Psalm 90,7-11).

Sterben ist eine Folge des von Gott gefällten Richterspruchs: „Sobald du davon ißt, wirst du ganz gewiß sterben" (1. Mose 2,17). Daran hat sich nie etwas geändert: „Der Lohn der Sünde ist der Tod" (Römer 6,23).

Warum aber der Tod? Hätte Gott uns keine andere Strafe auferlegen können?

Der Tod ist die Grenze, die Gott Geschöpfen setzt, welche die Sünde begangen haben, wie Gott sein zu wollen (1. Mose 3,4 f.; Römer 1,18-23). Gott ist heilig; er ist einzigartig und kann nicht dulden, daß wir ihn abwerten. Wir aber sind keine Götter; im Tode erfahren wir besonders, daß wir nur Menschen sind. Unsere Selbstherrlichkeit wird zerstört.

Wir protestieren heftig gegen diese Grenze, nicht nur weil wir Götter sein wollen, sondern auch, weil wir im Ebenbild Gottes geschaffen sind. Wir sind nicht bloß Säugetiere, wir sind Personen. Daß wir zur Klasse der Säugetiere gehören, bedeutet, daß der Tod für uns eine physische Dimension besitzt; daß wir nicht nur Säugetiere sind, bedeutet, daß unser Tod die Entschlossenheit Gottes zeigt, unserer Anmaßung eine Grenze zu setzen.

Daraus folgt, daß ich für meinen Tod mitverantwortlich bin. Der Tod widerfährt mir nicht von selbst. Ich sterbe, weil ich ein Sünder bin. In diesem Sinne habe ich den Tod herbeigeführt; ich bin das Subjekt meines Todes, nicht nur sein Objekt. Meiner Sünde wegen habe ich den gerechten Zorn Gottes auf mich gezogen. Und dieser Zorn ist nicht bloß die unangenehme Folge irgendwelcher unpersönlichen Prinzipien oder eine willkürlich gezogene Demarkationslinie zwischen Zeit und Ewigkeit, sondern die persönliche, höchstrichterliche Reaktion Gottes auf die Sünde, der ich mich als verantwortlich handelnde Person hingegeben habe.

Helmut Thielicke schreibt: „Personale Beziehung heißt: Ich muß Gott recht geben, wenn mir das geschieht [d. h., wenn der Tod anklopft]. Gott will mir hiermit etwas sagen. Er reagiert im Sterben auf mich, und also steckt in diesem Sterben eine Botschaft. Ich sehe Hand und Wort Gottes auf mich zielen."[1]

Ich möchte hier Mißverständnissen vorbeugen. Ich sage weder, daß es falsch ist, sich gegen den Tod aufzulehnen, noch daß Paulus unrecht hat, wenn er den Tod als den „letzten Feind" bezeichnet (1. Korinther 15). Die Bibel geht überall davon aus, daß Hinterbliebene trauern werden, und ihre Trauer wird nirgends bagatellisiert. Hiob empfand nach dem Tod seiner zehn Kinder unerträglichen Schmerz (Hiob 1,20; 2,13), ebenso die Witwe aus Nain nach dem Verlust ihres Sohnes (Lukas 7,11-13). Sie erregte zudem das besondere Mitgefühl Jesu.[2] In unserer Trauer empfinden wir es als ungerecht, wenn gottlose Menschen 70 oder noch älter werden, während Kinder ums Leben kommen.

Wir müssen die theologische Wahrheit begreifen, die unserer Verlorenheit und darum auch unserer Erlösung zugrunde liegt: Der Tod ist letzten Endes eine Folge unserer Sünde. Wer mit Gott hadert oder ihm Ungerechtigkeit vorwirft, weil er das Urteil gefällt hat, das unsere Sünde verdient, der ist töricht wie jemand, der einen Richter kritisiert, weil dieser einen Bankräuber verurteilt hat. Wir sollten unseren Ärger vielmehr gegen die Gemeinheit des Todes, gegen die Scheußlichkeit der Sünde und gegen unsere irregeleiteten Gefühle gegen Gott richten. Denkende Christen vergessen nicht, was der Tod über uns gebracht hat.

Diese theologische Wahrheit berührt nicht Todesart, Todeszeitpunkt und Todesalter. Sie lenkt vielmehr unsere Aufmerksamkeit auf die Wurzel menschlichen Sterbens und zwingt uns, unserer persönlichen wie kollektiven Verantwortung ins Auge zu sehen.

Zweitens: Erkrankungen und der Tod können im Sinne einer göttlichen Strafe die unmittelbare Folge einer bestimmten Sünde sein. Das geht freilich über das hinaus, was wir bisher gesagt haben. Wir sündigen alle; wir sterben alle. Das Menschengeschlecht besteht aus lauter Sündern; darum sind wir allesamt dem Tod verfallen. In einigen Fällen aber wird das Urteil über eine bestimmte Sünde sofort vollstreckt. Typische Beispiele hierfür sind die 38 Jahre währende Lähmung des Mannes, von dem in Johannes 5 die Rede ist (siehe besonders Vers 14), der Aussatz des Gehasi (2. Könige 5,20-27), der Tod von Ananias und Saphira (Apostelgeschichte 5), das böse Ende des Herodes (Apostelgeschichte 12,19b-23), sowie die Erkrankung und der Tod einiger Mitglieder der korinthischen Gemeinde (1. Korinther 11,27-32).

Daraus darf man aber nicht den Schluß ziehen, die Betroffenen seien die schlimmsten Sünder ihrer Zeit gewesen. An Aussatz sind auch andere Personen gestorben, die nicht so schwer gesündigt hatten wie Gehasi; andere wiederum haben zweifellos auf weit brutalere, trickreichere Weise Geld erpreßt als er, ohne dafür offensichtlich bestraft zu werden. Die einzig legitime Schlußfolgerung ist die, daß die Sünde eine solche Strafe verdient. Die Güte des Herrn ist's, daß wir nicht *alle* sofort bestraft werden, wenn wir sündigen. Die Welt würde sich sofort in einen riesigen Friedhof verwandeln.

Das bedeutet wiederum, daß Gott uns kein friedliches Alter *schuldet.* Entscheidet er sich, jemanden sofort zur Rechenschaft zu ziehen, dann wird er dadurch nicht ungerecht.

Drittens: Es handelt sich bei Erkrankungen und dem Tod nicht notwendig um eine unmittelbar von Gott verhängte Strafe für eine bestimmte Sünde. Die Beziehung zu unserem rebellischen Zustand ist zwar nicht wegzuleugnen, doch müssen Erkrankungen oder der Tod keineswegs die Folge einer bestimmten Sünde sein. Es kann Zusammenhänge der verschiedensten Art geben. Hiskias Erkrankung und bevorstehender Tod entsprangen allem Anschein nach Gottes Willen, seine irdische Pilgerschaft zu beenden (2. Könige 20,1). Der Blindgeborene (Johannes 9) zog sich sein Leiden keineswegs aufgrund einer besonderen Sünde zu, die er oder seine Eltern begangen hatten. Paulus bezeugt, daß der Herr ihn in seiner Vorsehung zunächst durch eine Krankheit den Weg nach Galatien wies (Galater 4,13). Möglicherweise handelte es sich dabei um Malaria, die Paulus sich im sumpfigen Tiefland zugezogen haben könnte. Damals „behandelte" man diese Krankheit, indem man ins Hochland zog. Timotheus litt unter häufigen Krankheiten (1. Timotheus 5,23), und Paulus riet ihm, seine Gebrechen mit „ein wenig Wein" zu lindern. Während einer seiner letzten Reisen mußte Paulus den kranken Trophimus in Milet zurücklassen (2. Timotheus 4,20).

In keinem dieser Fälle wird die Krankheit oder der Todesfall mit einer bestimmten Sünde in Verbindung gebracht; in mehreren Fällen wird ein solcher Zusammenhang ausdrücklich bestritten. Auch wird keiner der Betroffenen auf übernatürliche Weise geheilt – außer dem Blindgeborenen aus Johannes 9, dessen Heilung der Selbstoffenbarung Jesu und der Herrlichkeit Gottes diente, jedoch nur, nachdem das Opfer viele Jahre blind war und damit all die Not ertragen hatte, die ein solches Leiden sowohl für den Kranken – er wurde zum Bettler! – als auch für seine Familie nach sich zog.

Das bedeutet in der Praxis, daß es fast immer falsch ist – um nicht zu sagen gefühllos und dumm –, die Not von Menschen, die einer Krankheit, dem nahenden Tod oder einem Trauerfall wegen zu leiden haben, dadurch noch zu vergrößern, daß man ihnen unbekannte Sünde oder gar mangelnden Glauben vorwirft. Beim ersten Vorwurf wird zu Unrecht davon ausgegangen, daß Krankheiten stets in Verbindung mit ganz bestimmten Sünden auftreten; beim zweiten wird zu Unrecht angenommen, daß es stets der Wille Gottes sei, jede Krankheit sofort zu heilen, und daß er durch unzulänglichen oder mangelhaften Glauben daran gehindert werde. Die angeführten Beispiele widerlegen beide Annahmen. Außerdem wurde in vielen Kapiteln des vorliegenden Buches darauf hingewiesen, daß Gott durchaus Gründe haben kann, Krankheiten und Leid unter seinem Volk zuzulassen. Ich werde, wenn auch aus etwas anderer Perspektive, in diesem Kapitel noch auf dieses Thema zurückkommen.

Viertens: Einige Krankheiten und Todesfälle mögen zwar die Folge sündigen Verhaltens oder sündiger Taten sein, doch kann man dabei nicht von einem übernatürlichen göttlichen Gericht sprechen, da es sich nur um die natürliche Abfolge von Ursache und Wirkung handelt. Manche Krankheiten werden durch unterdrückten Haß, Wut, Eifersucht, Bitterkeit oder Schuld ausgelöst. Oft wären zu hoher Blutdruck, Magengeschwüre und Kolitis durch eine Abkehr von sündigem Verhalten zu vermeiden. Viele Todesfälle sind das Ergebnis von Genußsucht und der Verschmutzung unserer Umwelt. Psychische Störungen können durch gestörtes Familienleben verursacht werden oder durch den Umstand, daß der Betroffene nie Geborgenheit erlebte, oder nie für irgendeine schwere Sünde Vergebung empfing. Und wie verhält es sich mit Krankheiten wie Syphilis oder Herpes? Zwar sind Aidskranke auch durch verseuchte Blutkonserven infiziert worden, deshalb aber *keinerlei* moralische Lektion aus der Aids-Epidemie zu ziehen, ist verwerflich.

Die Zusammenhänge sind nicht immer leicht zu durchschauen. Wahrscheinlich gibt es Dinge, über die wir noch zu wenig wissen. Sündern – vor allem solchen, denen vergeben worden ist – steht es ohnehin nicht gut an, mit dem Finger auf andere zu zeigen. Themen wie Aids werfen vielschichtige moralische und politische Fragen auf (von denen wir einige im Anhang des vorliegenden Buches näher beleuchten werden). Dennoch sollte uns nicht entgehen, daß das Gericht Gottes manchmal nicht, wie es bei Ananias und Saphira der Fall war, durch einen schrecklichen übernatürlichen Machterweis Gottes hereinbricht, sondern durch gelenkte natürliche Prozesse. Die Söhne Elis gaben sich sexueller Perversion hin, weil ihr Vater es unterließ, sie zu disziplinieren. Absalom, der seinen Halbbruder Amnon ermordete und eine Rebellion gegen seinen Vater David anzettelte, die Tausende das Leben kostete, tat es vor allem, weil David seine Söhne nie bestraft und zu lasch auf die Vergewaltigung seiner Tochter Tamar reagiert hatte. Unsere Sünden können *bereits in diesem Leben* schmerzliche Folgen haben.

Fünftens: An anderer Stelle in diesem Buch habe ich aufzuzeigen versucht, daß Leiden und Schmerzen, auch wenn sie von Krankheiten oder Todesfällen herrühren, auch Gutes bewirken können. Das heißt nicht, sie seien ein „Gut an sich". (Mit dem Geheimnis der Vorsehung werde ich mich in Kapitel 11 – soweit möglich – befassen.) Es steht außer Zweifel, daß Gott nach Aussage der Bibel sein Volk züchtigt, um es zu bestrafen oder abzuhärten. Viele Christen konnten durch die Gnade Gott rückblickend für das danken, was sie aus ihrem Leid gelernt haben.

Damit ist nicht gesagt, Leiden sei angenehm, und auch nicht, sämtliche Ursachen unseres Leidens seien „gut". Auch ist mit dem Leitsatz „Der Zweck heiligt die Mittel" das Problem des Übels und des Leidens nicht „gelöst". Nur dürfen wir die oftmals positiven Folgen des Leidens nicht außer acht lassen.

Es ist allerdings nicht immer möglich, dies zu erkennen. Das hat zur Folge, daß man möglicherweise erst nach geraumer Zeit merkt, ob das, was man durchleidet, in uns oder in irgend jemand anderem Gutes bewirkt – ein weiterer Grund, uns die hier dargelegten Denkstrukturen möglichst fest einzuprägen, ehe wir selbst von Leid heimgesucht werden.

Sechstens: Aus den bisherigen Überlegungen kann man, was die Beziehung zwischen der Sünde einerseits und Krankheiten, Trauerfällen und dem Tod andererseits anbelangt, zu einem gewissen Ergebnis kommen. Das kann Menschen, die irgendwann ein Kind verloren haben, möglicherweise schockieren: Da wir alle zum Tode verurteilt sind, ist ein „vorzeitiger" Tod weniger schockierend, als gemeinhin angenommen wird. Gewiß, es erschüttert mich, wenn ein verheißungsvoller junger Mensch stirbt, besonders wenn er mir nahestand. Doch angesichts der Tatsache, daß wir alle sterben müssen, ist der Zeitpunkt seines Todes von relativ geringer Bedeutung. Könnte es sein, daß unser Entsetzen über einen „vorzeitigen Tod" – und wann kommt der Tod *nicht* vorzeitig? – auf unsere innige Überzeugung zurückzuführen ist, daß uns eine volle Lebensspanne irgendwie *zusteht* – daß Gott sie uns sogar *schuldet?*

Er schuldet sie uns nicht. „Die Güte des Herrn ist's, daß wir nicht gar aus sind" (Klagelieder 3,22; rev. Lutherübers.).

Den Tod akzeptieren

Ich habe bereits festgestellt, daß es in gewissem Sinne angemessen sein kann, sich über den Tod zu empören.

Bei uns im Abendland jedoch ist der Tod zum Tabu erklärt worden. Man verdrängt und verschweigt ihn weithin. Den Tod hingegen darf ich in feiner Gesellschaft nicht erwähnen.

Leichen werden auf schnellstem Wege vom Bestattungsunternehmer abgeholt und dann „zurechtgemacht", ehe die Angehörigen sie sehen dürfen. Den Hinterbliebenen fällt es sogar innerhalb der Familie schwer, ihrer Trauer offen Ausdruck zu geben – wodurch ihnen viel Trost und Zuspruch verlorengehen. Die erstaunlichen Fortschritte auf dem Gebiet der medizinischen Wissenschaft haben uns zu der Überzeugung verleitet, wir hätten ein Recht auf Leben.

Früher schrieb man häufiger Bücher über das rechte Sterben und schätzte „letzte Worte" Heimgegangener. Uns hingegen fällt es schwer, dem Tod bewußt ins Auge zu blicken und über ihn zu sprechen.

In früheren Generationen war das anders. Lesen Sie einmal das Libretto zur Bach-Kantate „Ich habe genug" (BWV 82; Entstehungsjahr 1727):[3]

Ich habe genug,
Ich habe den Heiland, das Hoffen der Frommen,
Auf meine begierigen Arme genommen;
Ich habe genug!
Ich hab ihn erblickt,
Mein Glaube hat Jesum ans Herze gedrückt,
Nun wünsch ich noch heute mit Freuden
Von hinnen zu scheiden.
Ich habe genug!

Ich habe genug!
Mein Trost ist nur allein,
Daß Jesus mein und ich sein eigen möchte sein.
Im Glauben halt ich ihn,
Da seh ich auch mit Simeon
Die Freude jenes Lebens schon.
Laßt uns mit diesem Manne ziehn!
Ach, möchte mich von meines Leibes Ketten

Der Herr erretten!
Ach, wäre doch mein Abschied hier,
Mit Freuden sagt ich, Welt, zu dir:
Ich habe genug!

Schlummert ein, ihr matten Augen,
Fallet sanft und selig zu!
Welt, ich bleibe nicht mehr hier,
Hab ich doch kein Teil an dir,
Das der Seele könnte taugen.
Hier muß ich das Elend bauen,
Aber dort, dort werd ich schauen
Süßen Frieden, stille Ruh.

Mein Gott! wenn kommt das Schöne: Nun!
Da ich in Frieden fahren werde
Und in dem Sande kühler Erde,
Und dort, bei dir, im Schoße ruhn?
Der Abschied ist gemacht.
Welt, gute Nacht!

Ich freue mich auf meinen Tod,
Ach, hätt er sich schon eingefunden.
Da entkomm ich aller Not,
Die mich noch auf der Welt gebunden.

Kaum vorstellbar, daß sich ein heutiger Autor so offen mit dem eigenen Tod befassen würde! Wir würden es eher mit dem walisischen Dichter Dylan Thomas halten, der seinem sterbenden Vater den Rat gab: „Wüte, wüte gegen das Sterben des Lichts." Welch ein Kontrast zu Bachs Librettisten, der sich nicht nur ganz offen mit der Wirklichkeit des Todes befaßt, sondern mit dem Blick auf Jesus bekennen kann: „Welt, hab ich doch kein Teil an dir."

In 90. Psalm entdecken wir, daß Mose erkannt hat: Der Tod ist Ausdruck des Zornes Gottes, die Reaktion Gottes auf unsere Sünde, die von Gott bestimmte Grenze unserer Hybris. Er schließt seine Überlegungen mit den bereits angeführten Worten: „Wer kennt die Gewalt deines Zornes? Denn dein Grimm ist ebenso groß wie die Ehrfurcht, die dir gebührt" (V. 11), fügt aber gleich hinzu: „Lehre uns, unsere Tage recht zu zählen, damit wir ein weises Herz erlangen" (V. 12).

Hier wird nicht der aussichtslose Versuch unternommen, vor dem Tod zu fliehen. Moses Blick haftet gewissermaßen am Tod. Er durchdenkt die Beziehung zwischen Tod und Leben, der Sünde und Gott, und bemüht sich, hinter den Sinn des Todes zu kommen. Dann bittet er um Weisheit, damit er unter dem Schatten des Todes leben kann. Mose will, daß wir „unsere Tage recht zählen", das heißt, die Grenze, die uns gesetzt ist, zur Kenntnis nehmen und sie uns beständig vor Augen halten. Nur so können wir „ein weises Herz erlangen".

Das Leben „aus dem Blickwinkel der Ewigkeit zu betrachten" bewirkt innere Festigkeit angesichts der Erfahrung, wenn ein gottloser Gegner ohne Sorgen dahinlebt, denn es steht geschrieben: „Laß dich nicht beeindrucken, wenn einer reich wird und die Pracht seines Hauses sich mehrt; denn wenn er stirbt, wird er nichts mitnehmen, und seine Pracht wird nicht mit ihm hinabsteigen" (Psalm 49,17 f.). „Niemand lebt davon, daß er viele Güter hat" (Lukas 12,15; rev. Lutherübers.). „Wir haben nichts in die Welt mitgebracht und können auch nichts aus ihr mitnehmen" (1. Timotheus 6,7). Christen lernen, ihre Schätze im Himmel anzulegen (Matthäus 6,19-21); nicht nur ihr Schatz, sondern auch ihr Herz ist dort.

Nehmen wir diese Wahrheit vorbehaltlos an, dann ersparen wir uns sowohl unnötige seelische Erschütterung als auch Verärgerung oder gar Auflehnung gegen Gott. Wir werden von der modernen abendländischen Gesinnung frei, sich nicht mit dem Tod zu befassen, sondern akzeptieren ihn als Teil unseres Menschseins.

Schlimmer als der Tod

Vor einiger Zeit teilte mir unser Arzt mit, ich hätte mir eine seltene Krankheit zugezogen. Sie könne zwar einen verhältnismäßig leichten Verlauf nehmen, manchmal gehe sie jedoch tödlich aus. Es zeigte sich, daß meine Erkrankung einen ungefährlichen Verlauf nahm. Dennoch hat mich die Nachricht von meinem möglichen Ableben veranlaßt, intensiv darüber nachzudenken.

Ich kam zu dem Schluß, das Schwerste am Sterben sei der Abschied von meiner Frau und meinen Kindern, zumal die Kinder noch recht jung waren. Für den Fall, daß die Krankheit sich als bösartig erweisen sollte, beschloß ich, alles in meiner Macht Stehende zu tun, meiner Frau den Übergang erträglich zu machen und meinen Kindern bewußt meine christliche Hoffnung zu bezeugen. Von dieser Bindung an die Familie abgesehen, fiel mir kein einziger Grund ein, warum das Sterben so schrecklich sein soll.

Ich muß gestehen, daß diese Einschätzung nicht die Folge lang anhaltenden Meditierens über die Herrlichkeit der unmittelbaren Gegenwart Christi war. Zwar glaube ich mit Paulus, daß „für mich Christus das Leben ist, und Sterben Gewinn" und daß es „weit besser wäre, aus der Welt zu scheiden und bei Christus zu sein" (Philipper 1,21.23), doch bin ich geistlich noch zu unreif, daß mich diese geistlichen Wahrheiten ständig stärken würden. Ich lebe nicht fortwährend in ihrem Licht.

Doch erinnerte ich mich an das Schicksal König Hiskias (2. Könige 20; 2. Chronik 32,24-31; Jesaja 38; 39). Als er einmal todkrank war, betete er zum Herrn und erhielt die Zusage, noch 15 Jahre zu leben. Im Verlauf dieser 15 Jahre brachte er sich durch seinen törichten Stolz nicht nur um den Ruf, rechtschaffen zu sein. Seine Handlungsweise wirkte sich verheerend auf die Zukunft des ganzen Volkes aus.

Ich kam deshalb zu der Erkenntnis, daß es Schlimmeres gibt als den Tod. Die Liedstrophe singe ich besonders gern: „Länger als meine Liebe zu Dir / o laß mich doch nicht leben." Ich möchte lieber sterben, als meiner Frau untreu zu werden; ich möchte lieber sterben, als das, was ich in meinen Büchern gelehrt habe, durch ein lasterhaftes Leben unglaubwürdig zu machen; ich möchte lieber sterben, als abtrünnig zu werden oder das Evangelium in Mißkredit zu bringen. Es gibt Schlimmeres als den Tod.

Der Schalltrichter Gottes

In Kapitel 5 befaßten wir uns mit Bibelstellen, die von der Absicht Gottes sprechen, seine Kinder zu züchtigen. Hier müssen wir wieder auf dieses Thema zu sprechen kommen, allerdings aus einem anderen Blickwinkel. Wir wollen darüber nachdenken, wie Schmerzen, Leid und Trauer im Leben eines gläubigen Menschen als Züchtigungen wirken können. Dabei setze ich voraus, daß dem Leser die angeführten Argumente und Bibelstellen vertraut sind. Vielleicht sollten Sie die betreffenden Abschnitte noch einmal durcharbeiten, ehe Sie weiterlesen.

Schmerzen und Leiden können, wenn sie im Glauben angenommen werden, auf mindestens dreierlei Weise zum geistlichen Wachstum beitragen.

1. Richard Baxter sagt hierzu (1615-1691): „Das Leiden entriegelt die Tür des Herzens, so daß das Wort leichter Zugang bekommt."[4] Wir können von unserer Arbeit, von den Freuden des Lebens, von unserer Karriere, sogar vom „Dienst für den Herrn" so sehr in Anspruch genommen

werden, daß wir nicht mehr dazu kommen, über Gottes Wort ernsthaft nachzudenken, und uns nicht die Zeit nehmen, zu beten oder vor Gott unsere Prioritäten zu ordnen. Bei dem beliebten Lied: „Er wusch mir die Augen mit Tränen / und gab mir das Augenlicht" handelt es sich zwar um rührseligen Kitsch, dennoch bringen diese Zeilen eine wichtige Wahrheit zum Ausdruck.

Freilich wirkt sich das Leiden nicht immer so aus. Schmerzen machen uns entweder besser oder bitter. Wenn sie Bitterkeit in uns hervorrufen, dann befinden wir uns in einer ernsten Notlage. Um mit dieser Bitterkeit fertigzuwerden, müssen wir – so gebrochen, verwirrt und verletzt wir auch sein mögen – vor den Herrn treten, sein Wort lesen, sein Angesicht suchen und ihn bitten, uns den Trost zu gewähren, den er allein geben kann. In einer gefallenen Welt können Schmerzen und Leid für einzelne wie auch für ganze Völker wie ein Schalltrichter Gottes sein, der unsere Aufmerksamkeit von unserem eigenen Leben weg auf die ewigen Wahrheiten Gottes lenkt.

2. Krankheiten, Trauer und Leid formen uns, machen uns biegsamer, gestalten uns um. Das wird in Römer 5,1-5, wie wir bereits gesehen haben, nachdrücklich festgehalten. In rechter Weise angenommener Schmerz reinigt uns von Selbstbezogenheit, gibt uns ein Verständnis für das Wesen dieser gefallenen Welt, bereitet uns auf den Tod vor und erinnert uns an die Leiden, die Christus und andere auf sich genommen haben. Der walisische Liederdichter und Evangelist William Williams bezeugt, daß er auf dem Sterbebett sowohl sich selbst als auch die Güte Gottes besser kennengelernt habe als in 40 Jahren davor.[5]

3. Daraus folgt, daß Erfahrungen des Leidens, des Krankseins und der Trauer Erbarmen und Mitgefühl in uns wecken und uns dadurch in die Lage versetzen, anderen besser zu helfen.

Menschen, die selbst gelitten haben, sind eher in der Lage als andere, für fremdes Leiden Verständnis aufzubringen – und wirkungsvoll Hilfe anzubieten.

Der Apostel Paulus schreibt: „Gepriesen sei der Gott und Vater unseres Herrn Jesus Christus, der Vater des Erbarmens und der Gott allen Trostes, der uns in all unserer Not tröstet, *damit auch wir solche, die in Not sind, mit dem Trost trösten können, den wir selbst von Gott empfangen haben*" (2. Korinther 1,3 f.; Hervorhebung vom Verfasser). Diese Sicht der „Not" ist nicht nur Aposteln oder geistlichen Leitern vorbehalten. Sie hat ihren Ursprung im Kreuz Christi und soll in der christlichen Gemeinde weitergegeben werden: „Denn ebenso wie die Leiden Christi in unserem Leben überfließen, fließt durch Christus auch unser Trost über. Sind wir in Bedrängnis, so ist es zu eurem Trost und Heil; werden wir getröstet, so geschieht auch das zu eurem Trost und bewirkt, daß ihr geduldig die gleichen Leiden erduldet, die auch wir erdulden. Und unsere Hoffnung für euch ist unerschütterlich, weil wir wissen: Ihr habt nicht nur an unserem Leiden teil, sondern ebenso an unserem Trost" (2. Korinther 1,5-7).

Als Pastor stellt man relativ schnell fest, welche Gemeindeglieder fähig sind, Trauernden Trost zu spenden. Es sind fast ausschließlich Menschen, die selbst Trauer erlebt haben. Eine fruchtbare Rebe wird beschnitten, damit sie mehr Frucht bringt (Johannes 15,2b). Dieser Gedanke ist kein Allheilmittel. Bei einer so vielschichtigen Angelegenheit wie dem Übel und dem Leiden ist vor Patentrezepten zu warnen. Dennoch sollten wir diesen biblischen Gesichtspunkt nicht außer acht lassen. Wie oft kommt es vor, daß Menschen sich auf einer Trauerfeier bekehren! Auch habe ich viele gebrochene Menschen kennengelernt, die später zur Hauptstütze für leidende und trauernde Menschen geworden sind.

Entriegelt unser Leiden die Tür unseres Herzens und verschafft dadurch dem Worte Gottes leichteren Zugang, dann sorgt es auch dafür, daß Mitleid und Liebe ungehindert aus unserem Herzen fließen können.

Die Bedeutung des Rahmens

Die meisten Häuser in Nordamerika sind Holzrahmenkonstruktionen. Wie das Rahmenwerk über Größe und Form des Hauses entscheidet, so entscheidet der Rahmen einer theologischen Sicht weitestgehend, wo ihre Schwerpunkte liegen werden.

In diesem Zusammenhang möchte ich mich zu der „Zeichen und Wunder"-Bewegung um John Wimber und die Vineyard-Gemeinden äußern. Ich habe bereits viele Aspekte dieser Bewegung im Kontext einer fortlaufenden Auslegung der neutestamentlichen Texte über die „charismatischen" Gaben kommentiert[6] und will mich deshalb hier nicht wiederholen. Ich bin weder ein „Anticharismatiker" noch ein Gegner John Wimbers. Von beiden Bewegungen kann die Gemeinde Jesu unzweifelhaft viel lernen.

Hier geht es mir darum, inwieweit Wimbers „Diskussionsrahmen" für seine theologischen Ergebnisse entscheidend ist – und in welcher Weise diese Ergebnisse anders ausfallen würden, wenn er sich eines breiteren Rahmens bediente.

Wimbers Ansichten können wir, soweit sie seinen Veröffentlichungen zu entnehmen sind, wie folgt zusammenfassen: Er glaubt, das in der irdischen Wirksamkeit Jesu angebrochene Gottesreich sei gegenwärtig. Das Reich Gottes sei zwar noch nicht in seiner ganzen Fülle gekommen, doch sei es bereits angebrochen. Jesus übe jetzt schon die Herrschaft aus, denn ihm „ist gegeben alle Gewalt" (Matthäus 28,18; rev. Lutherübers.). Darum müßten auch heute Kraftwirkungen – Dämonenaustreibungen, Heilungen und Wunder verschiedener Art, darunter auch Totenauferweckungen – die Predigt des Evangeliums begleiten wie zur Zeit Jesu, denn damals seien diese Kraftwirkungen untrennbar mit dem Erweis der Gegenwart und der Kraft des Reiches Gottes verbunden gewesen. Dieses Reich müsse also durch Kraftwirkungen sichtbar gemacht werden. Wundertaten machten das nackte Wort gewissermaßen glaubwürdiger. Die Bevölkerung von Galiläa habe die Autorität, die Jesus über Dämonen und Naturgewalten ausübte, nicht weniger bestaunt als seine Worte. Deshalb sei auch heute eine Kombination von in der Vollmacht des Reiches Gottes vollbrachten Taten und missionarischer Verkündigung des Gotteswortes das Gebot der Stunde. Wer der Schrift wirklich treu sein und die Gegenwart des Reiches Gottes sichtbar machen wolle, der müsse *power evangelism* (vollmächtige Evangelisation; Evangelisation in der Kraft des Geistes) betreiben.

Aus diesem Grunde nehmen sich Wimber und seine Anhänger in vielen Veranstaltungen Zeit für das Heilungsgebet, für Teufelsaustreibungen im Namen Jesu und ähnliches. Wimber ist ehrlich: Er schätzt seine „Erfolgsquote" auf etwa zwei Prozent. Zudem weist er nachdrücklich darauf hin, daß es vom Neuen Testament her nicht zu rechtfertigen ist, wenn Personen, die keine Heilung empfangen, mangelnder Glaube vorgeworfen wird. Mit anderen Worten: Der theologische Rahmen, innerhalb dessen Wimbers Heilungsgottesdienste stattfinden, unterscheidet sich beträchtlich von dem der Charismatiker früherer Prägung. Die Konstruktion, die sich aus Wimbers Verständnis vom Reich Gottes ergibt, ist – sieht man von einigen unbedeutenden Einzelheiten ab – biblisch.

Aber – und dies ist ein überaus wichtiges „Aber" – Wimbers Rahmen ist dennoch zu eng. Er hat den Versuch unternommen, eine Theologie der Heilung und der Begegnung mit der Macht Gottes aufzustellen, jedoch unter Verzicht auf eine Theologie des Leidens; seine *theologia gloriae* entbehrt einer angemessenen *theologia crucis;* er vertritt eine Theologie des Lebens, ohne in gebührender Weise den Tod zu berücksichtigen. Für Wimber ist das Reich Gottes siegreich, wenn Krankheiten überwunden werden, aber nicht, wenn kranke Menschen durch ihre Krankheit verändert werden. Er beschäftigt sich kaum damit, daß Gott seine Macht vorzugsweise in bleibender Schwäche erweist. Wimber ruft zu einem sieghaften Glaubensleben auf, macht aber nicht deutlich genug, daß der Glaube auch dort den Sieg davontragen kann, wo Menschen trotz äußerster Leiden durchhalten. Er hat recht, wenn er Sünde und Leiden als Übel einstuft, doch denkt er nicht hinreichend darüber nach, daß ein frei waltender Gott in gewisser Hinsicht hinter ihnen steht und sie sogar gelegentlich benutzt, seine Kinder zu züchtigen.

Als zu klein erweist sich dieser theologische Rahmen auch bei seiner Analyse der synoptischen Evangelien (ihnen entnimmt Wimber seine wichtigsten *dicta probantia)*. Ich möchte auf folgende Punkte hinweisen:

a) Wird in den Evangelien die Absicht Jesu erläutert, oder wird geschildert, wie Jesus selbst die Initiative ergreift, dann steht fast immer seine Lehr- und Verkündigungstätigkeit im Mittelpunkt, nicht aber sein Heilungsdienst (siehe z. B. Markus 1,15.21.35-39; 2,2.13; 3,14.22 f.; 4,1; 6,1f.34; 7,14; 8,31.34; 9,30 f.; 10,1; 12,1.35).

b) Von einer oder zwei allgemeinen Feststellungen abgesehen (so beispielsweise Matthäus 4,23) – liegt aber die Initiative, wenn Jesus Menschen heilt oder von Dämonen befreit, normalerweise beim Leidenden selbst (so Matthäus 8,3 f.; 9,20-22.27-31; 17,14-18; Markus 1,23-26; Lukas 7,1-10; Johannes 4,46-54) oder bei dessen Freunden (so Matthäus 9,27-31; 12,22; Markus 1,30 f.32-34; 6,55 f.). Zwar ergreift Jesus selbst in einigen bemerkenswerten Fällen die Initiative, doch wird stets darauf hingewiesen, daß er sich aus anderen Gründen an Ort und Stelle befindet. Hier wäre beispielsweise die Geschichte der verkrüppelten Frau einzuordnen (Lukas 13,10-13: „Jesus *lehrte* gerade in einer Synagoge. Dort befand sich eine Frau ... *Als Jesus sie sah, rief er sie nach vorn zu sich* ..."), ebenso die Geschichte der Heilung am Teich Bethesda (Johannes 5,1-9: „Jesus *ging hinauf nach Jerusalem, um ein Fest der Juden zu besuchen* ... Dort lag eine große Anzahl Behinderte ... Darunter war ein Mann, der seit 38 Jahren Invalide war. *Als Jesus ihn dort liegen sah und erfuhr, daß er sich schon lange in diesem Zustand befand,* fragte er ihn ..."), die Geschichte des Mannes mit der verdorrten Hand (Matthäus 12,9-13: „Er *ging in ihre Synagoge; dort war ein Mann,* dessen Hand verdorrt war ...") sowie einige weitere Begebenheiten.

Diese Beobachtungen dürfen freilich nicht überbetont werden. Es steht außer allem Zweifel, daß Jesus seine Heilungen als Teil seines messianischen Werkes auffaßte (siehe Matthäus 8,16 f.; 11,5 f.). Als er seine Jünger auf Missionsreise schickte, gab er ihnen folgenden Befehl: „Heilt Kranke, weckt Tote auf, macht Aussätzige rein, treibt Dämonen aus!" (Matthäus 10,8; Einheitsübers.). Nur werden weitere Einzelheiten – daß die Jünger kein Geld mitnehmen durften (V. 9-10) und daß sie mit anhaltendem Widerstand und Verfolgung rechnen sollten (10,16-42) – oft unterbewertet. Wir lesen auch nirgends, daß Jesus einen Heilungsgottesdienst abgehalten, seine Hörer zum Heilungsgebet aufgefordert, pauschal für die Kranken gebetet oder Menschen ermutigt habe, nach vorn zu kommen und sich die Hände auflegen zu lassen.

c) Ergreift Jesus einmal selbst die Initiative, dann tut er es nie auf gewöhnliche oder doppeldeutige Weise. So sagt er nirgends: „Ich habe ein Wort vom Herrn: Hier ist jemand, der Rückenschmerzen hat; Gott möchte Sie heilen" – oder schlimmer noch: „... jemand, dessen Zeh weh tut" (gehört während einer besonders bemerkenswerten Versammlung). Die einzige Begebenheit im Leben Jesu, die dem auch nur annähernd entspricht, ist die Heilung der blutflüssigen Frau; aber auch hier fragt Jesus: „Wer hat mich berührt?" erst, *nachdem die Frau geheilt worden war.* Insofern stand die Antwort bereits fest.

d) Obwohl die Schrift gelegentlich andeutet, daß Zeichen und Wunder Glauben hervorrufen (siehe beispielsweise Johannes 10,38), werden sie dennoch als eine mindere Glaubensstütze angesehen (vgl. Johannes 20,29). Menschen, die noch Zeichen und Wunder verlangen, werden getadelt (siehe z. B. Matthäus 12,39; Johannes 4,48). Meines Erachtens berücksichtigt Wimber diese unterschiedlichen Linien biblischen Denkens nicht hinreichend in seinem Gesamtkonzept.

Diese Kritikpunkte machen deutlich, weshalb ich Wimbers theologischen Rahmen für zu klein halte, wenigstens was seine Auffassung von Schmerzen und Leiden betrifft. Wimbers Darlegungen wirken auf den ersten Blick imponierend, übergehen jedoch viele Zusammenhänge innerhalb der Evangelien und ermangeln eines breiten biblischen Rahmens, der es Wimber ermöglichen würde, das Problem des Übels und des Leidens ganzheitlicher zu sehen.

Evangelikale Christen sollten aber mit dem schablonenhaften Denken aufhören. Die Wirklichkeit vieler Bewegungen ist sehr vielschichtig. Ich habe an anderer Stelle einiges aufgelistet, was wir von Wimber lernen können. Sind meine Ausführungen hier mehr negativ ausgefallen, dann deshalb, weil das Thema es verlangte.

Leiden, Trauerfälle und der Trost, der von Gott kommt

Ich habe bereits mehrfach auf dieses Thema hingewiesen; jetzt müssen wir intensiver darüber nachdenken.

Wir haben uns bereits mit einem Teil des Gebets befaßt, das Mose in Psalm 90 ausspricht. Nach allen Klagen und nach seiner Bitte um Weisheit angesichts des Zornes Gottes und seines bevorstehenden Todes betet er überraschend: „Sättige uns am Morgen mit deiner nie versagenden Liebe, damit wir vor Freude singen und alle unsere Tage froh sein können" (Psalm 90,14). In Psalm 102 klagt der bedrängte Psalmist sein Leid und befaßt sich mit seinem bevorstehenden vorzeitigen Tod, doch schöpft er zuletzt aus dem Gedanken an die ewige, unwandelbare Treue Gottes Freude und Trost.

Bedürfen wir des Trostes, dann sollten wir uns wie selbstverständlich spontan an Gott wenden. Hat mein Sohn sich das Knie aufgeschürft, dann läuft er mir in die Arme, noch während ihm die Tränen über das Gesicht kullern. Er philosophiert nicht darüber, ob sein Vater ihn liebt oder nicht; er kommt zu mir und läßt sich drücken. Gewiß, wir sind nicht alle so, und die Vaterschaft Gottes entspricht nicht der meinigen. Meine Vaterschaft ist nur ein schwaches Abbild der Vaterschaft Gottes (siehe Epheser 3,15). Dennoch sollten wir soweit die Gesinnung eines Kindes haben, daß wir schnell bei Gott Trost suchen, wenn wir uns – bildlich gesprochen – das Knie aufgeschürft haben. Damit beweisen wir nicht etwa Unreife, sondern zeigen, daß wir uns ihm zugehörig fühlen. Suchen wir aber nicht instinktiv bei unserem himmlischen Vater Zuflucht, dann kann unser Verhalten ein Zeichen dafür sein, daß unsere Beziehung zu ihm abgekühlt ist, daß unsere Unabhängigkeit äußerst „unnatürlich" (lies: ungeistlich) ist.

Wir müssen unbedingt erkennen: Bei dem Trost, den Gott gibt, handelt es sich um wahren Trost. Ich spreche also nicht von der mit eisiger Miene vorgetragenen Behauptung, alles liege in Gottes Hand (obwohl es durchaus tröstlich sein kann zu wissen, daß alles in Gottes Hand liegt). Es geht mir hier nicht um den Trost, den wir aus unserem Glaubensbekenntnis schöpfen, sondern um persönlichen Zuspruch, um das Handeln Gottes an unserer Seele, um ein tiefes Bewußtsein der Liebe Gottes, Freude an seiner Gegenwart und den Balsam seiner Fürsorge und Weisheit. „Der Herr ist mein Licht und mein Heil – vor wem sollte ich mich fürchten? ... Eines erbitte ich vom Herrn, danach trachte ich auch: daß ich im Hause des Herrn wohne ... und ihn in seinem Tempel suche. Denn am Tage der Not wird er mich in seiner Wohnung sicher bewahren ... Mein Herz redet von dir: ‚Sucht sein Angesicht!' Dein Angesicht, Herr, will ich suchen ... Wenn mich auch Vater und Mutter verlassen, der Herr wird mich aufnehmen" (Psalm 27). „Als du mir gnädig gesinnt warst, Herr, ließest du meinen Berg fest werden; aber als du dein Angesicht verbargst, da war ich erschrocken" (Psalm 30,8). „Ich suchte den Herrn, und er erhörte mich; er befreite mich von allen meinen Ängsten" (Psalm 34,5). „Schmeckt und seht, daß der Herr gut ist; wohl dem, der bei ihm Zuflucht findet" (Psalm 34,9). Gott selbst ist der „überaus große Lohn" (1. Mose 15,1), der seinem Bundesvolk zukommt. Die Freude am Herrn war nicht nur zu Nehemias Zeiten die Stärke seines Volkes (Nehemia 8,10). Paulus betet für seine gläubigen Leser, daß sie die unendlichen Dimensionen der Liebe Gottes in Christus Jesus immer besser kennenlernen und immer intensiver erleben möchten (Epheser 3,18 f.). Der dreieinige Gott kommt und wohnt unter seinem Volk (Johannes 14,23), und zwar durch seinen Geist, den Jesus mit reichlichem Frieden (Johannes 14,27) und Freude (Johannes 15,11) den Seinen testamentarisch vermacht hat, damit ihr Herz sich weder beunruhigt noch verzagt wird (Johannes 14,27).

Was wir also brauchen, ist persönliche Gotteserkenntnis, denn nur sie wird uns tragen, wenn jede andere Stütze bricht. Es bedarf aber, um sie zu erlangen, der Disziplin inbrünstigen Gebets, anhaltenden Nachsinnens über das Wesen Gottes, wie es uns in seinem Wort offenbart ist, sowie der Gegenwart und Kraft des Auferstandenen, der durch seinen Geist in uns wirkt (Epheser 1,18 ff.; 3,16-17a; Philipper 3,10), „damit Christus durch den Glauben in [unserem] Herzen wohne" (Epheser 3,17).

Ein Blick über den Tod hinaus

Wenn wir uns als Christen mit Fragen des Übels und des Leidens und insbesondere des Krankseins und des Todes befassen, dann sollten wir uns nicht voreilig auf das berufen, was man früher „das Jenseits" zu nennen pflegte. Wir müssen hier unsere Kämpfe durchstehen, und der Trost und die Zukunftsperspektive, die uns die Bibel anzubieten hat, haben im Normalfall mit einem Appell an die Ewigkeit nichts zu tun. Es wäre tragisch, wenn uns dieser Trost und diese Zukunftsperspektive verlorengingen, weil wir in Gedanken sofort zum „Jenseits" unsere Zuflucht nähmen.

Dennoch fordert uns die Bibel gelegentlich auf, Krankheiten, Trauerfälle und den Tod aus dem Blickwinkel der Hoffnung zu betrachten, die uns in Christus Jesus geschenkt ist. Die Bibel fordert uns nicht auf, unsere Trauer zu unterdrücken; sie beharrt darauf, daß wir „nicht trauern wie die anderen, die keine Hoffnung haben" (1. Thessalonicher 4,13).

Wer bei vielen Beerdigungen zugegen war oder sie gar als Pastor vorgenommen hat, der kennt den Unterschied. Mir fehlen einfach die Worte, um die grenzenlose Verzweiflung zu beschreiben, die sich in Miene und Haltung derjenigen Trauernden spiegeln, die die Hoffnung, die uns im Evangelium bezeugt wird, nicht haben. In manchen Ländern wird dieser Verzweiflung durch das nie endenwollende Wehklagen der Trauernden Ausdruck verliehen. Auf Beerdigungen jedoch, bei denen sowohl der Verstorbene als auch die Hinterbliebenen entschiedene Christen sind, herrscht eine andere Stimmung. Auch hier fließen Tränen, die Trauer der Hinterbliebenen ist nicht etwa geringer; das Gefühl persönlichen Verlustes kann sehr groß sein. Dennoch bleiben Verbitterung und Verzweiflung irgendwie außen vor. Wir trauern, aber nicht „wie die anderen, die keine Hoffnung haben. Wir glauben, daß Jesus gestorben und auferstanden ist, und darum glauben wir auch, daß Gott zusammen mit Jesus alle mitbringen wird, die in ihm entschlafen sind“ (1. Thessalonicher 4,13 f.).

Letztlich hoffen wir auf einen neuen Himmel und eine neue Erde, wo „die Wohnung Gottes bei den Menschen sein und er unter ihnen wohnen wird. Sie werden sein Volk sein, und Gott selbst wird bei ihnen sein, ihr Gott. Er wird jede Träne von ihren Augen abwischen. Es wird keinen Tod und keine Trauer mehr geben, auch kein Klagegeschrei und keinen Schmerz mehr, denn die frühere Ordnung ist vergangen“ (Offenbarung 21,3 f.).

Im Grunde ist der Tod, wie wir bereits gesehen haben, die von Gott gesetzte Grenze menschlicher Vermessenheit, sein strenges „Bis hierher und nicht weiter“. Das Schrecklichste am Tod ist daher die Aussicht, für immer von Gott getrennt zu sein. Aber dort, wo Versöhnung mit Gott stattgefunden und wo der Glaube an den Sohn Gottes und an seinen Kreuzestod den Gläubigen, ob Mann oder Frau, mit dem lebendigen Gott selbst verbunden hat, wird der Tod nicht mehr als bedrohlich empfunden, jedenfalls nicht so wie früher. Der Tod ist noch nicht abgeschafft, aber seine Macht ist gebrochen. „Der Stachel des Todes ist die Sünde, und die Kraft der Sünde ist das Gesetz“ (1. Korinther 15,56); aber wo die Sünde gesühnt und der Fluch des Gesetzes durch einen Stellvertreter aufgehoben worden ist, da dürfen wir entgegnen: „Gott aber sei Dank! Er schenkt uns den Sieg durch unseren Herrn Jesus Christus“ (1. Korinther 15,57).

„Und so kommt es dazu, daß die Zielrichtung des Todes nicht mehr der Abschied von . . ., sondern das Heimgehen zu . . . ist. Indem so dem Tode ‚Stachel' und ‚Giftzahn' genommen sind, indem er nicht mehr personaler Vollzug der *ira Dei* bleibt, ist er gleichsam nur noch eine *biologi-*

sche Larve, die für die Gemeinschaft mit dem Auferstandenen ohne Belang ist."[7] Da Jesus die Auferstehung und das Leben ist, wird, wer an ihn glaubt, das Leben haben, auch wenn er stirbt (Johannes 11,25).

Wir sollten unseren Zugang zum Tode anderer, aber auch unsere Bewertung des Krankseins und des eigenen bevorstehenden Todes von dieser Wahrheit bestimmen lassen. Je mehr wir hier schon im Bewußtsein der Gegenwart Gottes leben, um so leichter fällt es uns, die uneingeschränkte Freude vorauszuahnen, die wir dort in der Gegenwart Gottes erleben werden.

Verlieren wir einen lieben Menschen, dann dreht sich alles zu Recht um *unseren* Verlust und *unsere* Einsamkeit, um den Schmerz der plötzlichen Trennung, um die Vereitelung unserer Hoffnungen und Pläne und um unsere persönliche innere Leere. Wir trauern nicht, weil wir der Ansicht sind, der Verstorbene sei vom Nichtsein verschlungen, ins Fegefeuer verbannt oder in ein kosmisches Bewußtsein aufgenommen worden.

Im September 1542 lag Magdalene, eine Tochter Martin Luthers, im Sterben. Ihr Vater, der ihr weinend zur Seite stand, fragte sie: „Magdalene, mein liebes Töchterlein, möchtest du hier bei deinem Vater bleiben, oder bist du willens, zu deinem Vater dort drüben hinzugehen?" Magdalene erwiderte: „Liebster Vater, der Wille Gottes geschehe." Luther weinte, drückte seine Tochter an sich und betete, Gott möge sie erlösen; daraufhin starb sie. Als sie in den Sarg gelegt wurde, erklärte Martin Luther: „Liebste Lena, du wirst auferstehen und leuchten wie ein Stern, oder vielmehr wie die Sonne ... Ich freue mich im Geiste, doch das Fleisch ist voller Kummer und will sich nicht beruhigen; der Abschied stimmt mich über alle Maßen traurig ... Ich habe eine Heilige in den Himmel geschickt."[8]

Wir müssen nicht so weit in die Geschichte zurückgehen. Ich könnte von der Beerdigung einer 23jährigen Missionarstochter erzählen, die sich bereits verpflichtet hatte, dem Herrn in der Mission zu dienen wie ihre Eltern. Ich könnte von der Trauerfeier für eine Pfarrersfrau berichten, die plötzlich im besten Alter verstarb und eine Familie zurückließ, die zwar verwirrt und betrübt war, aber dennoch singen konnte:

Ich hoffe auf den Herrn,
der sein Leben für mich gab;

Er starb für mich, für mich er lebt;
und ew'ges Leben umsonst er gibt.

In der Tat, wir fangen an, uns zu fragen, ob die Vorsehung nicht manche Schmerzen und manches Leid in diesem Leben zuläßt, um unser Heimweh nach dem Himmel zu wecken, um uns von dieser Welt loszulösen und um unsere Aufmerksamkeit von gegenwärtigen Dingen ab- und auf Gott hinzulenken. Kurzum, wir beginnen, sämtliche Erfahrungen des Lebens, die guten wie die weniger guten, aus dem Blickwinkel der Ewigkeit zu betrachten.

Das ist das Thema des nächsten Kapitels.

Fragen zum weiteren Nachdenken

1. Welche Beziehung besteht zwischen Krankheiten und dem Tod und der Sünde? Zählen Sie möglichst viele Zusammenhänge auf und nennen Sie dazu biblische Beispiele.
2. Warum ist der Tod in unserer abendländischen Gesellschaft, vielfach auch unter Christen, zum Tabu geworden?
3. Welche Erfahrungen sind für einen Christen schlimmer als der Tod?
4. Menschen, die gelitten haben, sind oft barmherziger und hilfsbereiter als andere. Kennen Sie Menschen, deren Leben dies bestätigt?
5. Wie können wir dafür sorgen, daß Krankheiten, Leiden und Trauerfälle uns nicht bitter machen, sondern besser?
6. Ist Gott uns Heilung schuldig?
7. Bereitet Ihnen das Bewußtsein der Gegenwart Gottes in Zeiten der Not immer größere Freude? Wenn nicht, warum nicht?
8. Wo ist Ihr „Zuhause“? Inwiefern leben Sie jetzt schon im Licht der neuen Schöpfung? Welchen Trost bietet die Aussicht auf „einen neuen Himmel und eine neue Erde“?

Anmerkungen

[1] Helmut Thielicke, *Leben mit dem Tod.* Tübingen: J. C. B. Mohr (Paul Siebeck), 1980, S. 209 f.

[2] Oft wird behauptet, Jesus habe auch mit seinen Tränen am Grab des Lazarus (Johannes 11,35) seine Achtung vor der Trauer bezeugen wollen. In Wirklichkeit ist diese Begebenheit schwerer zu deuten, als gemeinhin angenommen wird. Wir müssen uns fragen, weshalb Jesus geweint hat. Es ist kaum vorstellbar, daß er über den Verlust seines Freundes weinte, denn der Erzähler macht recht deutlich: Jesus wußte,

daß er Lazarus nach wenigen Minuten auferwecken würde. Verhielt es sich aber so, dann könnte man meinen, ein vertrauenserweckendes Lächeln wäre angemessener gewesen. Eine eingehende Exegese des gesamten Abschnitts macht allerdings deutlich, daß Jesus deshalb „innerlich zutiefst bewegt" – und empört – war (Vers 33), weil ihm die verheerenden Auswirkungen des Todes und des massiven Unglaubens der Menschen um ihn herum vor Augen standen. In der Tat, „dieselbe Sünde, derselbe Tod, derselbe Unglaube, welche seine Entrüstung geweckt hatten, riefen auch seine Trauer hervor. Nachfolger Jesu täten gut daran, sich in die gleiche Spannung einzuüben: Trauer und Mitgefühl ohne Empörung sind letzten Endes nicht besser als Gefühlsduselei; Empörung ohne Trauer verdichtet sich schnell zu Selbstgerechtigkeit, Arroganz und Reizbarkeit" (Carson, *John,* z. St.).

3 Entnommen dem Beiheft zu J. S. Bach, *Kantaten für Baß BWV 56, 82, 158,* eingespielt von Peter Kooy (Baß) und dem Chor und Orchester der Chapelle Royale unter der Leitung von Philippe Herreweghe (Harmonia mundi France HMC 901 365). Der Name des Textdichters ist unbekannt.
In der amerikanischen Originalausgabe erscheint an dieser Stelle ein Gedicht des elisabethanischen Autors Thomas Nashe (1567-1601):

Adieu, farewell earth's bliss,
This world uncertain is;
Fond are life's lustful joys,
Death proves them all but toys,
None from his darts can fly.
I am sick, I must die.
Lord, have mercy on us!

Rich men, trust not in wealth,
Gold cannot buy you health;
Physic himself must fade,
All things to end are made.
The plague fully swift goes by.
I am sick, I must die.
Lord, have mercy on us!

Beauty is but a flower
Which wrinkles will devour;
Brightness falls from the air,

Queens have died young and fair,
Dust hath closed Helen's eye.
I am sick, I must die.
Lord, have mercy on us!

Strength stoops unto the grave,
Worms feed on Hector brave,
Swords may not fight with fate,
Earth still holds ope her gate.
Come! Come! The bells do cry.
I am sick, I must die.
Lord, have mercy on us!

Haste, therefore, each degree,
To welcome destiny.
Heaven is our heritage,
Earth but a player's stage;
Mount we unto the sky.
I am sick, I must die.
Lord, have mercy on us!

(Übersetzung: Ade, leb wohl, irdisches Glück; diese Welt ist kein sicherer Ort. Die Freuden dieses Lebens sind töricht, im Tode erweisen sie sich als bloßes Spielzeug; vor seinen [des Todes] Pfeilen kann keiner fliehen. Ich bin krank und muß sterben. Herr, erbarme dich unser!
Ihr Reichen, verlaßt euch nicht auf Reichtum, denn Gesundheit ist mit Gold nicht zu kaufen. Selbst die Heilkunde muß vergehen; alles Geschaffene hat ein Ende. Die Pest nimmt schnell ihren Lauf. Ich bin krank und muß sterben. Herr, erbarme dich unser!
Schönheit ist nur eine Blume und wird von Hautfalten zerstört; Munterkeit ist schnell dahin. Auch Königinnen sind jung und schön gestorben; der Tod [eigentl.: der Staub] hat sogar Helena die Augen zugedrückt. Ich bin krank und muß sterben. Herr, erbarme dich unser!
Unsere Kraft neigt sich hinab ins Grab; auch der tapfere Hektor wird von Würmern gefressen. Mit dem Schwert kann man das Schicksal nicht bekämpfen; noch hält die Erde ihre Pforten weit auf. Kommt! Kommt! so rufen die Glocken. Ich bin krank und muß sterben. Herr, erbarme dich unser!
Eilt darum aus jedem Stand, euer Schicksal zu begrüßen. Der Himmel

ist unser Erbe, die Erde nichts als eine Schaubühne. Steigen wir zum Himmel hinauf! Ich bin krank und muß sterben. Herr, erbarme dich unser!)

4 Richard Baxter, *The Saints' Everlasting Rest.* Grand Rapids: Baker Book House, 1978 (Reprint), S. 246.

5 E. Houghton, *Christian Hymn-Writers.* Bridgend: Evangelical Press of Wales, 1982, S. 116.

6 D. A. Carson, *Showing the Spirit: A Theological Exposition of 1 Corinthians 12-14.* Grand Rapids: Baker Book House; Exeter: Paternoster Press, 1987, Kap. 5.

7 Thielicke, *Leben mit dem Tod,* S. 269 f.

8 Zitiert nach E. G. Rupp und B. Drewery (eds.), *Martin Luther.* London: Edward Arnold, 1971, S. 162.

8. Aus dem Blickwinkel der Ewigkeit betrachtet

Jesus, der die Wahrheit ist, verspricht: „Ja, ich komme bald" – worauf die Gemeinde antwortet: „Amen. Komm, Herr Jesus" (Offenbarung 22,18 ff.). Christen leben im Licht der Ewigkeit. In vielfacher Hinsicht gilt, daß erst die Aussicht auf endzeitliche Rechtfertigung und Auferstehung unserem Glauben wie auch dem Leiden, das wir zu ertragen haben, einen Sinn verleiht. Ohne diese Aussicht, wäre der christliche Glaube wenig sinnvoll, und auch die wichtigsten Grundelemente für ein christliches Verständnis des Übels und des Leidens wären mehr oder weniger sinnlos. „Haben wir unsere Hoffnung nur für dieses Leben auf Christus gesetzt, dann sind wir erbärmlicher daran als alle anderen Menschen" (1. Korinther 15,19).

Das Königreich ist schon da!
Das Königreich kommt noch!

In allen Jahrhunderten hat es Gläubige gegeben, denen es nicht recht gelingen wollte, diese beiden Wahrheiten in ein ausgewogenes Verhältnis zueinander zu bringen. Das Reich Gottes ist in gewissem Sinn schon vorhanden, andererseits aber noch nicht gekommen. Beide Aspekte der Wahrheit üben Einfluß darauf aus, wie Christen Übel und Leiden bewerten. In diesem Kapitel werde ich den Schwerpunkt auf den zweiten Aspekt legen.

Zuerst müssen wir uns einen Überblick über das Quellenmaterial verschaffen. Zur Zeit des Neuen Testaments sahen die Juden dem kommenden Gottesreich schon lange erwartungsvoll entgegen. Mit ihm verbanden sie die Aussicht auf gewaltige Veränderungen sowie auf die Rechtfertigung ihres Volkes. Darum war es aufsehenerregend, als Johannes der

Täufer mit der Botschaft auftrat: „Tut Buße, denn das Himmelreich ist nahe!" (Matthäus 3,1 f.). Jesus leitete seine öffentliche Wirksamkeit mit demselben Ausspruch ein: „Tut Buße, denn das Himmelreich ist nahe" (Matthäus 4,17; vgl. Markus 1,15).

Was ist aber mit „nahe" gemeint? Ist hier von zeitlicher Nähe („Das Himmelreich kommt bald") oder von physischer Nähe („Das Reich Gottes ist nahe herbeigekommen") die Rede? Matthäus hat eine doppelte Sicht. Die Worte Johannes des Täufers werden im Kontext seiner Ankündigung erwähnt, einem anderen den Weg zu bereiten. Damit wird zeitliche Nähe angedeutet: Es wird nicht mehr lange dauern, bis derjenige, auf den Johannes hinweist, selbst auftritt. Die gleiche Botschaft Jesu bringt Matthäus in Verbindung mit der Wirksamkeit Jesu und der Erfüllung der Prophetie: „Das heidnische Galiläa – das Volk, das in der Finsternis lebt, hat ein großes Licht gesehen; denen, die im Lande des Todesschattens wohnen, ist ein Licht aufgegangen" (Matthäus 4,15 f.; vgl. Jesaja 8,23; 9,1). Die Ankündigung Jesu erfolgt gleich zu Anfang seiner Wirksamkeit: Sie bezeugt, daß sich das Reich Gottes durch Wunder und vollmächtige Reden und nicht zuletzt auch durch die grundsätzliche Niederlage, die Jesus dem Teufel und dessen Helfershelfern beibringt, als gegenwärtig erweist.

Wenig später sagt Jesus, daß einige seiner Zuhörer den Tod nicht erleiden werden, bis sie das Reich Gottes mit Macht haben kommen sehen (Markus 9,1). Treibt Jesus Dämonen aus, dann bezichtigen ihn seine Gegner der Zusammenarbeit mit finsteren Mächten (Matthäus 12,24), eine Anschuldigung, die er mit den Worten zurückweist: „Wenn ich aber die Dämonen durch den Geist Gottes austreibe, dann ist das Reich Gottes schon zu euch gekommen" (Matthäus 12,28; Einheitsübers.). Die Aussage „schon ... gekommen" ist so zu verstehen, daß der Anbruch des Gottesreichs so nahe bevorsteht, daß er nicht länger aufgeschoben werden kann.[1] Die machtvollen Taten Jesu weisen auf das Kreuz hin (Matthäus 8,16 f.). Diese Vorwegnahme des kommenden Königreichs führte zu einer Entwicklung, mit der Jesu Zeitgenossen auf keinen Fall rechneten: Der verheißene König Israels, der Sohn Gottes, wird zunächst gekreuzigt und danach mit einem verwandelten Leib zu unvergänglichem Leben auferweckt – der erste Mensch, der den Tod besiegte.

An anderer Stelle behauptet Jesus, das Reich Gottes sei mitten unter den Menschen, denen sein Wirken galt (Lukas 17,21). Deute ich Matthäus 11,12 richtig, dann behauptet Jesus auch hier, das Königreich dringe im gesamten Verlauf seiner irdischen Wirksamkeit mit Gewalt vor.[2] Satan fällt wie ein Blitz vom Himmel (Lukas 10,18). Johannes spielt in seinem Bericht über Prozeß und Tod Jesu wiederholt darauf an, daß Jesus als König anders ist als jeder andere König und daß es der geballten Macht des römischen Kaiserreichs nicht gelungen wäre, ihn zu töten, wenn dies nicht dem Willen Gottes entsprochen hätte. Jesus übt seine Herrschaft nicht mit Gewalt, sondern – wie die Kirchenväter zu Recht erkannt haben – vom Kreuz aus. Jesus verheißt einem der beiden Übeltäter am Kreuz auf dessen Bitte: „Ich sage dir die Wahrheit: Du wirst heute noch mit mir im Paradies sein“ (Lukas 23,42 f.). Daraus ist zu folgern, daß Jesus noch am selben Tag seine Königsherrschaft antrat.

So überrascht es nicht, daß Paulus den Christen in Kolossä bezeugt: Gott „hat uns aus dem Herrschaftsbereich der Finsternis gerettet und *in das Reich seines geliebten Sohnes versetzt*“ (Kolosser 1,13; Hervorhebung vom Verfasser). Der Ausdruck „das Reich Gottes“ kann sich tatsächlich in den Schriften des Paulus auch auf die Erfahrung der Christen beziehen (Römer 14,17; 1. Korinther 4,20). Johannes verkündigt, daß Jesus uns jetzt schon „zu einem Königreich von Priestern gemacht hat, damit wir seinem Gott und Vater dienen“ (Offenbarung 1,6).

Weitere diesbezügliche Stellen könnte man noch viele anführen, wir wollen uns jetzt jedoch einigen Passagen zuwenden, die das Gesagte aus der gegenteiligen Perspektive ergänzen. Das Reich Gottes steht im Mittelpunkt vieler Gleichnisse Jesu, von denen nicht wenige nachdrücklich auf die Wartezeit, die der Vollendung des Reiches vorausgehen wird, oder auf den langen Zeitraum bis zum letzten großen Gericht hinweisen. In diesen Gleichnissen bezieht sich der Ausdruck „das Königreich“ zweifellos auch auf diese Wartezeit (siehe z. B. Markus 4,26-29; Matthäus 13,24-43; 24,36 - 25,46). So sieht Jesus der „Erneuerung aller Dinge“ entgegen, „wenn der Menschensohn sich auf seinen glorreichen Thron setzt“ (Matthäus 19,28). Paulus spricht davon, daß wir „das Reich Gottes erben“ werden, und damit das vollendete Königreich (vgl. 1. Korinther 6,9 f.; Galater 5,21b), das Fleisch und Blut nicht erben können (1. Korinther 15,50). Übt Gott schon jetzt seine Herrschaft durch Jesus aus, dann regiert Jesus als König, aber nur gegen anhaltenden Widerstand: „Er muß herrschen, bis Gott ihm alle Feinde unter die Füße gelegt und den letzten Feind, den Tod selbst, völlig vernichtet haben wird“ (1. Korinther 15,25 f.). Letztlich setzen Christen ihre Hoffnung auf den neuen Himmel und die neue Erde, auf die heilige Stadt, das neue Jerusalem, die Wohnstätte der Gerechtigkeit (2. Petrus 3,13; Offenbarung 21).

Die Verfasser der neutestamentlichen Schriften haben das Gleichgewicht zwischen den gegenwärtigen und den zukünftigen Aspekten des Reiches Gottes auf vielfältige Weise durchgehalten. Apostelgeschichte

2,16 ff. sagt, die alttestamentlichen Königreichsverheißungen seien beim Pfingstereignis in Erfüllung gegangen. Apostelgeschichte 3,19-21 stellt die Situation wie folgt dar: Jesus wird von nun an im Himmel bleiben „bis zu der Zeit, in der Gott alles wiederherstellen wird". Der Verfasser des Hebräerbriefs erklärt den Kreuzestod Christi zum höchsten und vollendeten Opfer, das alle anderen Sühnopfer außer Kraft setzt (9,26). Zwei Verse später stellt er folgendes in Aussicht: Christus „wird ein zweites Mal erscheinen, nicht um die Sünde zu sühnen, sondern um denen, die ihn erwarten, das Heil zu bringen" (V. 28). Petrus teilt uns mit, daß Christus „in dieser letzten Zeit" um unseretwillen erschienen ist (1. Petrus 1,20) – eine Bezugnahme auf das erste Kommen Christi. Er versichert aber auch, daß „die Macht Gottes uns durch den Glauben wie ein Schild bewahrt, und zwar bis zu der Zeit, in der das Heil kommt, das bereit ist, in der letzten Zeit offenbart zu werden" (1,5).

Daß es in den biblischen Aussagen eine Spannung zwischen dem „Schon" und dem „Noch nicht" gibt – das Reich Gottes ist *schon* da, das Reich Gottes ist *noch nicht* gekommen –, ist augenfällig. Diese Spannung hat für manche biblischen Wahrheiten gewichtige Konsequenzen. Hier soll uns nur ihre Tragweite im Hinblick auf das Problem des Übels und des Leidens beschäftigen. Ist einmal das Königreich in seiner ganzen Fülle gekommen, dann wird es unter dem Gottesvolk weder Übel noch Leiden mehr geben. In der Zwischenzeit jedoch sind Übel und Leiden, obwohl das Reich Gottes schon angebrochen ist und sie deshalb im Prinzip besiegt sind, weiterhin vorhanden, ja es ist damit zu rechnen, daß sie in gewisser Weise noch zunehmen werden.

Dies ist zum Beispiel dem Gleichnis vom Unkraut unter dem Weizen (Matthäus 13,24-30.36-43) zu entnehmen. Der Bauer in diesem Gleichnis verbietet seinen Knechten, das Unkraut auszureißen, das ein Feind unter den Weizen gesät hat: „Laßt beides bis zur Ernte miteinander wachsen"; denn dann wird der Unterschied zwischen beiden Pflanzenarten offenkundig und die Trennung endgültig sein. Jesus deutet sein Gleichnis, daß der Weizen für „die Söhne des Reiches", das Unkraut aber für „die Söhne des Bösen" stehe. Beide werden miteinander wachsen bis zur Ernte, die Jesus als „das Ende der Welt" bezeichnet.

Das ist eine beachtenswerte Feststellung! In der Zeit, in der das Königreich zwar angebrochen, aber noch nicht in seiner Fülle gekommen ist, wachsen Unkraut und Weizen miteinander. In der Tat, die Bibel deutet die wachsende Gottlosigkeit unserer heutigen Zeit als Zeichen eines zu erwartenden Höhepunkts der Gottlosigkeit. Die geheime Macht der Gesetzlosigkeit ist schon am Werk, auch wenn sie gegenwärtig noch zurückgehalten wird (2. Thessalonicher 2,7). An anderer Stelle wird der Zeitraum zwischen dem ersten und dem zweiten Kommen Jesu als „die letzte Stunde" bezeichnet, nach deren Ablauf der Antichrist auftreten wird. Johannes schreibt: „Meine lieben Kinder, dies ist die letzte Stunde; und wie ihr gehört habt, daß der Antichrist kommt, so sind nun viele Antichristen gekommen. Daran erkennen wir, daß dies die letzte Stunde ist" (1. Johannes 2,18). Jesus selbst sagt: „Ihr werdet von Kriegen und Kriegsgerüchten hören, doch sollt ihr aufpassen und euch auf keinen Fall erschrecken lassen. Solche Dinge müssen geschehen, aber damit ist das Ende noch nicht erreicht. Ein Volk wird sich gegen das andere erheben und ein Reich gegen das andere. An verschiedenen Orten wird es Hungersnöte und Erdbeben geben. Das alles ist erst der Anfang der Geburtswehen" (Matthäus 24,6-8). Mit anderen Worten: Die vielen schrecklichen Übel und Leiden, von denen die Menschheit heimgesucht wurde, sind ein Fanal des kommenden Höhepunkts der Gottlosigkeit, das hier als „die Geburtswehen" bezeichnet wird. („Die Geburtswehen des Messias" ist eine unter Juden häufig verwendete Bezeichnung für den Ausbruch des Bösen und des Aufbegehrens, mit dem zu rechnen ist, kurz bevor der siegreiche Messias sein Königreich aufrichtet.)

In gewissem Sinne müßte uns das alles deutlich sein. Das Christentum hat im Verlauf der letzten 2000 Jahre und insbesondere während der letzten beiden Jahrhunderte einen erstaunlichen Siegeszug erlebt. Zudem sind nicht wenige Historiker der Ansicht, das Christentum habe auf das Aufkommen der modernen Naturwissenschaften und auf die Entstehung demokratischer Regierungsformen einen maßgeblichen Einfluß ausgeübt: Diese Entwicklungen haben – allen Fehlschlägen zum Trotz – in vielen Ländern zu einem in der Weltgeschichte beispiellosen Wohlstand und zu relativer Freiheit geführt.

Dennoch ist die Entwicklung nicht durchweg erfreulich. Unser Jahrhundert hat brutale Kriege und globale Unterdrückung erlebt. Außerdem hat das Christentum in großen Teilen der westlichen Welt abscheuliche Sekten und Irrlehren hervorgebracht. Man hat Gott „abgeschafft", den Menschen zum „Gott" erhoben. Das „Reich Gottes" ist nicht nur politisiert worden, sondern seine Segnungen werden zudem als Vorwand benutzt, um zu Selbstverwirklichung und Vergnügungssucht aufzurufen. Dabei handelt es sich um bewußte Auflehnung gegen das biblische Christentum.

Der Weizen und das Unkraut wachsen also nebeneinander. Es ist von größter Bedeutung, daß wir Christen erkennen und begreifen, wo wir uns gegenwärtig im Heilsplan Gottes befinden. Im Abendland besteht ein notorischer Hang, sowohl die Bibel als auch unsere geistliche Erfahrung durch eine individualistische Brille zu betrachten. Das gilt auch im Blick auf das Problem des Übels und des Leidens. Übel und Leiden empfinden wir meistens erst dann als Problem, wenn *ich* leide, wenn *wir* leiden – oder wenn wir selbst Zeuge von Leiden werden und uns vorstellen, wie wir uns unter ähnlichen Umständen fühlen würden. Es handelt sich hierbei nicht bloß um ein gewisses Einfühlungsvermögen, das ja etwas Positives ist, sondern um eine Projektion unserer individuellen Gefühle, die wir zum höchsten Maßstab bei der Einschätzung und Beurteilung derartiger Geschehnisse machen – ein eindeutiges Übel.

Damit ist nicht gesagt, daß ein ausgereiftes Verständnis biblischer Eschatologie – die biblische Darstellung des Reiches Gottes, das schon angebrochen, aber noch nicht in seiner Fülle gekommen ist – in der Lage sei, uns bei Schmerzen sofort Erleichterung zu verschaffen oder, wenn wir leiden, alle unsere intellektuellen Zweifel zu beseitigen. Doch könnte es bewirken, daß das Vorhandensein von Übeln und Leiden in der Welt uns weniger überrascht, in dieser Zeit zwischen dem „Schon" und dem „Noch nicht". Aus christlicher Perspektive muß man sogar folgern: Wäre dem nicht so, dann hätten sich Christus und die Verfasser des Neuen Testaments als Lügner erwiesen. Hören wir aber auf, alles, was sich ereignet, aus rein individualistischem Blickwinkel zu betrachten, und beachten wir mehr die großen Zusammenhänge der Heilsgeschichte, dann werden wir nicht nur weniger überrascht sein, wenn wir leiden, sondern es wird uns leichter fallen, dem Leiden einen „Sinn" abzugewinnen.

Das „schon gegenwärtige" und doch nur „angebrochene" Reich Gottes richtig einzuordnen ist eine Quelle reichen Trostes. Verschiedene Seiten dieses Trostes sind im vorliegenden Buch bereits erwähnt worden, weitere werden noch genannt.

Hier möchte ich noch eine Untersuchung darüber anstellen, wie die „ausgebliebenen", noch zukünftigen Inhalte des Reiches Gottes unsere Reaktion auf das Übel und das Leiden beeinflußen.

Der Gerechtigkeit wird sichtbar Genüge getan

Zu den bedrückendsten Eigenschaften des Leidens zählt, daß es, am Maßstab dieser Welt gemessen, oftmals in gar keinem Verhältnis zum begangenen Übel steht. Sieht man das Leiden in erster Linie als Strafe an, dann kommt man automatisch zu dem Schluß, das Strafmaß müsse um so höher sein, je mehr Böses begangen wird. Ein durch und durch gottloser Mensch sollte mehr leiden als jemand, der sich aufopferungsvoll um andere kümmert. Hitler sollte mehr leiden als Mutter Teresa, Stalin größere Schmerzen haben als Martin Luther-King. Wer Gutes tut, sollte mehr Vorrechte und größere Segnungen empfangen als jemand, der von Bosheit, Lüsternheit oder Habgier beherrscht wird.

Eine solche vereinfachende Darstellung fordert natürlich zum Widerspruch heraus. Jedem denkenden Menschen werden viele Einwände einfallen. Wer könnte einwenden, daß Bosheiten auf eine schlechte Kindheit, die Scheidung der Eltern, die Grausamkeit eines Vaters oder eine schlechte Erziehung zurückzuführen sein könnten. Wir können nicht einfach davon ausgehen, daß ein größeres Maß an bösen Taten ein höheres Strafmaß erfordert, ohne nach mildernden Umständen oder nach der Möglichkeit einer verminderten Zurechnungsfähigkeit seitens des Täters zu fragen. Es mag stimmen, daß ein guter Mensch mehr Segnungen empfangen sollte, dabei muß es sich aber keineswegs um materielle „Segnungen" handeln. Das Leiden eines Menschen sollte in einem angemessenen Verhältnis zu dem von ihm begangenen Übel stehen, doch dürfen wir dabei nicht außer acht lassen, daß Leiden bisweilen zur Züchtigung dienen. Manches Leiden dient zur Erziehung oder zur Besserung oder hat sogar erlösende Wirkung. Es stimmt, daß die Verhältnismäßigkeit gewahrt bleiben sollte: Wie aber mißt man die Größe eines Übels? Jesus wies die „Gerechten" unter seinen Zeitgenossen viel strenger zurecht als die Ausgestoßenen und „Verworfenen". Läßt sich ohne weiteres feststellen, wer gottloser ist als andere?

Auch wenn wir alle Schwierigkeiten im Verhältnis der Übel und Leiden zueinander berücksichtigen, kommt doch die Verhältnismäßigkeit in unserer Welt dabei zu kurz. Säuglinge verhungern, eine fürsorgliche Mutter wird von einer grausamen Krankheit dahingerafft, eine Missionarin wird von mehreren Männern nacheinander vergewaltigt. Wo bleibt hier die Gerechtigkeit angesichts der gottlosen Menschen, die im Luxus leben?

In der Heiligen Schrift sind die Bücher Hiob und Prediger unter anderem deshalb so bedeutsam, weil sie die Unverhältnismäßigkeit des Übels in unserer Welt nicht zu verschleiern versuchen. Mit dem Buch Hiob werden wir uns im nächsten Kapitel näher befassen. Tröstend ist die Aussicht, daß es einen neuen Himmel und eine neue Erde geben wird – und die Hölle! Das muß bei unserer Beurteilung mit einbezogen werden. Allein auf diesseitigen Vorgängen beruhende Meinungsäußerungen über Gerechtigkeit und Verhältnismäßigkeit sind bestenfalls verfrüht, schlimmstenfalls als gänzlich abwegig einzustufen.[3]

Die Bibel bezeugt, daß Gott vollkommen gerecht ist und daß er deshalb – für alle einmal sichtbar – den Forderungen der Gerechtigkeit Genüge tun wird. Das bedeutet, daß wir uns als Christen auf das Eschaton berufen müssen, also, auf kommende Ereignisse am Ende der Zeit, die noch nicht stattgefunden haben. Und das wiederum erfordert einen Wandel im Glauben. Wer auf Antworten nicht warten kann, und wer Gott nicht einfach deshalb vertrauen kann, weil er ein gerechter Gott ist, der wird den diesbezüglichen Zusicherungen der Schrift keinerlei Trost abgewinnen können.

An dieser Stelle wird es nützlich sein, uns einen Überblick über einige wichtige Bibelabschnitte zu verschaffen.

Psalm 73

Dieser von Asaph verfaßte Psalm beginnt mit einer Aussage über die Güte Gottes gegenüber seinem Bundesvolk, gegenüber jenen, die ein reines Herz haben: „Gewiß, Gott ist gut zu Israel, zu denen, die ein reines Herz haben“ (V. 1). „Aber was mich selbst betrifft“, fährt Asaph im Rückblick auf eine traurige Episode aus seinem eigenen Leben fort, „so wären meine Füße fast ausgeglitten; beinahe hätte ich den Halt verloren“ (V. 2). Was hatte dazu geführt? „Ich beneidete die Eingebildeten, als ich sah, daß es den Gottlosen so gut ging“ (V. 3). Wer andere beneidet, hat kein reines Herz!

Worum beneidete Asaph die Gottlosen? Kurz gesagt, um beinahe alles. In dieser Gemütsverfassung neigt man schnell zu Pauschalurteilen, und diese sind meist falsch, auch wenn sie ein Körnchen Wahrheit enthalten. So schreibt Asaph: „Sie haben keine Kämpfe; ihr Leib ist kräftig und gesund“ (V. 4) – was zweifellos in vielen Fällen zutrifft, jedoch nicht immer. Dann fährt er fort: Sie sind voller Stolz, weil sie so wenig leiden müssen; sie „kleiden sich in Gewalt“; ihre bösen Pläne „kennen keine Grenzen“; sie höhnen, sind gehässig und drohen anderen Gewalt an; sie behaupten, besonders fromm zu sein, verstehen es aber, andere mit ihren Worten zu beeinflussen und dadurch „von der Erde Besitz zu ergreifen“. Sie treiben sogar mit Gott ihren Spott: „Sie sagen: ‚Wie kann Gott es wissen? Gibt es etwa beim Höchsten Erkenntnis?‘“ Zuletzt faßt Asaph seine Gedanken mit großer Verbitterung zusammen: „So sind die Gottlosen: Immer sorgenfrei, werden sie immer reicher“ (V. 5-12).

Wer derart ins Grübeln gerät, dem wird bald folgender noch rebellischerer Gedanke durch den Sinn gehen: Das Bekenntnis, daß Gott denen gegenüber gut ist, die ein reines Herz haben (V. 1), klingt zwar gut und schön, doch beweist die Erfahrung genau das Gegenteil. Gott ist allem Anschein nach sehr freundlich zu den Gottlosen. Und das bedeutet, daß Reinheit sich nicht lohnt: „Mein Herz habe ich umsonst rein gehalten; meine Hände habe ich vergeblich in Unschuld gewaschen“ (V. 13). Asaph läßt seinem Selbstmitleid freien Lauf: „Ich bin den ganzen Tag geplagt und jeden Morgen gezüchtigt worden“ (V. 14).

Das alles hätte Asaph sagen *können*. In Wirklichkeit geht er nicht ganz so weit. Er hält sich zurück, denn er könnte sonst am Bundesvolk Verrat üben und auf diese Weise auch andere auf den falschen Weg bringen: „Hätte ich gesagt: ‚Ich will so reden', dann hätte ich an deinen Kindern Verrat geübt“ (V. 15). Dennoch hilft ihm auch längeres Nachdenken nicht aus seiner Ratlosigkeit, in die er aufgrund seiner Erfahrungen mit den Gottlosen geraten ist: „Als ich versuchte, das alles zu begreifen, bedrückte es mich – bis ich das Heiligtum Gottes betrat; dann begriff ich, wie sie enden“ (V. 16 f.).

Wieviel Asaph darüber wissen konnte, daß Gott den Menschen nach ihrem Tod Lohn oder Strafe zuteil werden läßt, ist nicht eindeutig. Klar ist jedenfalls, daß er sich, während er Gott anbetet und über dessen Wesen nachdenkt, dazu durchringt, dem gerechten Gott auf lange Sicht gerechtes Handeln zuzutrauen. Das hat zur Folge, daß Asaph zwar weiterhin erlebt, daß es die Gottlosen gut haben, aber er kommt zu der Erkenntnis: „Ja, du stellst sie auf schlüpfrigen Boden; du stürzt sie ins Verderben. Wie plötzlich werden sie vernichtet, von Schrecken vollkommen dahingerafft!“ (V. 18 f.). „Wie einen Traum, wenn man aufwacht, so wirst du sie verschmähen, Herr, wenn du dich erhebst – wie Phantasiegebilde“ (V. 20). Dieser Gedanke erinnert an den letzten Vers von Psalm 1: „Denn der Herr wacht über den Weg der Gerechten, aber der Weg der Gottlosen wird vergehen“ (V. 6). Nicht nur die Gottlosen selbst vergehen, sondern sogar auch ihr „Weg“. Wie Fußabdrücke im Sand durch die hereinkommende Flut weggespült werden, so werden die Spuren der Gottlosen von Gott selbst verwischt werden.

Daß er das nicht erkannt hatte, behauptet Asaph jetzt, daran war seine Bitterkeit, sein eigenes moralisches Versagen schuld: „Als mein Herz betrübt und mein Geist verbittert war, da war ich unvernünftig und unwissend; ich war wie ein Stück Vieh vor dir“ (V. 21 f.). Er hat aber nicht nur die „negative“ Lektion gelernt, daß die Gottlosen irgendwann von der Gerechtigkeit Gottes eingeholt werden, sondern gleichzeitig auch zwei positive Wahrheiten: Erstens, daß es besser ist, schon jetzt bei Gott zu sein; und zweitens, daß man seine gegenwärtige Lage nur aus der Langzeitperspektive richtig einschätzen kann. Asaph schreibt: „Dennoch bin ich stets bei dir; du hältst mich bei meiner rechten Hand. Du leitest mich nach deinem Rat, und danach wirst du mich in die Herrlichkeit aufnehmen" (V. 23 f.).

Manche Ausleger deuten diesen letzten Satz so, als wollte Asaph sagen, daß Gott ihn schließlich *noch in diesem Leben* mit Ehre krönen und auf diese Weise rechtfertigen werde. Doch deuten wir den Text besser, wie er in der New International Version wiedergegeben wird. Der Gedanke erinnert an Psalm 49,16: „Aber Gott wird mich vom Tode erlösen; er wird mich sicher bei sich aufnehmen." Mit anderen Worten: Wenn Gott sich schon in diesem Leben um sein Volk kümmert und eine persönliche Beziehung mit den Seinen eingeht, dann ist es unvorstellbar, daß er diese Beziehung bei ihrem Tod aufhebt. So etwas tut Gott nicht: „Du hältst mich bei meiner rechten Hand", betet er, „und danach wirst du mich in die Herrlichkeit aufnehmen."

Entscheidend ist die Gegenwart Gottes, ganz gleich, ob hier auf der Erde oder im Himmel: „Wen habe ich im Himmel außer dir? Neben dir begehre ich nichts auf dieser Erde" (V. 25). Asaphs Neid ist jetzt überwunden. Freut er sich an seinem Gott, so entschwinden die „Vorteile" der wohlhabenden Gottlosen seinem Blick, sowohl in diesem als auch im zukünftigen Leben. In der Tat, Asaph ist jetzt bereit, auch körperliche Leiden auf sich zu nehmen, vorausgesetzt, er kann sich dabei der Gegenwart Gottes erfreuen: „Mein Fleisch und mein Herz mögen versagen, doch ist Gott die Stärke meines Herzens und mein Anteil für immer" (V. 26).

Letztlich hängt alles von unserer Ausgangsposition ab. Beneiden wir die Gottlosen von vornherein um ihren Wohlstand, dann wird unser menschlicher Verstand das Erleben womöglich so „interpretieren", daß die Güte Gottes geleugnet und Gott selbst der Ungerechtigkeit bezichtigt wird – und Frömmigkeit und Reinheit sinnlos erscheinen. Haben wir aber echte Freude an Gott, sowohl in diesem als im zukünftigen Leben, dann können wir es ertragen, wenn „Fleisch und Herz versagen", und der festen Überzeugung sein, daß wir uns, weit davon entfernt, Opfer der Ungerechtigkeit zu sein, in der besten Lage befinden: nahe dem guten, frei waltenden Gott (V. 1.28).

Die abschließenden Verse des Psalms bezeugen dies: „Wer dir fern ist, wird zugrunde gehen; du vernichtest alle, die dir untreu werden. Für mich aber ist es gut, Gott nahe zu sein. Ich habe bei Gott, dem Herrn, Zuflucht gesucht; ich will von all deinen Taten erzählen" (V. 27 f.).

Dieser Abschnitt gehört sicherlich zu den erschreckendsten des Alten Testaments.

Gott spricht die Frauen Israels stellvertretend für die ganze sündige Nation an. Sie werden verächtlich als „Kühe Baschans“ bezeichnet, das heißt, als Kühe vom besten Weideland. Heute würden wir verächtlich sagen: „Ihr fetten Kühe.“ Sie treten die Bedürftigen mit Füßen und sind durch und durch gierig. Sie treiben Mißbrauch mit ihrer Macht und kommandieren ihre Ehemänner herum wie Sklaven: „Los, schafft uns zu trinken herbei!“ (V. 1; Übersetzung der „Guten Nachricht“). Sie reden wie Königinnen. Doch schwört Gott, der Herr, bei seiner Heiligkeit, daß sie fortgeschleppt werden sollen wie Fische, die am Angelhaken zappeln (V. 2). Ihre zur Schau getragene Frömmigkeit wird sie nicht retten können; „Geht nach Bethel, und sündigt“ (V. 4) heißt soviel wie: „Geht in den Gottesdienst, und sündigt.“ Dann erklärt der Herr mit beißender Ironie: „Bringt jeden Morgen eure Opfer und alle drei Jahre euren Zehnten dar. Verbrennt als Dankopfer gesäuertes Brot, und prahlt mit euren freiwilligen Opfern – ja, gebt damit an, ihr Israeliten, denn so gefällt es euch“ (V. 4 f.). Ihnen liegt unendlich viel mehr an ihrem Ruf, fromm zu sein, als an der Frömmigkeit selbst.

Dann zählt Gott die Gerichte auf, mit denen er – ohne allzuviel zu erreichen – das Volk im Verlauf der vergangenen Jahrzehnte heimgesucht hat. „Ich gab euch in all euren Städten leere Bäuche und Mangel an Brot in all euren Ortschaften, doch seid ihr nicht zu mir zurückgekehrt“, erklärt er in Vers 6. „Ich habe euch den Regen vorenthalten, als noch drei Monate bis zur Ernte waren. Der einen Stadt habe ich Regen geschickt, der anderen habe ich ihn versagt. Der eine Acker bekam Regen, der andere nicht, so daß er verdorrte. Die Leute taumelten von einer Stadt zur anderen, um Wasser zu holen, und hatten trotzdem nicht genug zu trinken. Doch seid ihr nicht zu mir zurückgekehrt“ (V. 7 f.). Anschließend zählt Gott weitere Gerichte auf, die er über das Land geschickt hat: die Pest, das Schwert, Heuschrecken, Mehltau, Zerstörung. „Doch seid ihr nicht zu mir zurückgekehrt“, spricht der Herr.

„‚Darum werde ich euch das alles antun, Israel, und weil ich dir das alles antun werde, *mache dich bereit, Israel, deinem Gott zu begegnen!*‘ Er, der die Berge formt, den Wind erschafft und den Menschen offenbart, was er im Sinn hat; er, der das Morgenrot in Finsternis verwandelt und über die Höhen der Erde dahinschreitet – Gott, der HERR, der Allmächtige ist sein Name“ (V. 12 f.; Hervorhebung vom Verfasser).

Danach wird das angekündigte Gericht näher beschrieben: Es kommt aufgrund von Deportationen zu einer massiven Entvölkerung, der Staat wird aufgelöst, die Bewohner der Städte in die Verbannung weggeführt (V. 5,1 ff.). Und das alles wird als *Begegnung mit Gott* dargestellt!

Tatsache ist, daß eine Begegnung mit Gott entweder über die Maßen herrlich oder äußerst grauenvoll ist. Begegnet Gott Sündern mit strafender Gerechtigkeit, dann findet unvermeidlich ein furchtbares Gericht statt. Begegnet er uns hingegen mit Barmherzigkeit und schenkt uns die Kraft, uns zu ändern, dann führt das letzten Endes zu höchster Wonne.

Die letzte Gottesoffenbarung bewirkt am Ende der Geschichte eine endgültige Trennung der Menschen. Der eine Teil wird rufen: „Fallt auf uns und verbergt uns vor dem Angesicht dessen, der auf dem Thron sitzt, und vor dem Zorn des Lammes! Denn der große Tag ihres Zornes ist gekommen, und wer kann bestehen?" (Offenbarung 6,16 f.), der andere aber: „Halleluja! Das Heil und die Herrlichkeit und die Kraft sind unseres Gottes, denn wahr und gerecht sind seine Gerichte ... Halleluja! Denn Gott, unser Herr, der Allmächtige, regiert. Wir wollen uns freuen und fröhlich sein und ihm die Ehre geben! Denn die Hochzeit des Lammes ist gekommen, und seine Braut hat sich bereit gemacht" (Offenbarung 19,1-2.6-7).

Matthäus 11,20-24

Diesen Abschnitt möchte ich, mit einigen Anmerkungen versehen, im vollen Wortlaut wiedergeben:

> Da fing Jesus an, die Städte, in denen die meisten seiner Wunder geschehen waren, anzuprangern, weil sie keine Umkehr vollzogen hatten. „Wehe dir, Chorazin! Wehe dir, Bethsaïda! Wären in Tyrus und Sidon [heidnische Großstädte, weiter nördlich gelegen, an der Küste] die Wunder vollbracht worden, die bei euch geschehen sind, dann hätten sie längst in Sack und Asche Buße getan. Doch sage ich euch: Es wird Tyrus und Sidon am Tag des Gerichts erträglicher ergehen als euch. Und du, Kapernaum [eine weitere bevorzugte Stadt in Galiläa], wirst du bis zum Himmel erhoben werden? Nein, auch du wirst in die Tiefe hinabgestoßen werden. Wären in Sodom [dessen Gottlosigkeit sprichwörtlich war; siehe 1. Mose 18; 19] die Wunder vollbracht

worden, die bei dir geschehen sind, dann stünde es noch heute. Doch sage ich dir: Es wird Sodom am Tag des Gerichts erträglicher ergehen als dir."

Aus diesem Text sind drei bedeutende theologische Wahrheiten abzuleiten.

a) Wie es im Himmel verschiedene Stufen der Seligkeit gibt, so auch in der Hölle verschiedene Stufen der Pein, sonst wäre es vollkommen überflüssig, von „erträglicheren" oder „weniger erträglichen" Strafen am Tag des Gerichts zu sprechen. In einigen Gleichnissen ist von Abstufungen des himmlischen Lohnes die Rede. So werden beispielsweise einige Knechte über mehr Städte gesetzt als andere (Lukas 19,12-27). Diese Vorstellung einer unterschiedlichen Belohnung hängt aufs engste mit der Mahnung zusammen, Schätze im Himmel zu sammeln. Freilich stehen hier die möglichen Abstufungen des Strafmaßes im Brennpunkt des Interesses.

Dieses Prinzip wird an anderer Stelle bestätigt: „Der Knecht, der den Willen seines Herrn kennt, sich aber weder vorbereitet noch sich nach dem richtet, was sein Herr will, der wird mit vielen Schlägen bestraft werden. Wer ihn aber nicht kennt und tut, was Schläge verdient, der wird mit wenigen Schlägen bestraft. Wem viel gegeben wurde, von dem wird man viel fordern; und wem man viel anvertraut hat, von dem wird man um so mehr verlangen" (Lukas 12, 47 f.). Nicht jeder empfängt die gleiche Strafe.

b) In beiden Textabschnitten wird vorausgesetzt, daß es unterschiedliche Grade der Verantwortung gibt, je nachdem, wieviel einem Menschen bereits anvertraut wurde. Je größer die Vorrechte sind, die wir genießen, um so größer ist unsere Verantwortung. Hat jemand freien Zugang zur gnädigen Selbstoffenbarung Gottes in der Schrift – und vor allem in Jesus Christus –, sind die Anforderungen an ihn weit größer als für den, der noch nie den Namen Jesu gehört hat.

Jesus wandte diese Wahrheit wiederholt auf die Juden an, die sich der Illusion hingaben, ihr religiöses Erbe sei ein entscheidender Vorteil, der ihnen den Empfang der Segnungen Gottes garantiere. Das gleiche Prinzip muß man allerdings auch auf die heutige Christenheit anwenden. Menschen, zu deren kulturellem Erbe eine in die Landessprache übersetzte Bibel, erbauliche Literatur, die Religionsfreiheit und ein reges Gemeindeleben gehören, sind weit mehr gefordert als solche, denen diese Segnungen nicht zuteil geworden sind. Es ist in diesem Zusammenhang bedeutsam, daß Bibellehrer „im Gericht strenger beurteilt werden" (Jakobus 3,1).

c) Die Vergleiche, die Jesus in diesen Versen anstellt, setzen voraus, daß Gott nicht nur alles weiß, was geschieht, sondern auch alles, was unter anderen Umständen geschehen wäre. Wissen dieser Art bezeichnet man als *scientia media.* Viele sind der Ansicht, daß nicht einmal Gott über ein solches Wissen verfügen könne. Unser Text aber geht davon aus, daß Gott es sehr wohl hat. Er weiß, wie Sodom unter anderen Umständen reagiert hätte; er weiß, wie man sich unter anderen Umständen in Tyrus und Sidon verhalten hätte; beim Jüngsten Gericht wird er dieses Wissen berücksichtigen.

Das bedeutet nicht, daß Sodom ungestraft davonkommt. Die Bewohner Sodoms hätten zwar Buße getan, wenn bei ihnen die Wunder geschehen wären, die Jesus in Kapernaum vollbrachte, doch werden sie deshalb nicht freigesprochen. Ein Freispruch wäre nur dann gerechtfertigt, wenn Gott es den Bewohnern Sodoms – und jeder anderen Stadt – schuldig wäre, ihnen die gleichen Vorrechte einzuräumen, wie sie Kapernaum zuteil wurden. Tatsache ist jedoch, daß Gott niemandem Errettung schuldet. Er ist nicht verpflichtet, allen „Gelegenheiten" zu geben. Kommt er aber mit seiner freien, unverdienten Gnade zu uns, dann müssen wir sie uns aneignen, sonst werden wir uns in eine weit gefahrvollere Lage begeben als zuvor. Sodom wird verurteilt; dennoch wird es Sodom am Tag des Gerichts erträglicher ergehen als manch einer Stadt, die nicht so sündhaft war, aber die Botschaft von der gnädigen Selbstoffenbarung Gottes viel deutlicher vernahm.

Diese Wahrheit ist furchterregend und ungemein beruhigend zugleich. Sie ist furchterregend für alle, denen viel gegeben ist. Sie drängt uns, die uns von Gott gegebenen Vorrechte und Gelegenheiten zu ergreifen. Aber sie ist gleichzeitig beruhigend, denn sie gibt uns die Gewißheit, daß das Gericht Gottes am Jüngsten Tag vollkommen gerecht sein und daß diese vollkommene Gerechtigkeit von allen wahrgenommen werden wird.

Darum gehört die Aussicht auf das Eschaton, auf das Kommen des Gottesreiches in seiner ganzen Fülle und auf die endgültige Scheidung von Himmel und Hölle, zu den bedeutendsten Gesichtspunkten zur Beurteilung des Übels und der Leiden. Wir dienen einem gerechten Gott, der dafür sorgen wird, daß der Gerechtigkeit am Ende sichtbar Genüge getan wird.

Aus dem Blickwinkel der Ewigkeit betrachtet wird sich unser Leben ganz anders ausnehmen als von unserer gegenwärtigen Perspektive. Deshalb sind wir berufen, im Glauben und in der Hoffnung zu leben: im

Glauben an den Gott, der die Dinge schon jetzt aus ewiger Perspektive betrachtet, und in unerschütterlicher Hoffnung auf den Gott, dessen Gerechtigkeit unanfechtbar ist und dessen Zusagen unfehlbar eintreffen werden.

Einige praktische Folgerungen

Nachdem wir uns bisher vor allem mit zentralen theologischen Anliegen der Bibel befaßt haben, sollen nun einige praktische Überlegungen folgen, wie wir damit leben können – und vor allem, wie sie sich auf unsere Einstellung zum Übel und zum Leiden auswirken sollten.

1. Christen sollten Heimweh nach dem Himmel haben. Manch einer warnt uns zwar, so himmlisch gesinnt zu sein, daß wir auf Erden zu nichts mehr taugen. Mir ist jedoch noch nie jemand über den Weg gelaufen, der dieser Gefahr erlegen wäre. Aufgeblasene Frömmelei und rührselige Religiosität können einen Menschen viel an den Himmel denken und darüber die Liebe vergessen lassen; wer aber wirklich himmlisch gesinnt ist, der hat den höchsten Ansporn, anderen selbstlos zu dienen. Er sammelt sich damit Schätze im Himmel.

Eine Verkündigung, die es unterläßt, immer wieder auf den Himmel als die Hoffnung und das Ziel der Christen hinzuweisen, ist nicht nur schriftwidrig, sondern beraubt die Gläubigen eines der wichtigsten Gesichtspunkte, mit deren Hilfe sie mit den Lasten dieses Lebens fertigwerden können. Gegenwärtig liegt bei Evangelikalen die populäre Psychologie voll im Trend. Man heiligt das profane Vokabular und wendet dann volkstümlich aufbereitete Selbstverwirklichungstheorien an. Ich behaupte nicht, daß diese Entwicklung völlig schädlich sei. Sie verdrängt jedoch einen christlichen Glauben, der sich auf der Grundlage der Bibel mit Themen befaßt wie Schuld, Leiden, moralische Werte, Glauben, Treue, Hoffnung, Barmherzigkeit, Wahrheit, Gerechtigkeit, Versöhnung und Vergebung. Damit haben wir unser Erstgeburtsrecht für ein Linsengericht hergegeben.

Lesen Sie den folgenden Abschnitt aus dem ersten Petrusbrief durch und fragen Sie sich, ob die darin zum Ausdruck kommenden Werte sich wirklich mit Ihrem Leben decken. Spricht Ihnen Petrus aus der Seele, oder sind Ihnen seine Gedanken im wesentlichen fremd?

> Gepriesen sei der Gott und Vater unseres Herrn Jesus Christus! Er hat uns in seinem großen Erbarmen neu geboren, damit wir durch die Auferstehung Jesu Christi von den Toten eine lebendige Hoffnung haben und ein Erbe empfangen, das niemals vernichtet oder verdorben werden und niemals vergehen kann. Dieses Erbe wird im Himmel für euch aufbewahrt, die ihr durch den Glauben von der Macht Gottes bewahrt werdet wie von einem Schild, und zwar bis zu der Zeit, in der das Heil kommt, das bereit ist, in der letzten Zeit offenbart zu werden. Darüber freut ihr euch sehr, obwohl ihr jetzt vielleicht kurze Zeit unter allerlei Prüfungen habt leiden müssen. Diese Prüfungen sind über euch gekommen, damit euer Glaube – der wertvoller ist als Gold, das doch vergänglich ist, obwohl es im Feuer geläutert wird – sich als echt erweisen und in Lob, Herrlichkeit und Ehre münden kann, wenn Jesus Christus offenbar wird. Ihr habt ihn nicht gesehen, und dennoch liebt ihr ihn; und obwohl ihr ihn jetzt nicht seht, glaubt ihr an ihn und seid mit unsagbarer, herrlicher Freude erfüllt, denn ihr empfangt das Ziel eures Glaubens, die Rettung eurer Seele. (1. Petrus 1,3-9)

Eine ähnliche Perspektive tut sich in 1. Petrus 5,10 auf: „Und der Gott aller Gnade, der euch in Christus zu seiner ewigen Herrlichkeit berufen hat, wird euch, nachdem ihr eine kurze Zeit gelitten habt, wiederaufrichten und euch stark, fest und beständig machen."

Paulus beteuert, ihm wäre es lieber, wenn er sofort sterben und beim Herrn sein könnte, daß aber sein Bleiben für seine Mitchristen besser wäre: „Ich bin zwischen beiden hin- und hergerissen: Mich verlangt, aus der Welt zu scheiden und bei Christus zu sein, was viel besser wäre; aber um euretwillen ist es notwendiger, daß ich im Fleisch bleibe" (Philipper 1,23 f.). Ich bin nicht anfällig für Depressionen. Stellen sie sich trotzdem ein, dann nehme ich mir die Zeit, ausführlich zum Beispiel über Offenbarung 4-5 und 21-22 nachzudenken. Es stärkt ungemein, über Gott und die Erlösung nachzusinnen, Sehnsucht nach der neuen Schöpfung zu haben und sich das Ziel des Glaubens vor Augen zu halten.

2. Aus dieser Zuversicht ergibt sich die Konsequenz, sich beharrlich zu weigern, seine Hoffnung auf irgend etwas anderes zu setzen. „Verlaßt euch nicht auf Herrscher, auf sterbliche Menschen, die nicht retten können. Geht ihr Geist davon, dann kehren sie zur Erde zurück; an demsel-

ben Tag werden alle ihre Pläne zunichte" (Psalm 146,3 f.). Verlaßt euch nicht auf Fürsten, Politiker, Weltverbesserer, Wirtschaftsexperten, Akademiker, Gurus, Juristen, Verwaltungsbeamte, Prediger, Psychologen – sie alle sind sterblich, sie alle sind begrenzt und fehlbar, sie alle werden sterben.

Damit ist nicht gesagt, daß uns Angehörige dieser Berufsgruppen niemals helfen können. Letzten Endes sollten wir uns jedoch nicht auf sie verlassen, nicht unsere ganze Hoffnung auf sie setzen. „Glücklich ist, wer sich vom Gott Jakobs helfen läßt und seine Hoffnung auf den Herrn, seinen Gott, setzt, der den Himmel und die Erde, das Meer und alles, was in ihnen ist, gemacht hat – auf den HERRN, der in Ewigkeit treu bleibt" (Psalm 146,5 f.). Es handelt sich hier um eine ethische Entscheidung – die einzig vernünftige im Lichte dessen, was die Bibel über Gott und die Welt zu sagen hat. Diese verpflichtende Entscheidung müssen wir uns immer wieder vor Augen halten.

3. Wer den Zeitpunkt seines Todes aus dem Blickwinkel der Ewigkeit betrachtet, dem ist er wesentlich weniger beängstigend. Wir haben bereits festgestellt, daß, wenn wir erkannt haben, daß wir ohnehin zum Tode verurteilt sind, uns der genaue Zeitpunkt unseres Sterbens dann nicht so bedrohlich vorkommen wird wie einem Menschen, der die Ansicht vertritt, ihm stünden 80 Lebensjahre zu. Dem können wir jetzt ein positiveres Element hinzufügen. Der Tod ist zwar weiterhin ein Feind, eine Ungeheuerlichkeit, ein Zeichen des Gerichts, ein Mahnmal, das an die Sünde erinnern soll, und ein sehr ernstzunehmender Gegner, doch ist er auch das Tor, durch das wir ins vollendete Leben eingehen. Wir gehen durch den Tod hindurch – und der Tod stirbt. Christen, die ihre ganze Hoffnung darauf gesetzt haben, „für immer beim Herrn zu sein" (1. Thessalonicher 4,17), können unmöglich das, was die Welt als einen „vorzeitigen Tod" bezeichnen würde, mit dem gleichen Gewicht betrachten wie andere. Einen solchen Tod kann man sogar, aus der Perspektive der Ewigkeit betrachtet, als großen Segen auffassen.

Jesaja hat es so gesehen. Kommt es zu einem Ausbruch von Unrecht und Gewalt, dann kann der Tod eines Gerechten nach Jesaja ein Zeichen dafür sein, daß Gott ihm das bevorstehende zeitliche Gericht ersparen will: „Gerechte kommen um, und niemand sinnt in seinem Herzen darüber nach; Fromme werden dahingerafft, und keiner begreift: Die Gerechten werden dahingerafft, damit ihnen das Übel erspart bleibt. Wer aufrichtig wandelt, geht zum Frieden ein und findet auf seinem Todeslager die Ruhe" (Jesaja 57,1 f.). An anderer Stelle wird der Tod der Propheten und das damit zusammenhängende Verstummen prophetischer

Stimmen als Zeichen gedeutet, daß dem Volk ein göttliches Gericht bevorsteht.

Ich bin mir darüber im klaren, daß das nicht in jedem Fall zutrifft. Die Einsicht des Jesaja kann man nicht pauschal anwenden. Auch ist mir klar, daß man durch die Zusicherung, der Verstorbene habe es jetzt besser, dem Schmerz der Hinterbliebenen und ihrem Gefühl persönlichen Verlustes nicht abhelfen kann. Ich will mit diesen Darlegungen einzig und allein auf folgenden Punkt hinaus: Betrachten wir als Christen einen „vorzeitigen Tod", ganz gleich, ob es sich dabei um den eigenen oder den eines anderen handelt, dann verbietet sich aufgrund der christlichen Hoffnung die Annahme, hier gehe etwas äußerst Ungerechtes vor sich. Der Tod kommt bestimmt; den Zeitpunkt können wir getrost Gott überlassen.

4. Christen, die auf die Frage, warum dieses oder jenes geschehen ist, keine Antwort wissen, können die ferne Zukunft in ihre Überlegungen mit einbeziehen. Gott ist ein gerechter Gott: Er wird dafür sorgen, daß der Gerechtigkeit am Ende sichtbar Genüge getan wird. Das bedeutet, daß wir Christen nicht immer auf jede Frage eine Antwort parat haben. Stattdessen verlassen wir uns aus durchaus vernünftigen Überlegungen auf den Einen, der nicht nur alle Antworten und Lösungen kennt, sondern auch die Macht hat, diese durchzusetzen. Gott wird das letzte Wort haben. Wir getrauen uns, dieses letzte Wort abzuwarten.

Fragen zum weiteren Nachdenken

1. Geben Sie einen Überblick von einigen Texten der Bibel, die das Reich Gottes als bereits gegenwärtig darstellen.
2. Geben Sie einen Überblick von einigen Texten der Bibel, die das Reich Gottes als in seiner Fülle noch nicht angebrochen darstellen.
3. Welche Folgen hat es, wenn das biblische Gleichgewicht, wie es sich aus den ersten beiden Fragen ergibt, zugunsten des einen oder des anderen Standpunkts verschoben wird? Können Sie irgendwelche Beispiele aus dem Neuen Testament oder aus der Kirchengeschichte anführen? [Hinweis: Einige Theologen sind der Ansicht, in der Gemeinde zu Korinth habe man an einer *überrealisierten*, in der Gemeinde zu Thessalonich hingegen an einer *übermäßig zukunftsorientierten* Eschatologie festgehalten. Welche Gründe kann man für diese Ansicht anführen?]

4. Inwiefern ist Jesu Gleichnis vom Unkraut unter dem Weizen hilfreich, wenn wir uns mit dem Übel und Leiden in unserer Welt befassen?
5. Die Verheißung, daß der Gerechtigkeit am Ende sichtbar Genüge getan werden wird, wird von Nichtchristen als billige Ausrede abgetan; Christen hingegen betrachten sie als gegebene Tatsache.
   a) Inwiefern besteht eine Verbindung zwischen dieser Vorstellung und christlichen Tugenden wie Glauben und Hoffnung?
   b) Wie können wir als Christen auf diesbezügliche Vorwürfe antworten?
6. Fallen Ihnen weitere, im vorliegenden Kapitel nicht erwähnte Bibeltexte ein, in denen die Christen aufgefordert werden, das Leben aus dem Blickwinkel der Ewigkeit oder des Endgerichts zu betrachten? Geben Sie diese Bibelabschnitte mit eigenen Worten wieder.
7. Wie können Sie im eigenen Leben „Heimweh nach dem Himmel" wecken? Welche Bedeutung hat diese Haltung für Ihre Ansichten über das Übel und das Leiden?

Anmerkungen

[1] Chrys C. Caragounis, „Kingdom of God, Son of Man, and Jesus' Self-Understanding," *Tyndale Bulletin* 40 (1989), S. 3-23; 223-238.

[2] Siehe Carson, „Matthew," *The Expositor's Bible Commentary*, Bd. VIII, S. 265-268.

[3] Zu den besonderen Stärken des Buches *Suffering and Hope* von J. Christian Beker (Philadelphia: Fortress Press, 1987) zählt Bekers Eingeständnis, daß wir, wollen wir eine adäquate christliche Antwort auf das Problem des ungleichen Verhältnisses zwischen Übel und Leiden in unserer Welt finden, ohne die endzeitliche, apokalyptische Schau der biblischen Verfasser nicht auskommen.

9. Hiob: Mysterium und Glaube

Sosehr wir uns bemühen, die verschiedenen Aspekte des Problems des Übels und des Leidens zu verstehen, es wird dennoch Zeiten geben, in denen ein besonders bösartiges Übel oder ein entsetzliches, ungerechtes Leiden uns außerordentlich betroffen macht. Diese Betroffenheit stellt sich häufig dann ein, wenn wir keine Möglichkeit mehr haben, dem Mißverhältnis zwischen der Intensität des Leidens und der relativen Unschuld des Leidenden auszuweichen.

Ich kenne eine Frau, die einige Jahre lang als Missionarin in einem lateinamerikanischen Land einen fruchtbaren Dienst versah. Dann flog sie in die Heimat zurück, um einen angehenden Theologen zu heiraten, den sie seit einigen Jahren kannte und der versprochen hatte, mit ihr zusammen aufs Missionsfeld zurückzukehren. Bereits wenige Stunden nach der Hochzeit kam ihr der Verdacht, sie habe sich mit einem Scheusal eingelassen. Ihr Mann befleißigte sich zwar frommer Redensarten, entpuppte sich aber, in psychischer Hinsicht zumindest, als brutaler Rohling. Er verstand es zwar, vor anderen den Schein religiöser Achtbarkeit zu wahren, konnte jedoch in der Intimsphäre der eigenen Wohnung nur dadurch vor sich selbst bestehen, daß er alles, was seine Frau tat oder sagte, und alles, was ihr lieb und wert war, gemein herabsetzte.

Die Missionsgesellschaft bekam bald Wind davon und weigerte sich, sie auszusenden. Mit den Jahren wurde es immer schlimmer. Die Frau versuchte, mit Bekannten und Seelsorgern darüber zu sprechen; einige ergriffen schlicht für ihren Mann Partei und sagten, sie solle sich mehr Mühe geben. Schließlich griff sie zur Flasche und wurde zur Alkoholikerin, die selbst mit ihren beiden Kindern recht brutal umging. Sie steckte voller Selbsthaß, haßte aber nicht minder ihren Mann und Gott. Warum mußte gerade sie so viel durchmachen? Sie habe sich doch aufrichtig bemüht, dem Herrn zu dienen – auch wenn sie dabei Fehler gemacht habe.

Natürlich wäre es theologisch korrekt, ihr gegenüber zu betonen, daß sie, ganz gleich, wie ungebührlich ihr Mann sich betrage, für das eigene Verhalten verantwortlich sei. Das wußte sie aber bereits – und versank deshalb im Selbsthaß, weil es ihre Kräfte überstieg, damit fertigzuwerden. Außerdem beantwortete diese Feststellung ihre Frage nicht, sondern bürdete ihr vielmehr nur weitere Schuldgefühle auf.

Der besondere Beitrag des Buches Hiob vor allem zum Problem des Übels und des Leidens liegt darin, daß es auf das eingeht, was man als „das irrationale Übel" oder als „unbegreifliches Leiden" bezeichnet. Leiden und Übel dieser Art kann man nicht mit fertigen Patentrezepten behandeln. Bestimmte Erkenntnisse, die uns beim Bibelstudium aufgegangen sind, helfen hier nicht weiter, sondern scheitern an den vielen ungelösten Fragen. Zu Hiobs physischem Leiden, das ohnehin schlimm genug ist, kommt der seelische Schmerz hinzu, den er empfindet, weil er in den Ereignissen keinen Sinn erkennen kann. Hiobs schweres Leiden gefährdet sein bisheriges Verständnis von Gott und der Welt und ist deshalb nicht nur in sich selbst äußerst schmerzhaft, sondern überaus verwirrend.

Hiobs Leiden und erste Reaktionen (Hiob 1-3)

Im Prolog – so bezeichnet man die ersten beiden Kapitel des Buches Hiob – wird uns Hiob (oder Ijob) vorgestellt, der im Lande Uz lebt (1,1). Uz ist möglicherweise eine frühere Bezeichnung für Edom. Es wird gleich dreimal hervorgehoben, daß Hiob „untadelig und rechtschaffen" ist, ein Mann, „der Gott fürchtet und das Böse meidet" (1,8; vgl. 1,2; 2,3). Er hat sieben Söhne und drei Töchter und ist sehr reich. Reichtum wurde damals am Viehbestand gemessen: Hiob besaß 7000 Schafe, 3000 Kamele, 500 Joch Rinder und 500 Esel. Er war „der mächtigste Mann unter allen, die im Osten wohnen" (1,3).

Zudem war er überaus gottesfürchtig; er brachte sogar für seine Kinder vorbeugend Opfer dar, denn er dachte: „Vielleicht haben meine Kinder gesündigt und in ihrem Herzen Gott gelästert" (1,5). Daß dies keine Laune, keine fromme Marotte war, wird ausdrücklich festgehalten: „Dies war Hiob zur festen Gewohnheit geworden" (1,5).

Satan geht – ohne Hiobs Wissen – mit Gott eine Wette ein. Gott hat Hiob als leuchtendes Beispiel eines Menschen hingestellt, der Gott und seine Wege achtet: „Er ist untadelig und rechtschaffen, ein Mann, der Gott fürchtet und das Böse meidet“ (1,8). Satan aber unterstellt: Da Gott Hiob von allen Seiten beschützt und ihn mit Reichtum gesegnet hat, sei Hiobs Frömmigkeit nicht weiter verwunderlich; Hiob habe nur den eigenen Vorteil im Auge. Eine Frömmigkeit, die nichts zu befürchten habe, beweise überhaupt nichts. Deshalb sagt er: „Strecke deine Hand aus, und taste alles an, was er besitzt; dann wird er dir sicher ins Angesicht fluchen“ (1,11).

Gott geht auf die Wette ein, aber unter folgender Bedingung: Hiobs Person darf kein Schaden zugefügt werden. Satan ist einverstanden und sorgt hinter den Kulissen dafür, daß die Sabäer Hiobs Rinder und Esel wegnehmen und die Knechte umbringen; daß ein verheerendes Feuer die Schafe und Hirten tötet; daß die Chaldäer drei Rotten aufstellen, um die Kamele fortzutreiben und die Knechte zu töten; und daß ein Orkan das Haus, in dem Hiobs Kinder gerade ein Gastmahl halten, zum Einsturz bringt, so daß alle zehn ums Leben kommen.

„Daraufhin stand Hiob auf, zerriß sein Gewand und schor sich das Haupt. Dann fiel er anbetend auf die Erde und sagte: ‚Nackt kam ich aus dem Schoß meiner Mutter hervor, und nackt werde ich aus dem Leben scheiden. Der Herr hat's gegeben, und der Herr hat's genommen; gelobt sei der Name des Herrn.' In alledem sündigte Hiob nicht und machte Gott keine Vorwürfe“ (1,20 ff.).

Satan ist immer noch nicht überzeugt. Der Herr weist ihn darauf hin, daß Hiob ihm treu geblieben ist, Satan aber entgegnet: „Haut um Haut! ... Für sein Leben gibt der Mensch alles hin, was er besitzt. Strecke nur deine Hand gegen sein Fleisch und sein Gebein aus, da wird er dir sicher ins Angesicht fluchen“ (2,4 f.). Gott stellt sich auch dieser Herausforderung, legt aber dem Satan wieder eine Bedingung auf: Er hat Hiobs Leben unter allen Umständen zu schonen.

Hiob, der von den Vorgängen nichts ahnt, ist mit einemmal von der Fußsohle bis zum Scheitel mit schmerzhaften Geschwüren bedeckt. Ganz und gar erniedrigt, setzt er sich in die Aschengrube und schabt sich die zerschundene Haut mit einer Scherbe. Um allem die Krone aufzusetzen, verzweifelt seine Frau, die wohl kaum weniger gelitten haben wird als er selbst: „Hältst du immer noch an deiner Frömmigkeit fest? Verfluche Gott, und stirb!“ (2,9). Hiob weist sie zurecht: „Sollen wir von Gott Gutes annehmen und nicht auch Übles?“

Wieder heißt es: „In alledem sündigte Hiob nicht mit seinen Worten“ (2,10).

Am Ende des Prologs werden uns Hiobs drei Freunde Eliphas, Bildad und Zophar vorgestellt. Sobald ihnen Hiobs Leiden zu Ohren kommt, vereinbaren sie „hinzugehen, um ihn zu bemitleiden und zu trösten" (2,11). Nach damaligem Brauch bezeigen sie ihm ihre Teilnahme durch lautes Wehklagen, durch das Zerreißen ihrer Gewänder und dadurch, daß sie sich Asche aufs Haupt streuen. Sie verhalten sich zunächst recht klug, klüger jedenfalls als in den vielen Reden, die sie anschließend halten werden. Aus Respekt vor Hiobs tiefem Elend halten sie sieben Tage und sieben Nächte lang den Mund.

Damit sind die Aussagen des Prologs im wesentlichen beschrieben. Manchmal wird allerdings folgende Position vertreten: Das in diesen beiden Kapiteln gezeichnete Hiobbild weiche so sehr von der Charakterisierung Hiobs im Hauptteil des Buches ab, daß man zwangsläufig verschiedene Verfasser annehmen müsse. Vielleicht habe jemand dem verhältnismäßig schlichten Sittengemälde des Prologs die Reden angefügt oder aber den rhetorischen Höhenflügen der Reden den Prolog vorangestellt. Derartige Theorien aber sind anzuzweifeln. Jemand muß ja die Reden und die Rahmenerzählung zu einer Einheit zusammengefügt haben – und wenn ihm dabei keine schwerwiegenden Bedenken gekommen sind, warum sollte dann der ursprüngliche Verfasser nicht das ganze Buch als Einheit konzipiert haben? Mit Quellenscheidungstheorien ist das theologische Problem nicht zu lösen. Das Buch steht oder fällt als literarisches Ganzes, denn so ist es auf uns überkommen und bekannt.

Mit einer scharfsinnigeren Erklärung des Prologs ist vor kurzem A. Brenner hervorgetreten.[1] Nach Brenners Darstellung ist die Rahmenerzählung von selbstbewußter Ironie geprägt. Formal bestätigten Prolog und Epilog die Annahme, daß gute Menschen gesund und reich sein müssen und die Gerechtigkeit sich bereits in diesem Leben auszahle. Der „Beweis" hierfür finde sich in den letzten Versen des Buches, aus denen wir erfahren, daß es Hiob hinterher besser ging als vor seinem Martyrium. Die Schilderung des Verfassers aber ist so überschwenglich, daß man annehmen muß, er übe sich in bitterer Ironie. Die stilisierten Zahlen – sieben Söhne, drei Töchter, 7000 Schafe usw. –, der Nachdruck, mit dem die Frömmigkeit Hiobs hervorgehoben werde (1,1.8; 2,3), sowie seine vorbeugenden Opfer, das alles macht deutlich, Hiob sei ein so unnatürlich überaus guter Mensch, daß seine Geschichte erfunden sein muß. Es liege auf der Hand, so Brenner, die Rahmenerzählung als ironische Darstellung aufzufassen. Der Verfasser mokiere sich über die allgemein übliche Einstellung zu Gehorsam und Segen, Ungehorsam und Strafe. Letztlich bestehe keinerlei Spannung zwischen der Rahmenerzählung und dem Hauptteil des Buches: Der Verfasser werfe allerlei Fragen über ungerechtes Leiden auf und lasse dabei viel Raum für das Rätselhafte, sowohl in den Reden Hiobs und seiner Freunde (wie auch Gottes) als auch in der von Ironie durchsetzten Rahmenerzählung.

Diese zugegebenermaßen originelle Interpretation vermag mich keineswegs zu überzeugen. Sie höhlt das Buch Hiob aus und beraubt es seiner Schlagkraft. Ist Hiob tatsächlich kein besonders guter Mensch, der sich in jeder Hinsicht außerordentlicher Segnungen erfreut, dann erhält hier das Problem des ungerechten Leidens keine deutlichen Konturen. Ich werde am Ende des vorliegenden Kapitels erörtern, warum Gott Hiob zuletzt mit Segnungen überschüttet. Es ist bezeichnend, daß die Geschichte nicht nach 42,6 abbricht – an einer Stelle also, an der Hiob bereits Buße getan hat, seine frühere Gesundheit und sein Wohlstand ihm aber noch nicht wiedergegeben worden sind.

Die Ironie des Verfassers kommt nach Ansicht Brenners in den Stilisierungen zum Ausdruck. Stilisierte Ausdrucksweisen lassen jedoch nicht notwendig auf Ironie schließen. In gewisser Hinsicht ist das ganze Buch, die in Prosa abgefaßte Rahmenerzählung wie auch die in Gedichtform wiedergegebenen Reden, eine einzige Stilisierung. Der Stoff wird als Drama dargeboten; die Stilisierungen sollen die Spannung erhöhen und so das Anliegen möglichst vorteilhaft verdeutlichen.

Wie wir noch sehen werden, tragen die Hauptthemen des Prologs und des Epilogs nicht unwesentlich zur Bedeutung des ganzen Buches bei. Doch bevor wir einige dieser Themen aufgreifen, sollten wir uns vorrangig mit dem dritten Kapitel befassen.

In Kapitel 3 wird Hiobs erste „Rede“ wiedergegeben, in Wirklichkeit handelt es sich um ein Klagelied. Ich werde jedoch sämtliche längeren Äußerungen der Kapitel 3 bis 41 als „Reden“ bezeichnen. Hiobs erste „Rede“ leitet gewissermaßen in den Hauptteil des Buches über. Wie die übrigen Reden ist auch diese in Gedichtform abgefaßt. Hiob geht hier weder auf die Anschuldigungen seiner Freunde ein, noch fordert er Gott auf, sich und sein Handeln zu rechtfertigen. Das dritte Kapitel wird zu Recht mit „Hiobs Klage“ überschrieben. Wie Jeremia (20,14 ff.) klagt Hiob, er wäre nie geboren: „Möge der Tag meiner Geburt zugrunde gehen, die Nacht, in der gesagt wurde: ‚Ein Knabe ist geboren!‘ Jener Tag – möge er sich in Finsternis verwandeln; möge Gott sich nicht darum kümmern; möge kein Licht über ihm leuchten!“ (3,3 f.).

Hiob wendet sich zwar im weiteren Verlauf seiner Rede Fragen zu, die niemand beantworten kann, doch spricht aus seinen Worten eher Jammer als Entrüstung: „Warum wird den Elenden Licht gegeben und das Leben denen, die in ihrer Seele verbittert sind und auf den Tod warten, obwohl er nicht kommt ...?" (3,20 f.). „Wozu wird einem Mann, dessen Weg verborgen ist und den Gott von allen Seiten umzäunt, das Leben gegeben?" (3,23). Es folgt ein überraschendes Eingeständnis: „Was ich befürchtete, ist über mich gekommen; wovor ich Angst hatte, das ist mir widerfahren. Ich habe keinen Frieden, keine Rast; ich habe keine Ruhe, sondern bin ständig in Aufruhr" (3,25 f.).

Damit wäre der Rahmen der Auseinandersetzung zwischen Hiob und seinen drei Freunden abgesteckt. Doch ehe wir uns einen Überblick über die Reden verschaffen, ist es nützlich, einige der Argumente zusammenzufassen, die das Buch bereits angeführt hat.

1. Das Buch Hiob bezeugt eindeutig, daß alles Leiden der Oberherrschaft Gottes untersteht. Anders als Hiob selbst weiß der Leser, daß Hiobs Elend auf das Abkommen zwischen Gott und Satan zurückzuführen ist. Satan selbst erkennt die Grenzen an, die ihm gesetzt sind. Er bittet um Erlaubnis, Hiob zu plagen. Er wirft Gott vor, Hiob zu „umzäunen", das heißt, ihn zu beschützen. Erst nachdem Gott die Erlaubnis erteilt hat, darf Satan Hiobs Familie angreifen und Hiob selbst plagen.

Hiob merkt intuitiv, daß ihm das alles ohne Gottes Zustimmung nicht hätte widerfahren können. Er kommt sich vor wie in einer Falle, „von allen Seiten eingeschlossen", erkennt, daß Gott dafür verantwortlich ist (3,23). Bisher war er von einem schützenden Zaun umgeben, der mittlerweile abgebrochen ist, dennoch fühlt sich Hiob eingeschlossen. Daraus zieht er nicht den voreiligen Schluß, irgendein Feind habe sein Leiden ohne die Einwilligung Gottes herbeigeführt. Er stellt vielmehr die rhetorische Frage: „Sollen wir von Gott Gutes annehmen und nicht auch Übles?" (2,10).

Hier werden sämtliche Spielarten des Dualismus radikal abgelehnt. Hiob ist nicht willens, seine Zuflucht in dem billigen Trost zu suchen, sein Leiden stehe dem eigentlichen Willen Gottes entgegen und müsse sich um ein einseitiges Werk Satans handeln. Natürlich handelt es sich in der Tat um ein Werk Satans. Doch in Gottes Universum darf nicht einmal Satan die Grenzen der Oberherrschaft Gottes überschreiten. Diese Wahrheit stellt uns zwar vor ein Problem, doch weckt sie zugleich Hoffnung.

2. Der Nachdruck, mit dem die Gerechtigkeit Hiobs betont wird, soll verdeutlichen, daß auch „Unschuldige" leiden. Nicht jedes Leiden ist unmittelbar auf die Sünde zurückzuführen. Natürlich kann man unter Berufung auf Schriftstellen, in denen von den globalen Folgen des Sündenfalls die Rede ist, einen mittelbaren Zusammenhang feststellen. Der Zusammenhang aber zwischen Leiden und Vergeltung, der zum Beispiel

im 5. Buch Mose, in den Sprüchen oder im Römerbrief dargestellt wird, ist nicht von einer so mathematischen Starrheit, einer so exakten Symmetrie, daß ein Leiden von der Art, wie es uns das Buch Hiob vor Augen führt, ausgeschlossen wäre.

Auf rein natürlicher Ebene waren die von Hiob erlittenen Verluste die Folge von menschlicher Heimtücke (durch die Sabäer und Chaldäer) und einer Reihe von Naturkatastrophen (Feuer und Orkan). Hinter diesen Phänomenen stand jedoch Satan; und hinter Satan stand Gott. Ein theistisches Weltbild läßt keine andere Schlußfolgerung zu, jedenfalls solange wir vom Gott der Bibel ausgehen. Gewiß gab es damals abstoßende Sünder, die nach menschlichem Ermessen die von Hiob erlittenen Schicksalsschläge verdient hätten. Aber sie widerfuhren Hiob, den Gott selbst als „untadelig und rechtschaffen" bezeichnet und als einen „Mann, der Gott fürchtet und das Böse meidet". Die Bibel bezeugt zwar, daß alle Sünder einmal leiden werden, doch behauptet sie nirgends, daß es sich bei jedem einzelnen Leiden um eine Strafe für die Sünde handelt. Wäre unsere Welt nicht gefallen, das Leiden wäre zweifellos hinfällig; aber daraus, daß sie gefallen ist, folgt keineswegs, daß unschuldiges Leiden unmöglich ist. „Unschuldige" können tatsächlich leiden.

3. Die Intensität, mit der wir um diese Frage ringen, hängt vermutlich vom Ausmaß unseres eigenen Leidens ab. Daß Hiob sagen kann: „Was ich befürchtete, ist über mich gekommen; wovor ich Angst hatte, das ist mir widerfahren" (3,25), besagt nicht, daß er Gott nicht vertraute und deshalb zu Recht leiden mußte; eine derartige Deutung untergräbt die Botschaft des ganzen Buches. Hiobs Worte sollen vielmehr deutlich machen, daß er bereits über die Bedrohung des Lebens nachgedacht hatte, und aufgrund eigener Beobachtungen wußte, daß er trotz seiner Frömmigkeit mit katastrophalen Verlusten rechnen mußte. Und gerade solche Verluste befürchtete er. Insofern war er auf sie vorbereitet; wahrscheinlich ist deshalb seine erste Reaktion auch so gefaßt.

So lobenswert es auch sein mag, sich mit der Theologie des Leidens zu befassen und sich darauf einzustellen – das alles kann doch nicht hinreichend auf den Schock des Leidens vorbereiten. Das Ganze ist mit einem Sprung in eiskaltes Wasser zu vergleichen; man kann sich den ganzen Tag innerlich darauf einstellen, wenn man aber tatsächlich hineinspringt, verschlägt einem der Schock den Atem.

4. Gott macht uns keine Vorwürfe, wenn wir im Leiden unserer Verzweiflung freien Lauf lassen, den Verlust unserer Hoffnung bedauern und über das Leben selbst Klage führen. Man sollte sich beim Lesen des dritten Kapitels des Buches Hiob ins Gedächtnis rufen, daß Gott am

Ende des Buches die leidigen Tröster heftig kritisiert, aber Hiob selbst lobt, recht geredet zu haben (42,7).

Es ist freilich nicht ausgeschlossen, daß wir in Zeiten der Trauer und der Not Ungutes reden oder sogar Gott lästern. Hiobs Frau wird für den Rat: „Verfluche Gott, und stirb!“ (2,9) keineswegs gelobt. Aber solange wir innerhalb gewisser (noch zu untersuchender) Grenzen bleiben, ist es weit besser, unsere Trauer, unsere Verzweiflung und unsere Fragen offen und ehrlich einzugestehen, als sie zu unterdrücken und nach außen hin eine fromme Fassade aufzubauen. Gott kennt unsere Gedanken. Bei der vom Buch Hiob gebotenen „Lösung“ stehen die Fragen Hiobs und die Reaktion Gottes im Mittelpunkt. Ohne die Fragen hätte es keine Reaktion gegeben.

5. Bereits hier drängt sich das Mysterium als Thema auf. Weder zu Beginn der Leidenszeit noch bei ihrem Abschluß teilt Gott Hiob irgend etwas über die Herausforderung durch Satan oder über seine eigene Reaktion mit. Hätte er es getan, dann hätte die Leidenszeit ihr Ziel verfehlt. Wie der Leser weiß, verfolgt Gott das Ziel, sichtbar zu machen, daß ein Mensch Gott lieben und ehren kann, auch wenn ihm die Aussicht auf irdischen Lohn versagt bleibt. Deshalb muß Hiob unabhängig von seinem leiblichen Wohlergehen Gott vertrauen. Nur so wird die These Satans widerlegt, religiöses Streben geschieht letztlich aus Eigennutz oder, schlimmer noch, aus Gewinnsucht. Hiob selbst aber wird ein Einblick in diese Dimension seines Leidens nicht gewährt. Er steht einem unergründlichen Mysterium gegenüber.

6. Darum müssen Hiobs Klagelied und seine späteren Fragen in den richtigen Zusammenhang gestellt werden. Hiob gibt seinen Gottesglauben nie preis; er befolgt auch nie den Rat seiner Frau, Gott zu verfluchen. Es fällt ihm deshalb so schwer, die ihm widerfahrene Ungerechtigkeit zu verstehen, weil er weiß, daß Gott existiert und daß er liebevoll und gerecht ist. Hiob ringt mit Gott, er ist über das Verhalten Gottes empört, er fordert Gott auf, vor ihn zu treten und ihm Rede und Antwort zu stehen. Er bleibt jedoch in all diesen Kämpfen ein Glaubender. Darum wird Hiob zuletzt das Lob zuteil, recht geredet zu haben: Er hat sich im richtigen Rahmen geäußert. Ganz anders seine „Freunde“. Das werden wir im nächsten Abschnitt wieder aufgreifen, um festzustellen, was uns das heute zu sagen hat.

Hiobs wehmütige Entrüstung und seine leidigen Tröster (Hiob 4-31)

Nach Hiobs Klagerede fallen seine drei Freunde – Eliphas, Bildad und Zophar – mit Vorwürfen über Hiob her und versuchen, seine Theologie zu berichtigen und ihn zur Buße zu bewegen. Nach jeder Rede folgt eine Gegenrede Hiobs. Der ganze Zyklus wird ein erstes und im Ansatz auch ein zweites Mal wiederholt. Der dritte Zyklus gerät nach einem kurzen Beitrag Bildads (25,1-6) ins Stocken; Zophar erhält keine Gelegenheit mehr, etwas zu diesem dritten Rundgespräch beizutragen. Hiob ist empört und hält eine längere Rede (Kap. 26-31), mit der er seine Gesprächspartner zum Schweigen bringt – freilich ohne sie zu überzeugen.

Hiob und seine Freunde vertreten über Hiobs Leiden absolut gegensätzliche Standpunkte, auf denen sie hartnäckig beharren. Wir können sie, um das Ganze ein wenig zu vereinfachen, wie folgt zusammenfassen:

1. Hiobs dem Richtgeist verfallene Freunde haben nur fertige, oberflächliche Antworten zu bieten. Den Kernpunkt ihrer Theologie verrät Eliphas mit folgender Frage: „Bedenke nun: Ist je ein Schuldloser umgekommen? Sind jemals Gerechte zugrunde gegangen? Ich habe aber festgestellt: Wer Böses pflügt und Unheil sät, der wird es auch ernten" (4,7 f.).

2. Hiob rechtfertigt sich und wirft dabei einige schwierige Fragen auf. Er beteuert seine Unschuld und weist darauf hin, daß er ein solches Leiden keineswegs verdient hat. Der Leser weiß, daß Hiob recht hat; er leidet, weil Gott dem Teufel die Rechtschaffenheit seines Knechts vor Augen führen will, und nicht etwa, weil er irgendeine schlimme Sünde begangen hätte, für die er bestraft werden muß.

Um das Gewicht dieser Argumente richtig einschätzen zu können, müssen wir uns die Mühe machen, den Grund einiger der Reden zu erforschen. Eliphas eröffnet seine erste Ansprache mit einem heimtückischen Seitenhieb: Hiob habe vielen Leidenden mit Rat und Tat zur Seite gestanden. „Jetzt aber, da du selbst in Not geraten bist, bist du entmutigt; da es dich trifft, bist du bestürzt" (4,5). Eliphas wirft Hiob hier nicht nur Inkonsequenz vor, sondern deutet mit beißender Ironie an, daß er sich der Heuchelei schuldig gemacht habe: „Sollte nicht deine Frömmigkeit deine Zuversicht und dein unsträflicher Lebensweg deine Hoffnung sein?" (4,6). Für sich allein genommen könnte diese Frage als Ermutigung, vielleicht sogar als liebenswürdiges Kompliment aufgefaßt werden. Doch machen die anschließenden oben bereits angeführten Verse deutlich, daß es sich um eine Falle handelt: „Ist je ein Schuldloser umgekommen?" Diese Worte stecken voll ätzendem Sarkasmus.

Vernunft allein ist Eliphas zuwenig. Er behauptet, die Grundsätze, die er hier aufstellt, während eines Nachtgesichts empfangen zu haben. Die Gestalt, die ihm bei dieser Gelegenheit erschien, fragte: „Kann ein Sterblicher gerechter sein als Gott? Kann ein Mensch reiner sein als sein Schöpfer?“ (4,17). An sich weist diese Frage auf eine wichtige Wahrheit hin: Wir sollten nur in größter Demut mit diesen schwierigen Fragen vor Gott kommen. Eliphas aber benutzt sie, um Hiob in die Enge zu treiben. Narren und Taugenichtse, behauptet er, werden von Gott vernichtet: Er sei so heilig, daß er sie inmitten ihres geschäftigen, aber nichtigen Treibens verzehre. „Ich aber würde [falls ich so leiden müßte wie du, Hiob] an Gott appellieren; ich würde ihm meine Sache vorlegen“ (5,8). Ich würde mich an ihn wenden, weil er der ist, der sein Volk wiederaufzurichten vermag. Ich würde den Mund halten, meine Sünde bekennen und ihn um Befreiung anflehen. „Wohl dem Mann, den Gott zurechtweist; darum verschmäh die Zucht des Allmächtigen nicht! Denn er verwundet, doch er verbindet auch; er verletzt, doch seine Hände heilen auch. Aus sechs Drangsalen wird er dich retten; in sieben wird dich kein Leid anrühren“ (5,17 ff.). Mit anderen Worten: Hiob, bekennst du deine Sünde und berufst du dich dabei auf die Güte Gottes, dann wirst du bald deinen früheren Wohlstand wiedererhalten. „Das haben wir erforscht, und es stimmt“, gibt Eliphas salbungsvoll zu bedenken. „Höre deshalb darauf, und wende es auf dein Leben an!“ (5,27).

Hiob läßt sich freilich nicht so leicht aus dem Konzept bringen. Er verübelt seinen Freunden ihre Unbarmherzigkeit und ihre besserwisserische, gönnerhafte Art. „Ein Verzagter sollte sich darauf verlassen können, daß seine Freunde zu ihm stehen, auch wenn er die Furcht des Allmächtigen verläßt. Meine Brüder aber sind so unzuverlässig wie intermittierende Flüsse, wie Bäche, die über die Ufer treten“ (6,14 f.). Hiob durchschaut die unausgesprochenen Ängste seiner Freunde: Wenn das Universum nicht so straff geordnet ist, wie sie glauben, dann sind auch sie vor Unglücksfällen nicht sicher. „Es hat sich ja herausgestellt, daß ihr nicht helfen könnt; ihr seht etwas Schreckliches und habt Angst“ (6,21).

Hiob wendet sich dann an sie mit einer gefühlsstarken, mitleiderregenden Bitte: „Habt nun die Güte, mich anzusehen. Würde ich euch [dadurch, daß ich Sünden verschwiege,] ins Gesicht lügen? Laßt euch erweichen, seid nicht so ungerecht! Überdenkt euren Standpunkt, denn hier steht meine Rechtschaffenheit auf dem Spiel“ (6,28 f.).

Hiob läßt seine Leiden noch einmal Revue passieren. Er möchte lieber sterben, als die Worte des Heiligen zu verleugnen (6,10). Zum Schluß wendet er sich an Gott und fleht um Erbarmen: „O Gott, denk daran, daß mein Leben nur ein Hauch ist; meine Augen werden nie wieder Glück sehen" (7,7). Er ist aber nicht bereit zuzugeben, daß sein Leiden recht und billig sei. „Ich will mich nicht in Schweigen hüllen; ich will lieber wegen der Bedrängnis meines Geistes kein Blatt vor den Mund nehmen, wegen der Verbitterung meiner Seele Klage führen" (7,11). Er bittet Gott, von ihm abzulassen, ihn sogar sterben zu lassen; sein Leben sei sinnlos geworden. „Warum ausgerechnet ich?", fragt er sinngemäß. Warum sich mit irgendeinem Menschen auf diese Weise abgeben? (7,17 ff.).

Hiob behauptet nicht, sündlos oder vollkommen zu sein. Er kann sich aber nicht vorstellen, irgendeine Sünde begangen zu haben, die es rechtfertigen würde, daß der Allmächtige ihn zur Zielscheibe seines Zornes macht. „Habe ich gesündigt, was habe ich dir getan, du Menschenwächter? Warum nimmst du mich aufs Korn?[2] Bin ich dir zur Last geworden?" (7,20).

Das alles ist für Bildad zuviel. Er vermag sich weder auf der gleichen dichterischen Höhe zu bewegen wie Eliphas noch behauptet er, seiner Meinung komme aufgrund einer Vision besondere Autorität zu. Er wiederholt nur eindringlich den herkömmlichen Standpunkt. „Wie lange noch willst du derlei reden?", fragt er Hiob. „Deine Worte sind ein stürmischer Wind. Beugt etwa Gott das Recht?" (8,2 f.).

Das ist der springende Punkt! So überzeugt ist Hiob, sein Leiden sei unverdient, daß er nahe daran ist, Gott der Ungerechtigkeit zu bezichtigen. Dem setzt Bildad entgegen, daß Gott gerecht und seine Gerechtigkeit maßgebend ist. Leidest du, Hiob, dann, weil du es verdient hast. Andererseits aber versichert Bildad seinem Freund: „Bist du lauter und redlich, dann wird er jetzt um deinetwillen erwachen und dich in deine rechtmäßige Stellung wiedereinsetzen" (8,6). Was er damit suggerieren will, kann man sich leicht denken: Daß Gott Hiob in seine rechtmäßige Stellung nicht wiedereingesetzt hat, beweist, daß Hiob unlauter und unredlich ist. Die einzige andere Möglichkeit wäre, daß Gott sich ungerecht verhält. Das wiederum ist undenkbar.

An Bildads „undiskutierbarer Voraussetzung" (Weiser), daß Gott gerecht ist, hat Hiob nichts auszusetzen. „Fürwahr, ich weiß doch, daß das stimmt" (9,2), hält er Bildad entgegen. Das hat er nie bestritten. „Nur, wie kann ein Sterblicher vor Gott gerecht sein?" Deuten wir diese Frage aus dem Kontext heraus, dann fragt Hiob hier nicht, wie ein Mensch vor Gott rein oder heilig sein, sondern wie er vor Gott zu seinem Recht kommen könne. Sinngemäß sagt er: Natürlich ist Gott gerecht. Nur habe ich in meinem Fall das Problem, daß auch ich gerecht bin; ich leide zu Unrecht. Wie kann ich das vor Gott beweisen? Wie kann ich vor Gott Recht bekommen? „Wenn einer Lust hätte, mit ihm zu streiten, dann könnte er ihm auf tausend Fragen nicht eine einzige Antwort geben. Seine Weisheit ist unergründlich, seine Macht unermeßlich. Wem ist es je gelungen, ihm Trotz zu bieten und am Ende noch heil zu bleiben?“ (9,3 f.).

Was Hiob zum Problem wird, ist nicht, daß die Kluft zwischen ihm und Gott zu groß ist, sondern daß er einen Prozeß gegen Gott nicht gewinnen kann – obwohl er ganz genau weiß, daß er ohne eigene Schuld leidet. (Und wiederum weiß der Leser, daß Hiob in diesem Punkt recht hat!) Hiob gibt einen Überblick über den Beweis der Größe Gottes und schließt: „Wie könnte ich mit ihm einen Rechtsstreit führen? Wie könnte ich die Worte finden, um mit ihm zu streiten? Wäre ich schuldlos, so könnte ich ihm doch nicht entgegnen; ich könnte meinen Richter nur um Gnade anflehen“ (9,14 f.). Die Hinweise auf die Macht Gottes kann man auch anders deuten, meint Hiob. „Auch wenn ich ihn anriefe und er darauf einginge, so glaube ich nicht, daß er mich anhören würde. Er würde mich mit einem Gewitter zermalmen und meine Wunden ohne Grund mehren. Er würde mich nicht mehr zu Atem kommen lassen, sondern würde mich mit Elend überwältigen. Geht es um Kraft, so ist er der Mächtige! Geht es um Recht: Wer wird ihn vorladen?“ (9,16-19). Hiobs Leiden legen beredt Zeugnis dafür ab, daß Gott wirklich souverän ist – und grausam dazu. Gott ist so übermächtig, daß Hiob, falls es zu einem Prozeß käme, nicht frei heraus seine Meinung sagen könnte: „Auch wenn ich unschuldig wäre, würde mich mein Mund verurteilen; wäre ich schuldlos, so würde er mich doch schuldig sprechen“ (9,20).

Hiob leugnet nicht die Weltregierung Gottes. „Wenn ein Land in die Hände der Gottlosen gerät“, dann ist es Gott selbst, der „den Richtern die Augen zubindet. Ist er es nicht, wer ist es dann?“ (9,24). Eine oberflächliche Theodizee – Gott greife in den Lauf der Natur nicht ein, er sei nicht mächtig oder nicht weitsichtig genug, um das Gute zuwege zu bringen – kommt für Hiob nicht in Frage. Gott sei so übermächtig, daß er nicht nur das Gute, sondern auch das Schlimme zuwege bringe. Und gerade darin liegt das Problem: Glaube ich, daß Gott gerecht ist, was kann ich ihm dann entgegnen? „Es ist alles eins; darum sage ich: ‚Er bringt den Schuldlosen ebenso um wie den Gottlosen‘“ (9,22).

Die Freunde haben Hiob gegenüber ihr Gift verspritzt; jetzt zahlt er es ihnen heim. Ganz gleich, wie rein er sei, meint Hiob, seine Freunde würden ihn doch für unrein halten, denn ihre Ausgangsposition zwinge sie dazu. „Wenn ich mich auch mit Seife wüsche und meine Hände mit

Lauge reinigte, so würdet ihr mich in eine Schlammgrube hinabstoßen, so daß sich sogar meine Kleider vor mir ekeln würden“ (9,30 f.).

Dann wendet Hiob seinen Freunden den Rücken zu und spricht „in der Bitternis [seiner] Seele“ Gott an (10,1). Er stellt eine ganze Reihe von Fragen: „Gefällt es dir, daß du mich tyrannisierst und das Werk deiner Hände verwirfst, aber den Ränken der Gottlosen hold bist? ... Sind deine Tage wie die eines Sterblichen oder deine Jahre wie die eines Menschen, daß du nach meinen Fehlern forschst und meiner Sünde nachspürst – obwohl du doch weißt, daß ich nicht schuldig bin und daß niemand mich aus deiner Hand retten kann?“ (10,3-7). Tatsache ist, so Hiob, daß Gott ihm das Leben geschenkt, ihm seine Freundlichkeit erwiesen und gnädig über ihn gewacht hat (10,12), doch nur, um ihn in diese tragische Falle zu locken. Warum hat Gott Hiob überhaupt ins Dasein gerufen, wenn er gewußt hat, daß es mit ihm ein so böses Ende nehmen würde? „Warum hast du mich aus dem Mutterleib hervorgeholt? Ich wünschte, ich wäre gestorben, ehe mich ein Auge sah“ (10,18).

Nun greift Zophar in die Debatte ein. Er zeichnet ein grandioses Bild von Gott und ist zugleich entsetzt über Hiobs „Wortschwall“. Wie kann sich ein sterblicher Mensch erkühnen, so mit Gott zu reden: „Meine Lehre ist einwandfrei, und ich bin in deinen Augen rein“ (11,4)? Hiob hat Gott angefleht, zu ihm zu sprechen und sein Handeln zu erklären; damit ist Zophar einverstanden: „Ach, wie sehnlich wünschte ich, daß Gott selber spräche, daß er seine Lippen gegen dich auftäte“ (11,5). Gott ist heilig, Hiob hingegen schwach und sündig, daß die Schuld Hiobs in Wirklichkeit eine noch härtere Strafe erfordere. Die Sünde Hiobs sei so groß, daß Gott sie teilweise beiseite gelassen habe. Warum könne Hiob nicht zugeben, daß der unbegreiflich große Gott sich nicht täuschen lasse? „Denn falsche Leute kennt er ganz gewiß; und sollte er nicht darauf achten, wenn er Böses sieht?“ (11,11).

Hiobs Antwort ist scharf und bissig. „Wahrhaftig, ihr seid die Leute, und die Weisheit wird mit euch aussterben!“ (12,2). Er hat sie durchschaut: „Wer ohne Sorge ist, der hat für das Unglück – für das Schicksal von Menschen, die ihren Halt verloren haben – nichts als Verachtung übrig.“ (12,5). „Ach, wenn ihr nur schweigen wolltet! Das würde Weisheit für euch sein“ (13,5). Statt weiter solchen Unsinn zu reden, sollten sie lieber zu der einzigen Weisheit zurückkehren, die sie bisher überhaupt an den Tag gelegt haben, der Weisheit der ersten sieben Tage. Sie sollten also besser den Mund halten.

Hiob wiederholt mehrere Feststellungen. Niemand vermöge diesem Gott zu entfliehen; wer offene Augen habe, werde überall menschliches

Leid entdecken, das mit Sündenstrafen nicht das geringste zu tun habe („Der Mensch, vom Weib geboren, lebt nur kurz und wird ständig von Unruhe geplagt" – 14,1). Hiob selbst sei schuldlos; wenn er einen fairen Prozeß bekäme, würde er ganz gewiß freigesprochen (13,18).

Das zweite Rundgespräch beginnt, und danach auch das dritte. Es würde den Rahmen des vorliegenden Kapitels sprengen, im einzelnen auf das einzugehen, was Hiob seinen „leidigen Tröstern" (16,2) entgegnet. Dennoch muß zusammenfassend auf folgende Punkte hingewiesen werden:

1. Die Freunde Hiobs vertreten eine engstirnige, selbstherrliche Theologie, die keine offenen Fragen zuläßt. Das Leiden fassen sie ausschließlich als Strafe oder Züchtigung auf. Ein unschuldig Leidender paßt nirgends in dieses Schema. Das würde ihre Auffassung von der Gerechtigkeit Gottes in Frage stellen.

2. Obwohl die Freunde Gott verteidigen und ihn mit allerlei erhebenden Lobsprüchen rühmen, erweisen sie sich beim Vortragen ihrer Argumente als so schulmeisterlich und so herablassend Hiob gegenüber, daß man schnell die Geduld mit ihnen verliert. Von Erbarmen, Mitgefühl oder ehrlicher Trauer ist bei ihnen nichts zu finden. Parteigänger Gottes können bisweilen unerträglich hart sein.

3. Die Argumente, die Hiob vorbringt, dürfen auf keinen Fall verwechselt werden mit denen der Atheisten – wie Bertrand Russell oder David Hume. In den Reden Hiobs spiegelt sich vielmehr die Qual eines Menschen, der Gott kennt und ihn noch besser kennenlernen möchte, der die Existenz Gottes keinen Augenblick in Zweifel zieht und der im Grunde von der Gerechtigkeit Gottes überzeugt ist – der aber dem aufgrund seiner eigenen Erfahrung keinen Sinn abgewinnen kann.

Darum kann Hiob trotz seiner Verwirrung und seiner Selbstrechtfertigungsversuche eine Reihe erstaunlich zuversichtlicher Glaubensaussagen machen. Er ist sich seiner Sache so sicher, daß er einen Schiedsmann zwischen sich und Gott zu finden wünscht (9,33 ff.). Das muß natürlich unerfüllt bleiben: Diese Worte kann man aber als Christ nicht lesen, ohne sich an die Mittlerrolle Jesu zu erinnern. Hiob fällt auch nicht vom Glauben ab: „Mag er mich töten, so will ich doch auf ihn hoffen; meinen Lebenswandel werde ich gewiß vor seinem Angesicht verteidigen. Und das wird mir in der Tat zum Heil gereichen, denn kein Gottloser würde sich getrauen, vor ihn hinzutreten!" (13,15 f.). Er ist sich seiner schließlichen Rechtfertigung so sicher, daß er sagen kann: „Aber er [Gott] kennt den Weg, den ich eingeschlagen habe; hat er mich geprüft, so werde ich hervorgehen wie Gold" (23,10). Wie auch immer man die schwierigen

Verse 19,25-27 übersetzt[3], sie bestätigen auf alle Fälle die unerschütterliche Zuversicht Hiobs, daß er zuletzt als ein von Gott Gerechtfertigter dastehen wird.

4. In seiner abschließenden längeren Rede (26,1 - 31,40) nimmt Hiob viele bereits angesprochene Themen wieder auf, jedoch mit einer Bitterkeit, die alles Vorige weit übertrifft. Hiob gibt sich mit Andeutungen nicht mehr zufrieden; er bezichtigt Gott offen der Ungerechtigkeit und verteidigt die eigene Rechtschaffenheit mit beinahe grimmigem Ernst: „So wahr Gott lebt, der mir das Recht verweigert hat, der Allmächtige, der mich Bitterkeit der Seele hat schmecken lassen: Solange ich noch das Leben habe und den Atem Gottes in meiner Nase, soll nichts Unrechtes von meinen Lippen kommen noch meine Zunge Trug reden. Ich werde euch niemals recht geben; ich werde, bis ich sterbe, meine Unschuld nicht leugnen. Ich werde an meiner Gerechtigkeit festhalten und sie niemals loslassen; solange ich lebe, soll mir mein Gewissen nichts vorwerfen" (27,2-6). Die Kapitel 29 bis 31 enthalten eine bewegende Aufzählung der frommen Tätigkeiten Hiobs vor seinem Leiden. Diese Kapitel seien zur aufmerksamen Lektüre empfohlen: Wollte Gott, ich könnte nur die Hälfte von mir selbst behaupten! Hiob ist ehrlich, freigebig und diszipliniert gewesen; er hat Arme gerettet, Blinden geholfen und Trauernde getröstet. Er hat mit seinen Augen einen Bund geschlossen, „nie ein Mädchen lüstern anzusehen" (31,1) und zahllosen Fremden Gastfreundschaft erwiesen. Er hat darauf geachtet, sich niemals über das Unglück eines anderen zu freuen, und er hat nie auf den eigenen Reichtum vertraut. Er hat also Gott gefürchtet (31,23). Und er tritt weiterhin entschlossen dafür ein, daß seine Rechtschaffenheit die Möglichkeit, seine Leiden könnten die Strafe für seine Sünden sein, von vornherein ausschließt. Aus seiner Sicht wäre es eine Sünde, wenn er, nur um seine Freunde zufriedenzustellen und vielleicht so etwas wie eine Begnadigung zu erlangen, Sünden bekennen würde, die er nicht begangen hat. Dafür ist ihm seine Rechtschaffenheit zu bedeutsam.

5. Deshalb hält Hiob nicht Ausschau nach einer rein intellektuellen Antwort oder einem rein theologischen Argument. Er möchte vielmehr, daß Gott selbst ihn entlastet. Er möchte, daß Gott erscheint und ihm sein Tun erklärt. Es geht hier nicht um irgendeinen Stubengelehrten, sondern um einen leidenden Menschen, der Gott kennt, liebt und fürchtet und dessen Gewißheit, rechtschaffen zu sein, in ihm das Verlangen nach einer persönlichen Gottesbegegnung erweckt, von der er sich nicht nur „Antworten", sondern darüber hinaus persönliche Entlastung verspricht.

6. Wir sollten an dieser Stelle unbedingt einen Blick auf den weiteren

Verlauf des Buches werfen. „Da hörten jene drei Männer auf, Hiob zu entgegnen, weil er in seinen eigenen Augen gerecht war" (32,1). Sie waren in eine Sackgasse geraten. Sie konnten seinem Leiden nur dadurch einen Sinn abgewinnen, daß sie ihm schuldhaftes Verhalten vorwarfen. Er jedoch bestand darauf, schuldlos zu sein. Gott aber offenbart sich Hiob und sagt zu Eliphas: „Ich bin zornig auf dich und deine beiden Freunde, weil ihr nicht recht von mir geredet habt wie mein Knecht Hiob" (42,7). Hiob wird sogar aufgefordert, für seine Freunde ein Opfer darzubringen und Fürbitte für sie einzulegen.

Dies ist wirklich beachtenswert. Die drei leidigen Tröster waren der Meinung, Gott zu verteidigen, er aber wirft ihnen vor, Unrechtes über ihn geredet zu haben. Hiob hingegen verteidigt so erbittert die eigene Rechtschaffenheit, daß er hin und wieder über die Grenzen des Erlaubten hinausgeht und Gott der Ungerechtigkeit bezichtigt. Dennoch sagt Gott, daß sein Knecht Hiob recht geredet hat. Damit ist natürlich nicht gesagt, daß die Reden Hiobs ganz und gar fehlerfrei gewesen sind. Wie wir noch sehen werden, wirft Gott Hiob vor, seinen Ratschluß „mit Worten ohne Einsicht" verdunkelt zu haben (38,2). Ich werde im letzten Abschnitt des vorliegenden Kapitels näher begründen, weshalb Hiob recht und seine drei Freunde unrecht hatten. Aber wie auch immer man die göttliche Rechtfertigung der Reden Hiobs auffassen mag, jedenfalls gibt es das „unschuldige Leiden". Mit der einfachen Theorie der Vergeltungsgerechtigkeit – jeder wird seiner Sünde entsprechend bestraft – können nicht alle Fälle hinlänglich erklärt werden.

Hiob und Elihu (Hiob 32-37)

Die Kapitel 32 bis 37 gehören zu den bewegendsten, freilich auch zu den schwierigsten des Buches. Gleich zu Anfang werden Erwartungen geweckt. Der bisher unerwähnte Elihu hat sich im Verlauf der Debatte ruhig verhalten, weil die anderen älter sind als er. Die Sitte verlangte, Älteren den Vortritt zu lassen. Nun aber schweigen sie, und Elihu, dessen Zorn aufgrund der bisherigen Debatte entbrannt ist, erklärt, weshalb er auf Hiob wie auf dessen drei Freunde böse ist. Sein Zorn gilt den drei Freunden, „weil sie keinen Weg gefunden haben, Hiob zu widerlegen, ihn aber dennoch verurteilen" (32,3). Auf Hiob ist Elihu böse, „weil er nicht Gott, sondern sich selbst für gerecht erklärt hat" (32,2). Damit beginnt sein recht langatmiger Diskussionsbeitrag.

Es fällt auf, daß Elihus Rede am Schluß des Hiobbuches weder gelobt noch verurteilt wird. Einige Ausleger sind der Ansicht, Elihu leiste im Grunde keinen selbständigen Beitrag, sondern wiederhole nur mit anderen Worten die Gedanken der drei leidigen Tröster (vgl. 34,11). Deshalb müßte er eigentlich ebenso wie diese getadelt werden. Daraus schließen manche [so auch Weiser; d. Üb.], daß diese Kapitel von einem späteren Redaktor nachträglich in den Text eingeschoben worden seien.

Eine wohlwollendere Analyse hingegen zeigt, daß Elihu die Fallen, in die Hiob und seine Tröster geraten sind, geschickt zu umgehen weiß. Daß Elihus Beitrag nicht überall wohlwollend aufgenommen wird, liegt vielleicht daran, daß er ein recht arroganter und anmaßender junger Mann gewesen sein muß. Dennoch bahnen die Hauptthesen seines Beitrags der abschließenden göttlichen Antwort den Weg. Elihu wird nicht gelobt, weil sein Beitrag neben den Reden Gottes verblaßt, und er wird nicht kritisiert, weil er nichts Falsches sagt.

Elihus Argument läßt sich folgendermaßen zusammenfassen:

1. Zunächst entschuldigt er sich recht weitschweifig dafür, daß er in der Gegenwart Älterer das Wort ergreift (32,6-22). Er sieht sich aber dazu gezwungen, unter anderem wegen seiner Überzeugung, daß keiner der drei Freunde „Hiob widerlegt hat. Keiner hat seinen Argumenten zu entgegnen vermocht“ (32,12). Wie wir noch sehen werden, ist damit nicht gesagt, daß er Hiob in allem recht gibt. Er distanziert sich nur behutsam von der Theologie der „leidigen Tröster“.

2. Dann wendet sich Elihu Hiob zu und rügt ihn, weil er die Gerechtigkeit Gottes in Zweifel gezogen hat (33,8 ff.). Hiob mag zwar unschuldig sein (darauf wird Elihu zur gegebenen Zeit zurückkommen), doch gibt ihm dies nicht das Recht, Gott Ungerechtigkeit vorzuwerfen. In gewissem Sinne steckt Hiob deshalb in der Klemme, weil er im Grunde genommen die stark vereinfachte Vergeltungslehre seiner Freunde teilt. Was Hiob in der Hauptsache von seinen Freunden unterscheidet, ist nicht die ihren Ansichten zugrundeliegende Vergeltungslehre, sondern ihre Vorstellungen darüber, ob Hiob schuldig oder schuldlos ist. Da Hiob von seiner eigenen Unschuld überzeugt ist, nimmt er es in Kauf, daß man seinen Worten eine Schuld Gottes entnimmt. Dafür wird er von Elihu zurechtgewiesen: „Ich sage dir aber: Darin hast du unrecht“ (33,12).

3. Des weiteren macht Elihu Hiob darauf aufmerksam, daß Gott häufiger und auf vielfältigere Weise spricht, als Hiob bislang erkannt hat. „Weshalb wirfst du ihm vor, auf die Worte eines Menschen nicht antworten zu wollen?“ (33,13). Tatsache ist, beteuert Elihu, daß „Gott redet, einmal so, ein anderes Mal so, doch nimmt der Mensch es nicht wahr“

(33,14). Er spricht durch prophetische Offenbarungen, in Träumen und Nachtgesichten (33,15-18). Doch Gott spricht auch die Sprache des Schmerzes (33,19 ff.). Dies ist ein Fortschritt gegenüber dem Streitgespräch zwischen Hiob und seinen Freunden. Elihu weist darauf hin, daß das Leiden uns zur Züchtigung dienen kann, unabhängig davon, ob wir bestimmte Sünden begangen haben oder nicht. Es kann vorbeugenden Charakter haben; es kann den Leidenden davon abhalten, den steilen Abhang hinabzustürzen, der ins Verderben führt.

4. In Kapitel 34 bemüht sich Elihu so sehr, die Gerechtigkeit Gottes zu verteidigen, daß seine Worte ein wenig zu leidenschaftlich ausfallen. Als positiv zu bewerten hingegen ist seine Entschlossenheit, Hiob davon abzubringen, Gott der Ungerechtigkeit zu bezichtigen. Die richtige Reaktion auf das Leiden bestehe darin, es zu akzeptieren; Gott könne unmöglich ein Unrecht begehen. Durch seine heftigen Worte habe Hiob seiner Sünde noch die Auflehnung hinzugefügt; „in unserer Mitte klatscht er höhnisch in die Hände und mehrt seine Worte gegen Gott" (34,37).

An dieser Stelle geraten Elihus Ausführungen in eine gefährliche Nähe zu denen der anderen beiden. Jedenfalls hat er sich nicht mitfühlend in die Lage des leidenden Hiob hineinversetzt, noch hat er den Versuch unternommen, die Qualen zu ergründen, die Hiob zu einer so leidenschaftlichen Verteidigung seiner Unschuld verleiten konnten. Dennoch ist Elihu im Recht, wenn er die Gerechtigkeit Gottes in Schutz nimmt, und er bringt die Diskussion ein ganzes Stück voran mit seiner Andeutung, Hiobs größte Sünde sei womöglich nicht etwas, was er *vor* seiner „Passion" gesagt oder getan, sondern die Auflehnung, die er *im Verlauf* seines Leidens an den Tag gelegt habe. Damit wäre freilich die Quelle seines Leidens nicht aufgedeckt. Doch wird Hiob möglicherweise durch diese Feststellung vorbereitet, dem abschließenden Reden Gottes aufmerksamer zuzuhören, als das sonst der Fall gewesen wäre.

In Kapitel 35 bestreitet Elihu nachdrücklich Hiobs Unschuld. Doch im Gegensatz zu Eliphas (22,5-9) stellt er keine Liste der Sünden auf, die Hiob seines Erachtens begangen haben muß, sondern zieht vielmehr die grundlegenden Überzeugungen Hiobs in Zweifel. So ist Hiob beispielsweise überzeugt, daß Unterdrückte Gott um Hilfe anflehen, und klagt darüber, daß Gott ihnen keine Antwort zukommen läßt. Dem widerspricht Elihu: Die Menschen schreien zwar „unter der Last der Bedrükkung" und bitten um „Befreiung aus der Hand der Mächtigen" (35,9), doch *kann man das nicht Beten nennen.* Sie wünschen sich Erleichterung, wenden sich jedoch nicht Gott zu. Sie rufen nach Freiheit, „doch niemand sagt: ‚Wo ist Gott, mein Schöpfer ...?'" (35,10). Auf oberflächliche Bitten dieser Art hört Gott nicht (35,13). Wie kommt Hiob dazu anzunehmen, daß Gott ihn erhören werde, obwohl seiner ganzen Einstellung Gott gegenüber die Voraussetzung zugrunde liegt, daß Gott ihm eine Antwort schulde und daß Gott sich möglicherweise der Ungerechtigkeit schuldig gemacht habe (35,14-16)?

5. In den letzten beiden Elihu gewidmeten Kapiteln (Kap. 36-37) fließen mehrere Themen ineinander und Elihu selbst erscheint in einem günstigeren Licht. Die Kernaussage dieses Abschnitts können wir wie folgt zusammenfassen: Wie auch immer man an das Problem des Übels und des Leidens herangeht, die Gerechtigkeit Gottes muß als gegebene Tatsache vorausgesetzt werden. So erklärt Elihu: „Ich will meinem Schöpfer [unbedingt] Gerechtigkeit zuschreiben" (36,3). Gott ist nicht böswillig. Im Gegenteil, er sorgt für die Seinen. Darum ist die angemessene Reaktion auf unbegreifliches Leiden die, glauben und auszuharren; Verbitterung hingegen ist unter allen Umständen zu meiden (denn nur „Gottlose hegen Groll" – 36,13). Hiob hat sich hier in Gefahr begeben: „Hüte dich, und wende dich nicht dem Bösen zu, das du dem Leid vorzuziehen scheinst" (36,21). Hiob, du darfst dich nicht dem Bösen zuwenden, um auf diese Weise dein Leid zu lindern. Sei geduldig, will Elihu sagen. „Die Leidenden rettet [Gott] durch ihr Leiden; er spricht zu ihnen in ihrer Not. Auch dich entreißt er dem Rachen der Bedrängnis und bringt dich in einen weiten Raum ohne Enge, wo deine Tafel voll erlesener Speisen ist, dir zum Trost" (36,15 f.). Sei also geduldig; sei lieber ein gezüchtigter Heiliger als ein sorgloser Sünder.

Hiob und Gott (Hiob 38,1 – 42,6)

Zuletzt spricht Gott selbst und gibt Hiob aus dem Wettersturm eine Antwort (Kap. 38-41). „Wer ist dieser, der meinen Ratschluß mit Worten verdunkelt, die ohne Einsicht sind? Nimm deinen Mut zusammen wie ein Mann; ich will dir Fragen stellen, und du sollst mir antworten" (38,2 f.). Alle Fragen, die Gott dann Hiob stellt, sind darauf angelegt, ihn daran zu erinnern, daß nur Gott imstande ist, bestimmte Dinge zu vollbringen. „Wo warst du, als ich für die Erde das Fundament legte? Sag es mir, wenn du etwas davon verstehst" (38,4). „Hast du je dem Morgen Befehle erteilt, dem Frührot seinen Platz zugewiesen ...?" (38,12). „Hast du je die Lagerhäuser betreten, in denen der Schnee aufbewahrt wird, oder die Kammern des Hagels gesehen, den ich für Zeiten der Bedrängnis, für

Tage des Krieges und der Schlacht aufspare?" (38,22 f.). „Kannst du die wunderschönen Plejaden anbinden? Kannst du die Fesseln des Orions lösen? Kannst du die Sternbilder zu ihrer Zeit hervorbringen oder den Bären samt seinen Jungen hinausführen?" (38,31 f.). „Erjagst du Beute für die Löwin, oder stillst du den Hunger der Löwen, wenn sie sich in ihrer Höhle ducken oder in einem Dickicht auf der Lauer liegen? Wer bereitet dem Raben seine Nahrung, wenn seine Jungen zu Gott rufen und umherirren, weil sie nichts zu fressen finden?" (38,39 ff.). Weiter beschreibt Gott einige markante Züge der Bergziege, des Wildesels, des Wildochsen, des Straußes, des Pferdes, des Falken und des Adlers. „Der mit dem Allmächtigen streitet, der will ihn zurechtweisen? Der Gott anklagt, soll ihm eine Antwort geben!" (40,2).

Hiob hatte sich eine Unterredung mit dem Allmächtigen gewünscht. Er hatte gleichsam eine beeidigte Erklärung abgegeben, in der er forderte, der Allmächtige solle persönlich erscheinen und seine Anklage schriftlich vorlegen (31,35). Gottes Verteidigungsrede nahm jedoch einen ganz anderen Verlauf, als Hiob es sich vorgestellt hatte. Schon nach der ersten Atempause antwortet er: „Ich bin unwürdig – wie kann ich dir erwidern? Ich lege meine Hand auf meinen Mund. Ich habe einmal geredet, doch habe ich keine Antwort, zweimal, doch will ich nichts mehr sagen" (40,4 f.).

Gott ist jedoch mit seinen Ausführungen noch nicht zu Ende. „Nimm deinen Mut zusammen wie ein Mann; ich will dir Fragen stellen, und du sollst mir antworten" (40,7). Es folgt eine Reihe bissiger Fragen: „Willst du meine Gerechtigkeit in Mißkredit bringen? Willst du mich verurteilen, damit du recht behältst? Hast du einen Arm wie Gott, und kann deine Stimme donnern wie die seine? Dann schmücke dich mit Herrlichkeit und Pracht, und kleide dich in Ehre und Majestät. Entfessele die Wut deines Grimmes, sieh dir jeden Stolzen an, und wirf ihn nieder! Sieh dir jeden Stolzen an, und demütige ihn, zertrete die Gottlosen dort, wo sie stehen! Begrabe sie allesamt im Staub; verhülle ihr Angesicht im Grab! Dann will auch ich zugeben, daß deine Rechte dir Heil verschaffen kann" (40,8-14).

Beachtenswert ist, daß Gott Hiob keine Sünden vorwirft, um sie etwa als Ursache seines Leidens hinzustellen. Er geht weder auf die Gründe ein, weshalb Hiob leiden muß noch stellt er Hiobs eigene Rechtschaffenheit in Frage. Er hält Hiob wohl eine harte Rede, aber nicht wegen dessen Versuch der Selbstrechtfertigung, sondern weil Hiob Gott schuldig sprach, um selbst recht zu behalten. Gott „beantwortet" nicht Hiobs Fragen zum Problem des Übels und des Leidens, *macht jedoch überaus deut-*

lich, welche Antworten diesbezüglich in seinem (Gottes) Universum falsch sind.

Im weiteren Verlauf des 40. Kapitels sowie in Kapitel 41 stellt Gott eine Reihe weiterer rhetorischer Fragen. Kann Hiob den Behemoth (40,15 ff.) und den Leviathan (41,1 ff.) fangen und zähmen? Bei diesen beiden Tieren handelt es sich möglicherweise um das Nilpferd und das Krokodil, doch können sie auch Symbolfiguren für kosmische Urmächte sein, die sich gegen Gott erheben. Dahinter steckt folgender Gedanke: Will Hiob Gott Ungerechtigkeit vorwerfen, dann kann er es nur aus der Sicherheit der eigenen Gerechtigkeit heraus tun. Kann er aber diese Tiere – von den kosmischen Kräften, die sie versinnbildlichen, ganz zu schweigen – nicht zähmen, dann fehlt ihm diese Sicherheit. Deshalb zeugt es von außerordentlicher Anmaßung, wenn er die Gerechtigkeit Gottes in Frage stellt.

Hiobs Antwort (42,2-6) möchte ich, mit ein paar erklärenden Zusätzen versehen, im vollen Wortlaut wiedergeben: „Ich weiß, daß du alles vermagst [sagt Hiob zu Gott], und deine Pläne können unmöglich vereitelt werden. Du hast gefragt: ‚Wer ist dieser, der meinen Ratschluß mit Worten verdunkelt, die ohne Einsicht sind?' [38,2]. Fürwahr, ich habe über Dinge geredet, von denen ich nichts verstand, von Dingen, die zu wunderbar sind, als daß ich sie begreifen könnte. Du hast gesagt: ‚Höre nun, so will ich reden; ich will dir Fragen stellen, und du sollst mir antworten' [38,3; 40,7]. Meine Ohren hatten von dir gehört, jetzt aber haben meine Augen dich gesehen [gemeint ist: Hiob hat mittlerweile ein wesentlich angemesseneres Gottesverständnis]. Darum schätze ich mich selbst gering und tue Buße in Staub und Asche."

Was haben wir von dieser Unterredung zwischen Gott und Hiob zu halten?

Verschiedene Ausleger haben viele zweifelhafte Deutungen vorgelegt. So vertritt ein Autor die Ansicht, Gott komme deshalb auf so viele Naturerscheinungen zu sprechen, weil er Hiob klarmachen wolle, daß die Schönheit dieser Welt als schmerzstillendes Mittel, als eine Art ästhetisches Aspirin für leidende Menschen wirken könne. Wenn wir uns an der Schönheit unserer Welt erfreuten, werden unsere Probleme unbedeutend. Sie lösten sich im „weiten Umkreis der Harmonie des Alls" auf.[4] Leidet jemand jedoch schwer, so kann sich ihm die Schönheit dieser Welt umgekehrt als brutaler Kontrast darstellen, was sein Leiden intensiviert. Den Schmerz löst die Schönheit dieser Welt jedenfalls nicht auf, sie weckt höchstens im Leidenden ein Empfinden dafür, daß alles in der Welt wohl doch seine Richtigkeit habe. Hier wird die Antwort Gottes auf schlimme

Weise mißdeutet. Gott stellt nirgends in Frage, daß Hiob wirklich leidet, noch sieht er dieses Leiden als gering an.

Andere wiederum, George Bernard Shaw zum Beispiel, machen sich über Gottes Antwort lustig. Hiob verlange nach einer Erklärung, weshalb er leide, aber Gott falle nichts Besseres ein, als damit zu prahlen, daß er Schneeflocken und Krokodile erschaffen habe. Nach Meinung des Nobelpreisträgers Elie Wiesel, eines Überlebenden des Holocausts, hätte Hiob Gott besser mit seinem Anliegen so lange bestürmt, bis er eine zufriedenstellende Antwort auf die Frage erhalten hätte, weshalb die Gerechten leiden. Daß Hiob über sein Verhalten Buße getan habe, sei unzweifelhaft richtig, dennoch hätte er Gott mehr bedrängen müssen.

Beide Ansätze verraten, daß ihre Urheber das Hiobbuch nicht verstanden haben. Sie setzen voraus, daß uns alles, was in Gottes Universum vor sich geht, erklärt werden sollte – daß Gott uns eine Erklärung schuldig sei. Es ist für sie unvorstellbar, daß Gott stichhaltige Gründe haben könnte, uns das, was wir wissen möchten, zumindest vorläufig vorzuenthalten. Hier wird schlicht davon ausgegangen, daß dem Allmächtigen mehr daran gelegen sei, uns Erklärungen zu geben, als daran, der Gott unserer Anbetung und unseres Vertrauens zu sein.

Die Antwort, die Gott Hiob erteilt, hat zwei Schwerpunkte. Mit dem ersten haben wir uns bereits beschäftigt: Hiob hat „den Ratschluß Gottes verdunkelt", und zwar dadurch, daß er versucht hat, sich selbst auf Kosten der Gerechtigkeit Gottes zu rechtfertigen. Dazu ist er einfach nicht in der Lage. „In seinen Reden sagt Gott Hiob sehr deutlich, daß es sich nicht gehört, von seiner bescheidenen Stellung aus beurteilen zu wollen, ob die kosmische Ordnung soweit aus den Fugen geraten sei, daß er zu dem Spruch berechtigt wäre: ‚Es werde Finsternis.'"[5] Der zweite Schwerpunkt erschließt sich aus dem Kontext: Wenn es so viele Dinge gibt, die Hiob nicht versteht, warum beharrt er dann so nachhaltig darauf, das eigene Leid zu verstehen? *Es gibt bestimmte Sachverhalte, die wir niemals verstehen werden, denn wir sind nicht Gott.*

Hiobs Reaktion ist aus diesem Grunde durchaus angebracht. Er sagt nicht: „Aha, endlich habe ich es begriffen!", sondern: „Ich tue Buße." Er bereut nicht die angeblichen Sünden, die nach Meinung seiner Freunde sein Leid verursacht haben; er bereut vielmehr die Anmaßung, die er an den Tag legte, als er die Gerechtigkeit Gottes in Zweifel zog. Er bereut die Einstellung, von Gott eine Antwort zu fordern, als sei Gott sie ihm schuldig. Er bereut, daß er Gott nicht besser gekannt hat: „Meine Ohren hatten von dir gehört, jetzt aber haben meine Augen dich gesehen. Darum ... tue ich Buße" (42,5 f.).

Denen, die Gott nicht kennen, sondern die darauf bestehen, selbst Gott zu sein, wird dieser Schluß nicht befriedigen. Aber wer Gott kennt, erkennt auch im Verlauf der Zeit, daß es besser ist, Gott zu vertrauen.

Das Hiobbuch lehrt uns, daß das Leiden – in dieser Welt zumindest – immer ein Rätsel bleiben wird. Es lehrt uns aber auch zu glauben - nicht blinde, gedankenlose Unterwerfung unter ein unpersönliches Schicksal, sondern Glauben an den Gott, der sich uns in seiner Gnade offenbart hat.

Hiobs gesegnetes Ende (Hiob 42,7-16)

Diese Verse lassen sich in zwei Abschnitte unterteilen. Im ersten – wir haben bereits einen Blick darauf geworfen – ist vom Zorn Gottes die Rede, der gegen Eliphas und seine beiden Gefährten entbrannt war, weil sie im Gegensatz zu Hiob nicht recht von Gott geredet hatten (42,7 f.). Sie werden aufgefordert, Gott ein Brandopfer darzubringen. Hiob, den sie verachtet und beleidigt haben, soll für sie Fürbitte einlegen, denn Gott ist bereit, seine Gebete für sie anzunehmen (also nicht ihre eigenen!).

Im zweiten Abschnitt (Verse 10-17) erhält Hiob, nachdem er für seine Freunde gebetet hat, seinen früheren Wohlstand zurück. Seine Geschwister und Bekannten scharen sich um ihn und beschenken ihn, vermutlich um ihm einen Neuanfang zu erleichtern. Er zeugt sieben Söhne und drei Töchter und gelangt in den Besitz von doppelt so vielen Tieren wie zuvor. Es gab im ganzen Land keine schöneren Frauen als die Töchter Hiobs, und er gab ihnen Erbbesitz unter ihren Brüdern – ein weiterer Hinweis auf die barmherzige Haltung Hiobs gegenüber denen, die an die Peripherie des Lebens gedrängt wurden (vgl. Kap. 31). Er erreichte ein hohes Alter und sah seine Kinder und Kindeskinder bis ins vierte Geschlecht. Am Ende starb er „alt und lebenssatt" (Luther) - was nur den begnadetsten Gottesknechten (Abraham [1. Mose 25,8], Isaak [1. Mose 35,29], David [1. Chronik 29,28] und dem Priester Jojada [2. Chronik 24,15]) zuteil wurde.

Manche sind über diesen glücklichen Ausgang empört. Die Geschichte müßte, so meinen sie, mit der Buße Hiobs schließen. Ob er wieder zu seinem früheren Wohlstand gelange oder nicht, sei unerheblich. Außerdem stimme der glückliche Ausgang nicht mit der Erfahrung vieler überein. Durch diesen Schluß werde die Vergeltungslehre nachträglich gutgeheißen, was man bestenfalls als enttäuschend, schlimmstenfalls als widersinnig bezeichnen müsse.

Dies ist meines Erachtens eine recht seichte Deutung des Textes. Vielleicht können folgende Überlegungen dazu beitragen, den Zweck des Buchschlusses besser zu verstehen:

1. Wir müssen vor unseren eigenen Vorurteilen auf der Hut sein. Sind viele mit dem Schluß des Buches unzufrieden, dann deshalb, weil in der literarischen Welt von heute eine zweideutige Haltung in Fragen der Moral auf allgemeine Zustimmung, moralische Gewißheit hingegen weithin auf allgemeine Ablehnung stößt. Dem modernen Menschen gefallen Romane und Bühnenstücke, in denen Recht und Unrecht verdreht und Entscheidungen aufgrund einer Vermischung aus Wahrheit und Irrtum getroffen werden. Helden und Antihelden tauschen ihre Rollen.

Warum zieht uns diese Zweideutigkeit so sehr in ihren Bann? Klare, eindeutige Antworten werden als unbequem abgestempelt. Unsere pluralistische Gesellschaft begeistert sich für eine mehrdeutige Ethik. Die heute weitverbreitete Hingabe an eine mehrdeutige Moral ist von außerordentlichem Egoismus geprägt. Sie verlangt die Loslösung von Gott, damit man schalten und walten kann, wie es gefällt. Gerät jedoch das Leiden ins Blickfeld, dann fordert paradoxerweise diese egoistische Haltung, die stets meine Welt und meine Interessen in den Mittelpunkt rückt, daß Gott absolut klare Verhältnisse schafft.

2. In seinem Martyrium beweist Hiob, daß er dem Herrn aus reinem Herzen dient. Es stimmt zwar, daß er auch Törichtes äußert und dafür zurechtgewiesen wird. Er wendet sich jedoch nie von Gott ab. Bei seiner Forderung, Gott möge ihm persönlich erscheinen und seine Handlungsweise erklären, handelt es sich um den Schmerzensschrei eines Glaubenden, der wissen will, was Gott vorhat. Selbst während er in der Aschengrube sitzt, hat Hiob Gottvertrauen.

Insofern hat Gott seine Wette mit dem Teufel gewonnen. Hiob mag zwar mit seinen Worten den Ratschluß Gottes verdunkelt haben, doch hat er weder seine Rechtschaffenheit verloren noch seinem Gott den Rücken gekehrt. Deshalb ist es nicht verwunderlich, daß eine völlige Versöhnung zwischen Gott und Hiob stattfindet. Hat Gott seine Wette einmal gewonnen, welchen Grund gäbe es da noch, Hiob weiter leiden zu lassen?

3. Ganz gleich, wie die Geschichte ausgeht, das Leiden selbst vermag niemand ungeschehen zu machen. An die Verluste, die Hiob erlitten hatte, wird er sich zeitlebens erinnern. Ein gesegnetes Ende ist auf jeden Fall besser als ein schreckliches, es vermag jedoch nicht, erfahrenes Leid zu verwandeln. Man kann von einem Überlebenden des Holocausts

nicht behaupten, er habe weniger gelitten, nur weil er zuletzt überlebt hat und seitdem ein angenehmes Leben führt.

4. Das Buch Hiob ist nicht im geringsten daran interessiert, das Mysterium um seiner selbst willen zu loben. Alle biblischen Verfasser bezeugen, daß die Gottesfurcht letzten Endes zu einem erfüllten Leben führt. Ist es nicht so, dann wäre es eine sinnlose Selbstquälerei, den Herrn zu fürchten. Das Buch lehnt nicht alle Theorien der Vergeltungsgerechtigkeit ab, sondern distanziert sich nur von einer Vereinfachung und Systematisierung der Vergeltungslehre. Es verwirft kategorisch schablonenhaftes Denken, daß es den Gerechten immer gut und den Gottlosen immer schlecht ergehe. Es kann auch andere Gründe geben, warum jemand leidet; Segen und Vergeltung läßt manchmal lange auf sich warten. Die Erkenntnis Gottes lohnt sich um ihrer selbst willen.

Am Ende hat Hiob immer noch nicht alle Antworten. So weiß er beispielsweise nichts über die Wette, die Gott und Satan miteinander abgeschlossen hatten. Er muß schlicht darauf vertrauen, daß etwas weitaus Größeres als sein persönliches Glück auf dem Spiel stand. Er hört damit auf, Gott Ungerechtigkeit zu unterstellen, weil er ihn mittlerweile besser kennt, und freut sich neu am reichen Segen des Herrn.

5. Es wird nirgends angedeutet, daß Hiobs gesegnetes Ende eine Belohnung sei, die ihm aufgrund seiner in der Bedrängnis ausgeübten Treue zugestanden wurde. Im Epilog werden die Segnungen, die Hiob erfährt, als eine unverdiente Gabe Gottes hingestellt. Der Herr ist weder tückisch noch launenhaft. Er kann uns aus verschiedenen Gründen seine Gunst entziehen, aber „seine Liebe währet für und für".

In diesem Sinne könnte man den Epilog als das alttestamentliche Gegenstück zur neutestamentlichen Erwartung eines neuen Himmels und einer neuen Erde bezeichnen. Gott ist gerecht, und seine Gerechtigkeit wird eines Tages für alle sichtbar werden. Damit wird die mathematische Vergeltungslehre *nicht* durch die Hintertür wieder eingeführt. Vielmehr gelangen wir, wenn auch auf anderem Wege, zu der gleichen Schlußfolgerung wie im achten Kapitel des vorliegenden Buches.

6. Obwohl ich wiederholt davon gesprochen habe, daß Gott mit Satan eine Wette eingeht und sie gewinnt, geschah dies nur in dem Bemühen, die in Hiob 1 geschilderte Szene sprachlich besser einzufangen. Formulierungen dieser Art sind zweifellos gefährlich; man könnte daraus entnehmen, Gott sei zu Spielereien mit Menschenschicksalen fähig. Er spiele mit dem Leben seiner Geschöpfe, um eine Wette zu gewinnen.

Daß dem nicht so ist, liegt auf der Hand. Bei der Herausforderung Satans handelt es sich keineswegs um ein Spiel. Zudem weiß Gott von vornherein, wie alles ausgehen wird. Aber das Hiobbuch teilt uns nirgendwo mit, warum Gott so handelt. Der feierlich-erhabene Ton der an Hiob gerichteten Gottesreden hüllt die Ziele Gottes nicht nur in ein Geheimnis, sondern setzt auch voraus, daß sie weder willkürlich noch leichtfertig sind, sondern ernsthaft und unergründlich zugleich.

Allerdings stimmt die Wette mit Satan in gewisser Weise mit anderen biblischen Aussagen überein. Die Sorge Gottes um das Heil des Menschen ist Teil eines umfassenderen kosmischen Krieges zwischen Gott und Satan. Wie dieser Krieg ausgehen wird, steht jetzt schon fest, dennoch gibt es bis dahin immer wieder schreckliche Kämpfe. So müssen die menschlichen Dimensionen der Erlösung und des Gerichts innerhalb eines weit größeren Rahmens betrachtet werden, als sie uns üblicherweise vor Augen stehen.

7. Vielleicht sind wir jetzt eher in der Lage zu erkennen, warum Gott seinem Knecht Hiob bescheinigt, im Gegensatz zu den drei leidigen Tröstern „recht von ihm geredet zu haben". Es stimmt zwar, daß Hiob zurechtgewiesen wird, weil er „den Ratschluß [des Herrn] verdunkelt" hat. Er hat sich angemaßt, von Gott zu fordern, daß er über sein Handeln Rechenschaft ablege. Dennoch ist Hiob immer auf der Suche nach der Wahrheit gewesen und hat sich durch die oberflächlichen Patentlösungen seiner Freunde keineswegs davon abschrecken lassen. Er leugnet weder die Weltregierung Gottes noch – in den meisten seiner Aussagen! – die Gerechtigkeit Gottes. Und was die Wette betrifft, die Gott mit Satan abgeschlossen hat: Hiob hat seine Prüfung glänzend bestanden. Er hat sich nicht einen Augenblick von Gott abgewandt.

Welch ein Gegensatz zu den drei Freunden! Zwar bemühen sie sich, Gott in Schutz zu nehmen, doch stellt ihre Theologie letzten Endes für Hiob eine Versuchung dar. Sie ermahnen ihn, Sünden zu bekennen, die er nicht begangen hat, um auf diesem Wege seinen Wohlstand wiederzuerlangen. Wäre Hiob dieser Versuchung erlegen, dann wäre sichtbar geworden, daß es ihm mehr um seinen Reichtum ging als um seine Rechtschaffenheit oder um den Herrn selbst. Der Herr hätte dann seine Wette verloren. Hiob wäre auf das Niveau der vielen Menschen abgesackt, die Gott lediglich um persönlicher Vorteile willen suchen.

Wir haben es hier mit der höchsten Bewährungsprobe unserer Gotteserkenntnis zu tun. Ist unsere Gotteserkenntnis so stark, daß, wenn wir schweren Leiden ausgesetzt sind, sie uns zwar zu quälenden Fragen bringt, es jedoch nicht zuläßt, daß wir uns von Gott abwenden?

Vielleicht sollten wir es lieber anders herum sagen: Von Gott, der Hiob so schwer prüfte, wird an anderer Stelle im Hinblick auf sein Volk gesagt:

„Er wird nicht zulassen, daß [sie] über das für [sie] erträgliche Maß hinaus versucht werden; sondern wenn [sie] versucht werden, sorgt er für einen Ausweg, damit [sie] bestehen können“ (1. Korinther 10,13). Wir dürfen freilich nicht meinen, Gott habe bezweifelt, ob er die mit Satan eingegangene Wette um Hiob gewinnen würde oder nicht!

Das Leiden stellt sich uns manchmal als Mysterium dar. Ob unser Glaube in der Not Bestand haben wird?

Fragen zum weiteren Nachdenken

1. Fassen Sie die wichtigsten Lektionen zusammen, die wir dem Buch Hiob entnommen haben.
2. Kann Gott auch von Ihnen sagen, daß Sie ihm ohne Rücksicht auf persönliche Vorteile treu bleiben?
3. Sprachen Sie schon mal so mit Gott, wie Hiob es tat? Warum bzw. warum nicht?
4. Welche Rolle spielen in der Gesamtkonzeption des Hiobbuches die Beiträge des Elihu?
5. Welche Lektionen sind den Gottesreden am Ende des Buches zu entnehmen?
6. Warum geht es Hiob zum Schluß so gut? Inwiefern ist dies für uns heute von Bedeutung?
7. Was können Sie tun, um Gott besser kennenzulernen und Ihr Gottvertrauen zu stärken, damit Sie in Zeiten der Anfechtung oder des Leidens besser standhalten?

Anmerkungen

[1] Athalya Brenner, „Job the Pious? The Characterization of Job in the Narrative Framework of the Book,“ *Journal for the Study of the Old Testament* 43 (1989), S. 37-52.

[2] So Artur Weiser, *Das Buch Hiob übersetzt und erklärt,* ATD 13, Göttingen: Vandenhoeck u. Ruprecht, 8. Aufl., 1988, S. 57 [Anm. d. Übers.].

[3] Eine angemessene Besprechung der Schwierigkeiten findet sich bei John E. Hartley, *The Book of Job,* NICOT, Grand Rapids: Eerdmans, 1988, S. 292-297.

[4] So Robert Gordis, *The Book of God and Man: A Study of Job*. Chicago: University of Chicago Press, 1965, S. 133 u. 304.

[5] Stuart Lasine, „Bird's-eye and Worm's-eye Views of Justice in the Book of Job," *Journal for the Study of the Old Testament* 42 (1988), S. 344.

10. Der leidende Gott

Das Leiden ist für uns manchmal Mysterium. Ob unser Glaube dann Bestand haben wird?

Als Einstieg in das vorliegende Kapitel bietet sich der letzte Satz des vorigen geradezu an; denn wahrhaft christlicher Glaube ist nicht mit naiver oder sentimentaler Leichtgläubigkeit gleichzusetzen. Wahrer Glaube ist auf die Zuverlässigkeit und Treue dessen angewiesen, an den geglaubt wird. Das Vertrauen in einen Gott, der sich als grausamer Tyrann oder gemeiner Betrüger entpuppt, wird am Ende bitter enttäuscht. Bewähren wird sich nur der Glaube dessen, der auf einen treuen Gott vertraut.

Eine Aufzählung sämtlicher Gründe, warum wir Christen überzeugt sind, daß Gott das Vertrauen, das so viele Menschen in ihn setzen, verdient, würde den Rahmen dieses Buches bei weitem sprengen. Denken wir jedoch ernsthaft über das Übel und das Leiden nach, dann stellt sich heraus, daß einer der wichtigsten Gründe, warum wir uns der Vertrauenswürdigkeit Gottes so sicher sind, die Sendung seines Sohnes in die Welt ist, damit er um unseretwillen entsetzliches Leid auf sich nimmt. Gottes Sohn, Jesus Christus, dem die Anbetung als Gott gebührt, der Handelnde Gottes bei der Schöpfung (Johannes 1,2 f.), hat einen qualvollen, abscheulichen, überaus schimpflichen Tod erlitten. Der Gott, auf den wir uns verlassen, weiß über das Leiden umfassend Bescheid – nicht nur, weil er als Gott alles überschaut, sondern aus persönlicher Erfahrung.

Dieses Thema ist so umfassend, daß es eigentlich eine ins einzelne gehende Besprechung verlangt. Es wäre jedoch vermessen, das Geschehen am Kreuz in einem so kurzen Kapitel ausgewogen abhandeln zu wollen.[1] Ich werde mich auf vier einfache Wahrheiten über das Kreuz konzentrieren, die alle mit dem Thema Übel und Leiden zusammenhängen.

Am Kreuz trugen Gerechtigkeit und Liebe den Sieg davon

Sind wir überzeugt, daß wir zu Unrecht leiden, dann kann es geschehen, daß wir zu Gott um Gerechtigkeit rufen. Wir wollen, daß Gott seine Gerechtigkeit sichtbar erweist und uns sofort entlastet. Wir wollen, daß Gott sich gerecht verhält und denen, die es verdient haben, sofort ihren Anteil am Leiden zumißt.

Gerechtigkeit dieser Art hat jedoch einen Haken: Wäre sie wahrhaft gerecht und würde sie so prompt eintreffen, wie wir es fordern, dann würden wir bald um Erbarmen, um Liebe, um Vergebung flehen – um alles, nur nicht mehr um Gerechtigkeit. Was ich wirklich meine, wenn ich um Gerechtigkeit bete, bewegt sich häufig innerhalb der Grenzen, die von folgenden drei Voraussetzungen (sie werden nicht immer als solche erkannt) ausgehen: 1. Ich will, daß die Gerechtigkeit sofort ihren Lauf nimmt; 2. Ich verlange Gerechtigkeit in diesem besonderen Fall, aber nicht unbedingt in allen anderen; 3. Ich gehe davon aus, daß ich die Situation in diesem Fall richtig erfaßt habe.

Wir wollen auf diese drei Voraussetzungen näher eingehen. Zu 1: Die Bibel bezeugt, daß Gott ein gerechter Gott ist und seine Gerechtigkeit am Ende für alle sichtbar wird. Wenn wir ihn nachdrücklich um Gerechtigkeit anflehen, wollen wir im Normalfall aber mehr. Wir möchten, daß er uns jetzt entlastet. Zu 2: Ich befinde mich mit diesem Verlangen oft auf der falschen Seite. Bewußt oder unbewußt würde ich Gott damit auffordern, mich selbst zu verurteilen. Eine Gerechtigkeit aber, die nur dann eintreten soll, wenn ich dadurch einen Vorteil habe, ist keine Gerechtigkeit. Gerechtigkeit, die einem Vorteile einräumt vor anderen, ist letztlich Ungerechtigkeit. Und niemand wünscht sich einen so handelnden Gott. Zu 3: Wenn ich leidenschaftlich um Gerechtigkeit flehe, dann meistens deshalb, weil ich meine, die Situation gut zu durchschauen. Das ist tatsächlich Überheblichkeit und spricht für sich.

Man könnte an dieser Stelle einwenden, daß der Psalmist häufig um sein Recht bittet. Es kann doch nicht verkehrt sein, wenn wir es auch tun. Dem stimme ich zu, vorausgesetzt, es geschieht nicht unter den genannten drei Voraussetzungen.

Nehmen wir einmal an, Gott würde sofort jede gute Tat, jeden freundlichen Gedanken und jedes wahre Wort mit einem Gefühl der Freude belohnen und jede böswillige Handlung, jeden unreinen Gedanken und jedes unwahre Wort mit heftigen Schuldgefühlen bestrafen. Gehen wir weiter davon aus, das jeweilige Gefühl der Freude oder der Schuld entspräche genau der Gutheit oder Bosheit, die Gott im betreffenden Augenblick bei uns wahrnähme. Was wäre für diese Welt die Folge?

Wir wären keine Menschen mehr, sondern Roboter. Wir würden Gott nicht um seiner Hoheit und Heiligkeit willen anbeten, sondern weil die Anbetung uns egoistisches Vergnügen bereitet. Wir würden nicht mehr lügen, nicht, weil Lügen Sünde ist und von dem Gott, den wir lieben, verabscheut wird, sondern weil wir Schuldempfindungen ausweichen wollen. Wir würden unseren Nächsten lieben, nicht weil unser Herz durch die Liebe Gottes verwandelt worden ist, sondern weil uns persönliches Vergnügen lieber ist als persönlicher Schmerz.

Wenn Gott eine derartige Weltordnung schüfe, wäre alles viel schlimmer. Gott sieht ja nicht nur unsere Taten; er sieht unser Herz. Ein System erzwungener und kompromißlos „gerechter" Disziplin aber verändert unser Herz nicht. Wir würden Gott ständig grollen. Unser Gehorsam wäre rein äußerlich, unser Herz nicht erobert, unsere Hingabe nicht freiwillig. Möglicherweise würden Schuldgefühle uns dazu bringen, eine gewisse Bußfertigkeit zu zeigen, aber keine echte Treue bewirken. Da Gott das Herz erforscht, müßte er uns ständig in Bedrückung versetzen. Die Welt und das Leben würden zur Hölle. Wollen Sie wirklich uneingeschränkt wirkungsvolle, sofortige Gerechtigkeit? Dann fahren Sie zur Hölle.

Es gibt einen weiteren Faktor, dem wir ins Auge sehen müssen. Wenn wir Gerechtigkeit fordern, dann setzen wir irgendeinen Maßstab voraus. Sollen aber die Maßstäbe Gottes gelten, so hat er sie deutlich zum Ausdruck gebracht: Der Sünde Sold ist der Tod (Römer 6,23). Wieder sind wir auf anderem Wege – in der Hölle gelandet.

Wir müssen dankbar sein, daß Gott ein Gott des Rechts ist. Wäre Gott nicht gerecht und gäbe es keine Gewißheit, daß der Gerechtigkeit am Ende Genüge geschehen wird, dann fiele die gesamte sittliche Ordnung in sich zusammen. Doch wir müssen ebenso dankbar sein, daß Gott nicht nur ein Gott des Rechts ist. Er ist auch ein Gott der Liebe und des Erbarmens, ein Gott, der barmherzig ist und Sündern vergibt.

Nirgendwo zeigt sich dies deutlicher als am Kreuz. Aus einer gewissen Perspektive betrachtet, war der Kreuzestod Jesu der ungerechteste Akt der Menschheitsgeschichte. Er, der ohne Sünde war, wurde zu unserem Sündopfer; er, der nie gegen seinen himmlischen Vater rebelliert hatte, wurde von Rebellen brutal hingerichtet; er, der Gott von ganzem Herzen, von ganzer Seele, von ganzem Gemüt und mit ganzer Kraft liebt, wurde von Gott verlassen, so daß er schrie: „Mein Gott, mein Gott, warum hast du mich verlassen?" Und doch war es dieser Akt, diese ungerechteste aller Taten, die der göttlichen Gerechtigkeit Genugtuung verschaffte und es uns Sündern ermöglichte, die Vergebung Gottes zu erfahren und in den Genuß der Verheißung ewiger, unverdienter Seligkeit zu kommen.

Hier müssen wir einen weitverbreiteten Denkfehler vermeiden, nämlich die Meinung, Gottes, des Vaters, charakteristische Eigenschaften seien Gerechtigkeit und Zorn, die seines Sohnes Jesus Christus hingegen Liebe und Erbarmen. Danach hat der Sohn es irgendwie geschafft, den Vater, der uns ansonsten gnadenlos getötet hätte, umzustimmen und auf unsere Seite zu ziehen.

In der Bibel aber werden sowohl der Vater als auch der Sohn als heilig beschrieben und darum als zornig über die Sünde, zugleich aber als voller Erbarmen. Der Vater sandte seinen Sohn deshalb in die Welt, weil er sie *liebte* (Johannes 3,16). Es ist Gott selbst, der seine Liebe zu uns darin erweist, daß Christus für uns starb, als wir noch Sünder waren (Römer 5,8).

Damit ist dennoch der Kreuzestod Jesu ein Sühnopfer, das Gott mit uns versöhnt und ihn gnädig stimmt. Die Lehre von der Versöhnung meint nicht, Christus sei das handelnde Subjekt der Versöhnung und der Vater ihr Objekt, als habe etwa der Sohn (Subjekt) den Vater (Objekt) gnädig gestimmt. Es stimmt zwar, daß der Sohn das „Sühnopfer" (1. Johannes 2,2; rev. Lutherübers.: „Versöhnung") für unsere Sünden ist, da er – und nicht der Vater – gestorben ist. Aber Gott ist sowohl das handelnde Subjekt als auch das Objekt dieser Versöhnung. Er ist das Subjekt, weil er selbst zum Opfer bereit war, indem er seinen einzigen Sohn in die Welt sandte, damit dieser den Tod erleide. Er ist gleichzeitig auch das Objekt, denn es war seine Gerechtigkeit, der Genugtuung verschafft wurde, als sein Sohn starb anstelle von Sündern, die das verdammende Urteil seiner Gerechtigkeit verdienten. In diesem Sinn dürfen wir davon sprechen, daß der Sohn den Vater versöhnlich gestimmt habe. Wir dürfen jedoch nicht meinen, der Vater und der Sohn nähmen unterschiedliche Grundhaltungen ein im Hinblick auf Sünder und deren Sünden.

Paulus stellt heraus, daß Gott selbst seinen Sohn „als Sühnopfer hingestellt hat in seinem Blut [das heißt, durch seinen Tod am Kreuz]" (Römer 3,25). Es folgt eine äußerst verblüffende Aussage. Wir hätten vielleicht erwartet, daß Paulus diese Handlungsweise Gottes auf seine Liebe zu gefallenen Sündern zurückführt. Statt dessen sagt er, Gott habe „dies getan, um seine *Gerechtigkeit* zu erweisen, weil er in seiner Nachsicht die früher begangenen Sünden ungestraft gelassen hatte – er hat es getan, um in der gegenwärtigen Zeit seine *Gerechtigkeit* zu erweisen, damit er selbst gerecht sei und die, die an Jesus glauben, rechtfertige" (Römer 3,25 f.; Hervorhebung vom Verfasser). Mit anderen Worten: Gott hatte die Sünden früherer Generationen nicht übersehen, geschweige denn die Sünden, die damals begangen wurden und noch geschehen werden. Am Kreuz tilgte er sie und erwies so seine Gerechtigkeit. Sie fordert, daß Sünde bestraft wird. Wie konnte Gott also Sünder freisprechen, ungestraft davonkommen lassen, „rechtfertigen", obwohl sie schuldig waren? Er sandte seinen Sohn und ließ ihn an ihrer Stelle sterben. Dieses von Gott selbst gewollte Blutopfer ermöglichte es ihm, Sündern zu vergeben und gleichzeitig die Maßstäbe seiner Gerechtigkeit zu erhalten. „Denn in Christus versöhnte *Gott* die Welt mit sich selbst, indem er den Menschen ihre Sünden nicht anrechnete" (2. Korinther 5,19; Hervorhebung vom Verfasser). Der Sohn Gottes starb an der Stelle, an der Sünder hätten sterben müssen. Dadurch erweist sich Gott als gerecht und gleichzeitig als der, der alle, die an Jesus glauben, rechtfertigt.

Am Kreuz begegnen sich die Gerechtigkeit und die Liebe Gottes. Gott hält die Integrität seiner Gerechtigkeit aufrecht und Gott gießt zugleich die Fülle seiner Liebe aus. Am Kreuz erweist sich Gott als gerecht, aber auch als der, der Sünder, sofern sie an seinen Sohn glauben, rechtfertigt. Der Tod des Gottessohnes ist der einzige Maßstab, an dem ich ablesen kann, was Gott von meiner Sünde hält; der Tod des Gottessohnes ist die einzige Grundlage, auf der mir diese Sünde vergeben werden kann. Am Kreuz trägt sowohl die Gerechtigkeit als auch die Liebe den Sieg davon.

Es scheint, als seien wir von unserem Thema, dem Problem des Übels und des Leidens, weit abgekommen. Wir müssen aber in diesem Zusammenhang erkennen: Rufen wir nach Gerechtigkeit, sollten wir bedenken, was wir tun. Es mag angebracht sein, Gott in einem bestimmten Fall um den Erweis seiner Gerechtigkeit zu bitten. Aber wer eine solche Bitte ausspricht, sollte nicht davon ausgehen, daß Gerechtigkeit das einzige sei, was wir benötigten, oder daß wir gerechter seien als Gott, oder daß wir ihm vorwerfen dürfen, er sei nicht gerecht genug. Die Gerechtigkeit allein wird uns alle töten. Nur der gemeinsame Sieg der Gerechtigkeit *und* der Liebe wird uns helfen. Dieser Sieg ist mit dem Kern des Evangeliums, dem Kreuz des geliebten Gottessohnes, unseres Heilands Jesus Christus, so eng verbunden, daß wir es als Christen nie aus dem Blick verlieren dürfen.

Am Kreuz wird deutlich, auf was für einen Gott wir unser Vertrauen setzen

Wie Gott ist, wird natürlich nicht nur am Kreuz deutlich. Aber wer die Bibel aus christlicher Perspektive liest, der entdeckt, daß ihre verschiedenen Linien im Kreuz und in der Auferstehung Jesu zusammenkommen.

Um einen tieferen Einblick zu gewinnen, wird es sich hier lohnen, einen kurzen Abstecher in theologische Regionen zu machen, um die heutige Christen normalerweise einen großen Bogen machen. Die Mehrheit der Theologen vertritt die Lehre von der Leidensunfähigkeit Gottes (engl. the impassibility of God). Sie besagt in ihrer schwächeren Form, daß Gott nicht leiden, in ihrer strengeren Ausprägung, daß von außen her überhaupt nicht auf Gott eingewirkt werden kann. Frühere Vertreter dieser strengeren Auslegung sprachen Gott drei Eigenschaften ab: „1. äußeres Empfindungsvermögen oder die Fähigkeit, von außen auf sich einwirken zu lassen; 2. inneres Empfindungsvermögen oder die Fähigkeit, von innen her die eigenen Gefühle zu beeinflussen; 3. sinnliches Empfindungsvermögen oder die Fähigkeit, Gefühle des Vergnügens oder des Schmerzes zu empfinden, die durch das Handeln eines anderen Wesens ausgelöst werden.“[2]

Es läßt sich leicht erkennen, wie diese Ansicht zustande kam. Hiob erklärt mit Recht: „Ich weiß, daß du alles vermagst, und deine Pläne können unmöglich vereitelt werden“ (Hiob 42,2). Hat Gott nicht selbst behauptet: „Ich, der Herr, wandle mich nicht“ (Maleachi 3,6 nach der rev. Lutherübers.)? Gott handelt eigenmächtig, denn er „läßt alle Dinge zusammenwirken in Übereinstimmung mit dem Wohlgefallen seines Willens“ (Epheser 1,11). Bei Gott „gibt es keine Veränderung wie bei unbeständigen Schatten“ (Jakobus 1,17).

Wenn nun jemand die Frage stellt: „Wie steht es aber um die vielen Bibelstellen, in denen von der Liebe oder vom auflodernden Zorn Gottes die Rede ist?“, könnte er sich auch auf viele Stellen der Bibel berufen. Lange vor dem Kreuzestod Jesu wird in vielen Bibelstellen von der Leidenschaft, der Liebe, dem Zorn und der Sehnsucht Gottes berichtet: „‚Ist nicht Ephraim mein lieber Sohn, das Kind, am dem ich Wohlgefallen finde? Wiewohl ich ihn oft anprangere, muß ich immer noch an ihn denken. Darum sehnt sich mein Herz nach ihm; ich empfinde großes Erbarmen mit ihm’, spricht der Herr“ (Jeremia 31,20). „Wie könnte ich dich preisgeben, Ephraim? Wie könnte ich dich ausliefern, Israel? ... Mein Herz in mir ist nun anderen Sinnes; all mein Erbarmen lodert auf. Ich will meinen grimmigen Zorn nicht vollstrecken, noch werde ich mich wenden und Ephraim verwüsten. Denn ich bin Gott und nicht ein Mensch" (Hosea 11,8 f.). „Weh dir, du Verwüster, der du selbst nicht verwüstet worden bist! Weh dir, du Verräter, der du selbst nicht verraten worden bist!" (Jesaja 33,1). „Mein Volk, was habe ich dir getan? Womit bin ich dir zur Last geworden? Antworte mir!" (Micha 6,3). „Denn Gott hat die Welt so sehr geliebt ..." (Johannes 3,16). Bei Jesus verhält es sich ebenso: „Er sah sie der Reihe nach an, voll Zorn ... und zutiefst betrübt" (Markus 3,5). „Als er sich Jerusalem näherte und die Stadt erblickte, weinte er über sie und sagte: ‚Wenn doch auch du an diesem Tag erkannt hättest, was dir Frieden bringen würde – aber jetzt ist es vor deinen Augen verborgen'" (Lukas 19,41 f.).

Was sagen die Verteidiger der Leidensunfähigkeit Gottes zu diesen Aussagen der Schrift? Ihre Antwort ist dreigliedrig.

1. Es handelt sich bei den angeführten Bibelstellen um Anthropomorphismen, also um bildliche Wendungen, in denen so von Gott gesprochen werde, als sei er ein Mensch. Wenn die Bibel beispielsweise sagt, daß Gott seinen Arm bloßlege, dann sei damit nicht gemeint, daß dies buchstäblich geschehe. Es handelt sich bei diesem Ausdruck vielmehr um Anthropomorphismus, etwa in dem Sinn: „Gott krempelte die Ärmel hoch und ging an die Arbeit", das heißt, Gott habe auf irgendeine Weise seine Macht erwiesen.

2. Gott, der alles erschaffen hat, steht außerhalb der Zeit. Darum dürfen ihm keine an die Zeit gebundenen Eigenschaften zugeschrieben werden. Da nach unseren Vorstellungen Veränderungen nur innerhalb der Zeit stattfinden, ist davon auszugehen, daß Gott in seiner zeitlosen ewigen Existenz unveränderlich und darum leidensunfähig sei. Wenn sie dennoch davon spricht, daß Gott leidensfähig wäre, will sie uns, die wir in die Zeit eingeschlossen sind, unserem Verstehen angepaßt verdeutlichen, wie Gott ist. Darum bedient sie sich uns verständlichen Vokabeln.[3]

3. Emotionen Jesu sind seiner *menschlichen* Natur zuzuschreiben und nicht seiner *göttlichen* Natur zugehörig zu betrachten.

Sosehr ich Theologen achte, die sich diese Argumentation zu eigen gemacht haben, muß ich ihnen diesbezüglich doch entschieden widersprechen. Der Gott ihrer Vorstellung ist für meine Begriffe zu buddhistisch (was natürlich nicht in ihrer Absicht liegt). Die ihm zugeschriebene Leidensunfähigkeit (impassibility) artet in Teilnahmslosigkeit (impassiveness) aus. Aus der Perspektive des vorliegenden Buches lautet die zentrale Frage: Leidet Gott? Und wenn nicht, warum wird er in der Bibel so häufig als leidend dargestellt? Es ist nicht schriftgemäß, sich hinter Ausdrücken wie „Anthropomorphismus“ zu verstecken. Verschiedene außerbiblische Schriftsteller der Antike, so zum Beispiel Platon, sprechen von einem leidensunfähigen Gott. Wenn es sich tatsächlich so verhält und die biblischen Verfasser dasselbe meinten, warum haben sie es nicht deutlich ausgesprochen?

Es ist ebensowenig angebracht, in dieser Beziehung zwischen Zeit und Ewigkeit zu unterscheiden, und zwar, weil wir so gut wie nichts über diese Beziehung wissen. Wir wissen kaum, was Zeit tatsächlich ist und schon gar nicht, welche Beziehung besteht zwischen der Zeit und der Ewigkeit. Ist es wirklich offenkundig, daß es in der Ewigkeit keine Aufeinanderfolge von Ereignissen gibt? Auch wenn wir annehmen, daß eine solche Aufeinanderfolge, sofern es sie gibt, einem ewigen Wesen ganz anders vorkommen müsse als uns – folgt daraus wirklich, daß es in der Ewigkeit keine zeitliche Aufeinanderfolge gibt? Fassen wir die Leiden Jesu Christi als auf seine menschliche Natur beschränkt auf, laufen wir Gefahr, uns einen mehr oder minder schizophrenen Christus vorzustellen. Ich weiß, daß konservative Theologen einer bestimmten Richtung Aussagen der Evangelien gern entweder der menschlichen oder der göttlichen Natur Jesu zuschreiben. Ich aber bin vielmehr überzeugt, daß die Evangelien eine christologisch geschlossene Interpretation von Jesus haben.

Das Argument zugunsten der Leidensunfähigkeit Gottes ist mit einer besonderen Schwierigkeit behaftet. Man wählt gewisse Bibeltexte aus, die von dem freien Walten und der Unveränderlichkeit Gottes sprechen und konstruiert mit ihnen ein theologisches Raster, um alle anderen Texte, insbesondere solche, in denen von den Emotionen Gottes die Rede ist, damit herauszufiltern. Die so herausgefilterten Texte werden mit dem Etikett „Anthropomorphismen“ versehen und fallengelassen. Handelt es sich aber wirklich um Anthropomorphismen, dann müssen wir fragen, warum die Verfasser der biblischen Schriften sie überhaupt gebracht haben. Gewiß sind sie bildlich gemeint, doch wollen uns diese Bilder etwas vor Augen führen. Was aber? Warum wurden gerade sie gewählt? Letztlich haben die biblischen Verfasser doch diese Bilder gebraucht, um Gott nicht nur als den uneingeschränkt souveränen Weltenherrscher, sondern auch als einen persönlichen, mit Gefühlen ausgestatteten, der Interaktion fähigen und auf seine Geschöpfe eingehenden Gott darzustellen.

In der heutigen theologischen Literatur wird zunehmend gegen die Darstellung der Leidensunfähigkeit Gottes protestiert. In den letzten Jahren haben Theologen aus aller Welt über den leidenden Gott geschrieben.[4] Ihre Ansichten unterscheiden sich nicht unerheblich voneinander, alle sind sich aber darin einig, die Leidensunfähigkeit Gottes zu verwerfen. Leider unterliegen sie fast ausnahmslos dem entgegengesetzten Irrtum. Sie schaffen sich mit den Texten, die Gott als einen leidenden Gott darstellen, ein theologisches Raster und filtern alle Texte heraus, die in eine andere Richtung weisen. Das Ergebnis ist ein Gott, der verwundbar, wankelmütig, leidend, mitleidsvoll und einem ständigen Wandel unterworfen ist. Dieser Preis ist zu hoch. Die Verteidiger der Leidensunfähigkeit Gottes hatten wenigstens eine Erklärungsmöglichkeit für die Texte, die ihnen nicht in ihren Rahmen paßten. Sie versahen sie mit dem Etikett „anthropomorphisierend". Die modernen Theologen hingegen verfügen über keine entsprechende Erklärung. Bibelstellen, die ihnen nicht genehm sind, werden einfach ignoriert oder den „Leidenspassagen" so rigoros untergeordnet, daß ihre tatsächliche Aussage dabei untergeht. Alternativ dazu ordnen diese Theologen die Stellen, in denen von der Transzendenz und dem freien Walten Gottes die Rede ist, einer anderen Schicht „biblischer Überlieferung" zu, wobei ihre liberalen Ansichten über die Autorität der Schrift ihnen gestatten, unter den verschiedenen „Strängen" biblischer Überlieferung ihre Auswahl zu treffen. Ihrer Ansicht nach bilden die verschiedenen Schichten biblischer Tradition kein homogenes Ganzes, sondern sind miteinander unvereinbar. Die Bibel sei nicht einer Mahlzeit zu vergleichen, die man ganz verzehren muß, sondern eher einem kalten Buffet, an dem man sich aussuchen kann, was einem am besten schmeckt. Und in unserem von Gewalt erfüllten 20. Jahrhundert scheint manchem ein leidender, aber eindeutig endlicher Gott zuzusagen.

Es führt zu weit, uns hier auf eine ausführliche Auseinandersetzung einzulassen. Im nächsten Kapitel will ich versuchen, ein Modell zu entwerfen, das es uns möglich macht, mit der Polarität der biblischen Aussagen fertig zu werden. Im Augenblick will ich nur auf etwas ganz Einfaches hinweisen: Die alt– und neutestamentlichen Quellen stellen Gott als ein Wesen dar, das zum Leiden fähig ist. Zweifellos leidet Gott anders als wir Menschen. Die Schilderungen seines Leidens sind unzweifelhaft mit Metaphern gefüllt, die jedoch keine leeren Floskeln sind. Sie beziehen sich auf Gott und wollen auf sein ausgeprägtes Gefühlsleben hinweisen sowie auf die eindeutig persönliche Beziehung, die er zu seinem Volk unterhält.

Hier kommt dem Kreuz höchste Bedeutung zu. Der Heilsplan Gottes kostete den Vater seinen Sohn; er kostete den Sohn sein Leben. Und *als Mensch* lernte der Sohn, was Leiden heißt: „Da die Kinder [Menschen] aus Fleisch und Blut sind, ist auch er ihrer Menschlichkeit teilhaftig geworden, um durch seinen Tod den zu entmachten, der die Macht über den Tod hat, nämlich den Teufel, und um die zu befreien, die ihr ganzes Leben lang durch ihre Todesfurcht in Knechtschaft gehalten wurden" (Hebräer 2,14 f.).

Am Kreuz wird also deutlich, auf was für einen Gott wir unser Vertrauen setzen.

Das Kreuz erschüttert die Glaubwürdigkeit Gottes – und richtet sie wieder auf

Heute ziert das Kreuz unsere Kirchen, dient unseren Bischöfen als Schmuck, prangt als Anstecknadel an unserem Revers und hängt an einer goldenen Kette um unseren Hals.

Im ersten Jahrhundert war das ganz anders. Das Kreuz war anstößig. Ein Schmuckstück zu tragen, das wie ein Kreuz aussah – wäre verächtlich gewesen, ein makabrer, widerlicher Scherz, der schockierender gewirkt hätte, als wenn jemand heute eine nach der Pilzwolke einer Atombombe gearbeitete Brosche trüge.

Wir haben bereits erwähnt, daß römische Staatsbürger ohne eine Sondergenehmigung des Kaisers nicht gekreuzigt werden durften. Der Tod am Kreuz war dem Abschaum der Gesellschaft vorbehalten: Sklaven, Verrätern und Barbaren. Es handelte sich um eine qualvolle, in aller Öffentlichkeit vollzogene Hinrichtungsart. Der Kreuzigung haftete furchtbare Schmach an.

Wen wundert's also, daß Paulus schrieb: „Die Botschaft vom Kreuz ist denen, die verlorengehen, Torheit" (1. Korinther 1,18). Danach glaubten vor allem Juden, daß Gott mit mächtigen Zeichen in die Geschichte eingreifen werde, um seinen Forderungen Nachdruck zu verleihen und Israel wieder internationales Ansehen zu verschaffen. Sie „fordern wunderhafte Zeichen", schreibt Paulus (1,22). Die Heiden hingegen (Paulus nennt sie in Übereinstimmung mit seinem üblichen Sprachgebrauch „Griechen") „suchen Weisheit" – in sich geschlossene Lebensphilosophien. Theorien, in denen angeblich sämtliche menschlichen Erkenntnisse über das Universum vereinigt seien.

Was aber, fragt Paulus, haben wir Christus zu bieten? Wir predigen einen gekreuzigten Messias – für die meisten Menschen ein Widerspruch in sich selbst. Für die Juden war dies ein Ärgernis. Ihr Messias sollte siegreich sein, kein schmachvoll gekreuzigter Krimineller. Für die

Griechen war es Torheit. Wie kann man auf der Person eines verächtlichen Juden, der obendrein wegen Hochverrats auf die denkbar schimpflichste Art öffentlich hingerichtet worden ist, eine anständige Philosophie aufbauen?

Doch für uns Christen, „für uns, die wir gerettet werden“ (1,18), stellt die Botschaft vom Kreuz die Kraft und die Weisheit Gottes dar. Sie ist dort kraftvoll, wo die Juden nichts als Schwäche erkennen und sie ist dort weise, wo die Griechen nichts als Torheit ausmachen können.

So erschütterte das Kreuz die Glaubwürdigkeit Gottes unter denen, die andere Götter verehrten als den Gott der Bibel. Unter denen aber, die gerettet werden, richtet es die Glaubwürdigkeit Gottes wieder auf.

Wir müssen diesbezüglich aber vorsichtig sein. Einige moderne Autoren schließen von den Leiden Christi am Kreuz auf die Annahme, daß Jesus an allen Leiden der Welt persönlich teilhabe. Auf diese Weise wird das Kreuz im Sinne des Immanentismus zur Identifikation Gottes mit allem menschlichen Leid umgedeutet. Im Neuen Testament aber wird das Kreuz so nicht gesehen. Das Kreuz ist in vielerlei Hinsicht einzigartig: Dort starb Christus ein für allemal an unserer Statt, um sein Volk mit Gott zu versöhnen. Eignet man sich dieses einzigartige, erlösende Leiden nicht im Glauben an, dann nützen einem sämtliche Darstellungen göttlichen Mitgefühls gar nichts.

Allerdings deutet das Neue Testament gelegentlich an, daß Jesus tatsächlich am Leiden seiner Gemeinde teilhat. Als Paulus, damals Saulus, die Gemeinde Jesu verfolgte, begegnete ihm der auferstandene Herr mit der Frage: „Saul, Saul, warum verfolgst du mich?“ (Apostelgeschichte 9,4; Hervorhebung vom Verfasser). Bezeichnenderweise identifiziert sich Jesus hier nicht nur mit seiner Gemeinde, sondern, um es genau zu sagen, mit den Leiden der Gemeinde, die mit ihrem Weg durch eine feindselige Welt zusammenhängen. Bei dem Bemühen mancher Theologen, dieses Mitleiden Jesu ohne jede Einschränkung auf alles Leiden an jedem Ort auszudehnen, werden bestimmte biblische Aussagen einfach ausgeklammert – so daß sowohl das Wort als auch das Wesen Gottes radikal verfälscht werden.

Für Christen ist das Kreuz der höchste Ausdruck sowohl der Gerechtigkeit als auch der Liebe Gottes und als solches ungemein trostreich. Am Kreuz wurde ein endgültiges Opfer ein für allemal dargebracht (Hebräer 10,12). Das heißt jedoch nicht, daß er nicht weiß, was Leiden heißt. „Denn wir haben nicht einen Hohenpriester, der unfähig wäre, mit unseren Schwächen mitzuleiden, sondern einen, der in jeder Hinsicht ebenso wie wir versucht worden ist, jedoch ohne zu sündigen“ (Hebräer 4,15).

Unzählige Männer und Frauen sind für Christus gewonnen worden, weil sie durch Gottes Gnade erkennen durften, daß Jesus für sie ans Kreuz ging! Unzählige begriffen zum erstenmal aber auch durch Jesu Kreuz, was die Liebe Gottes bedeutet. „Darin besteht die Liebe: nicht, daß wir Gott geliebt haben, sondern daß er uns geliebt hat und gesandt seinen Sohn zur Versöhnung [wörtlich: als Sühnopfer] für unsre Sünden“ (1. Johannes 4,10; rev. Lutherübers.). Das wird in vielen Kirchenliedern immer wieder aufgegriffen, so auch in den folgenden Strophen von Isaac Watts (1674 – 1748):

Ist's wahr, daß Jesus starb für mich
und büßte meine Schuld?
Daß Gottes Sohn am Kreuz verblich?
O wundersame Huld!

Trug meine Sünd das Gotteslamm?
Galt mir sein Schmerzensschrei?
Dann seh ich erst am Kreuzesstamm,
was Gottes Liebe sei.

O Herr, mit Tränen kann ich nie
die Schuld dir zahlen ab;
so nimm mich, Jesus, selber an,
's ist alles, was ich hab.

Am meisten spricht uns das Kreuz an, wenn wir niedergedrückt und erschüttert sind. In solchen Situationen werden die Wunden Jesu zur Bestätigung seiner Glaubwürdigkeit. Die Welt mag spotten, doch haben wir aufgrund der Wunden Christi die Gewißheit, daß Gott uns liebt. Nach dem Ersten Weltkrieg, als eine ganze Generation junger Männer im Stellungskrieg vom feindlichen Feuer niedergemäht worden war, verfaßte Edward Shillito das Gedicht „Jesus of the Scars“ (Der verwundete Christus):

Haben wir Dich nie gesucht, so suchen wir Dich jetzt;
Durchstrahlen doch das Dunkel Deine Augen, unsre einzigen Sterne;

Es tut uns not, die Dornenstiche an Deiner Schläfe zu erblicken;
Wir brauchen Dich, verwundeter Christus.

Der Himmel ängstigt uns; er ist zu still;
Im ganzen All gibt es für uns keinen Platz.
Unsere Wunden brennen; wo ist der Balsam?
Herr Jesus, wir nehmen Deine Gnade in Anspruch durch Deine Wunden.

Nahst Du, wenn die Türen verschlossen sind,
So laß uns Deine Hände, Deine verwundete Seite sehen;
Wir wissen heute, was Wunden sind, haben darum keine Angst;
Zeig uns Deine Wunden, wir kennen das Losungswort.

Die anderen Götter waren stark; Du aber warst schwach;
Sie kamen hoch zu Roß, Du aber gelangtest taumelnd auf den Thron;
Doch zu unseren Wunden können nur die Wunden Gottes reden,
Und kein Gott ist verwundet als Du ganz allein.[5]

Auch in der dunkelsten Nacht können sich Christen an etwas festklammern, was Hiob noch nicht kannte. Sie kennen den gekreuzigten Christus. Auch wenn es allem Anschein nach keinen anderen Beweis für die Liebe Gottes gibt – das Kreuz können sie nicht umgehen. „Er, der seinen eigenen Sohn nicht verschont, sondern ihn für uns alle hingegeben hat – wie sollte er uns mit ihm nicht alles schenken?" (Römer 8,32).

Am Kreuz wird Jesus als unser Vorbild hingestellt

In Kapitel 5 habe ich aufzuzeigen versucht, daß das Leiden um Christi willen zum Christsein dazugehört. *Jeder* Christ ist aufgefordert, „sein Kreuz auf sich zu nehmen" und Jesus nachzufolgen. Hier nun möchte ich verdeutlichen, daß Jesus durch seinen Tod am Kreuz unser Vorbild geworden ist.

Manche Menschen betrachten das Kreuz Jesu lediglich als ein hervorragendes Beispiel aufopferungsvoller Liebe. Es bleibt ihnen aber ein Rätsel, was das Kreuz mit Sühne, mit Jesu Sieg über die Finsternismächte, mit stellvertretender Genugtuung oder dem Hinwegtragen der Sünden zu tun haben soll. Sie erkennen darin nur ein Beispiel aufopferungsvoller Liebe – ein Beispiel, dem es freilich nachzueifern gilt.

Auf diese Ansicht hat James Denney bereits vor 100 Jahren mit bissiger Schärfe reagiert. Er fragt, was wir wohl von einer Person halten würden, die, lauthals ihre Liebe zur Welt verkündend, an einem Pier entlangliefe, an dessen Ende ins Wasser spränge und ertränke? Wir würden die Liebe einer solchen Person sicherlich nicht loben, sondern ihren Schwachsinn bedauern. Es ist nur sinnvoll, von aufopferungsvoller Liebe zu sprechen, wenn das Opfer einem guten Zweck dient. Die „Selbstaufopferung" dieses bemitleidenswerten Menschen wäre eine tragische Fehlleistung, keineswegs aber ein edles, nachahmenswertes Vorbild.

Es wäre ebenso sinnlos, das Vorbild der Liebe Jesu oder auch nur seine Identifikation mit dem menschlichen Leid zu loben, wenn sein Opfer nicht einem bestimmten Zweck diente. Wir dürfen niemals aus den Augen verlieren, daß Jesus ans Kreuz ging, um unsere Erlösung zu bewirken. Er starb, damit uns vergeben würde, damit wir mit Gott und unserem Nächsten versöhnt und dadurch zuletzt, bei seiner Wiederkunft, verwandelt würden. Das alles verleiht dem Opfer Jesu einen Sinn. Er starb nicht den Tod eines irregeleiteten Menschen; er gab vielmehr sein Leben als Lösegeld hin (Markus 10,45), als ein Opfer, das er im Auftrag des Vaters aus freiem Willen darbrachte (Johannes 10,18), damit wir die Sündenvergebung empfingen.

Einige jedoch, die diesen Punkt zu Recht hervorheben, sind überängstlich, wenn es darum geht, den Kreuzestod Jesu als ein nacheifernswertes Vorbild hinzustellen. Und doch sollten gerade Christen das Beispielhafte am Tod Jesu herausstellen, überzeugt, daß es sich dabei um ein sinnvolles, zweckgebundenes Opfer handelt.

Auf diesen Zusammenhang weisen die Verfasser des Neuen Testaments wiederholt hin. So beispielsweise in Johannes 12,23, wo Jesus auf die Bitte einiger Heiden eingeht, die um ein persönliches Gespräch mit ihm gebeten haben. Anscheinend ist dies der „Auslöser", der ihn erkennen läßt, daß die Stunde seines Todes, seines Begräbnisses, seiner Auferstehung und seiner Erhöhung unmittelbar bevorsteht, denn er sagt: „Die Stunde ist gekommen, daß der Menschensohn verherrlicht wird." Der darauffolgende Vers läßt sich am besten im Licht des bevorstehenden Todes Jesu deuten: „Ich sage euch die Wahrheit: Fällt ein Weizenkorn nicht in die Erde, und stirbt es nicht, dann bleibt es als Samenkorn allein. Stirbt es aber, so bringt es viele Samen hervor" (V. 24). Als Gleichnis auf den Tod Jesu spricht diese bewegende Aussage für sich. Doch Jesus fügt sogleich hinzu: „Wer sein Leben liebt, der wird es verlieren; aber wer sein Leben in dieser Welt haßt, der wird es behalten zum ewigen Leben. Wer mir dient, muß mir auch nachfolgen“ (V. 25-26a). Das Bild vom Samenkorn, das stirbt, um viele neue Samenkörner hervorzubringen, weist also nicht allein auf den Tod Jesu Christi hin, sondern auch auf die Nachfolger Jesu. Im Kontext der Rede über seinen eigenen fruchtbaren Tod (den Tod des einen Samenkorns, das viele Samenkörner hervorbringt) kommt Jesus unmittelbar auf die Todesbereitschaft seiner Nachfolger zu sprechen, die er als notwendige Bedingung dafür hinstellt, daß sie das wahre Leben erlangen.

Wie könnte es anders sein? Wer sein eigenes Leben uneingeschränkt liebhat, der leugnet das Herrschaftsrecht Gottes und erhebt sich selbst auf unverschämte Weise zum Götzen. Wer sein Leben so liebt, verliert es. Aber wer sein Leben haßt (dieser Ausspruch geht auf eine semitische Wendung zurück, mit der eine grundsätzliche Entscheidung angedeutet wurde; Jesus fordert uns also nicht zum Selbsthaß auf), „der wird es behalten zum ewigen Leben“ (vgl. Markus 8,35; auch dieser Vers folgt unmittelbar auf eine Leidensankündigung).

Der Zusammenhang zwischen den einzigartigen Aspekten des Todes Jesu und dessen Vorbildcharakter wird wohl nirgends deutlicher zum Ausdruck gebracht als in 1. Petrus 2,20-24. Petrus hat seinen Lesern eingeschärft, daß es ihnen keinesfalls zur Ehre gereicht, wenn sie um eines Vergehens willen bestraft werden.

> Aber wenn ihr um guter Taten willen leidet und es ertragt, das ist lobenswert bei Gott. *Dazu seid ihr berufen, weil Christus für euch gelitten und euch ein Vorbild hinterlassen hat, damit ihr in seine Fußstapfen tretet.* „Er hat keine Sünde begangen, und in seinem Mund wurde kein trügerisches Wort gefunden“ [Jesaja 53,9]. Als sie ihn mit Beleidigungen überhäuften, zahlte er es ihnen nicht heim; als er litt, sprach er keine Drohungen aus. Statt dessen vertraute er sich dem an, der gerecht richtet. Er selbst hat unsere Sünden an seinem Leib auf das Holz hinaufgetragen, damit wir der Sünde abstürben und der Gerechtigkeit lebten; durch seine Wunden seid ihr geheilt worden. (Hervorhebung vom Verfasser)

Hier werden die einzigartigen erlösenden Aspekte des Todes Jesu keineswegs verdrängt: „Er selbst hat unsere Sünden an seinem Leib auf das Holz hinaufgetragen." Doch hebt Petrus gleichfalls hervor, daß Jesus uns „ein Vorbild hinterlassen" hat, damit wir „in seine Fußstapfen treten".

Im Neuen Testament wird wiederholt darauf hingewiesen, daß Christus erst leiden, danach aber in seine Herrlichkeit eingehen mußte (so z. B. Lukas 24,26; 1. Petrus 1,11). Entsprechend hierzu wird deutlich, daß diese Abfolge von Ereignissen nicht nur dazu diente, uns das Heil zu erwerben, sondern auch Vorbildcharakter hatte (Römer 6,2-7; 1. Petrus 2,24).

Stellt das Kreuz den Herrn Jesus als unser Vorbild hin, dann ist die Schlußfolgerung unvermeidlich: Auch wir müssen damit rechnen, unberechtigtes Leid auf uns zu nehmen. Petrus folgert, daß ungerechtes Leid zu den Aufgaben zählt, zu denen wir als Christen berufen sind.

Es gibt hierzu Nutzanwendungen. Zu den ungerechtesten Leiden Jesu zählte der Verrat durch einen seiner engsten Freunde. Von seinen Jüngern wurde er verlassen. Nach seinen Briefen zu urteilen, machten Paulus die Schwierigkeiten, die ihm die Neubekehrten in Korinth bereitet haben, weit mehr zu schaffen als die Schläge und Nöte, die er durch Ungläubige zu erdulden hatte. Pastoren und geistliche Leiter dürfen sich deshalb über den außerordentlichen Druck nicht wundern, der durch rücksichtslose Gemeindemitglieder auf sie ausgeübt wird. Dieser Druck ist selten gerechtfertigt und kann einen sehr zermürben, doch sollte er uns nicht überraschen. Ihn zu erwarten heißt, ihn um einen Teil seiner Macht zu bringen; ihn mit Geduld und Fassung zu ertragen, heißt dem Vorbild Jesu nachzueifern.

Richten wir unser Augenmerk auf das Kreuz Christi, so gründen wir nicht nur unseren Glauben auf den liebevollen und treuen Gott, sondern bekommen darüber hinaus in seiner aufopferungsvollen, erlösenden Liebe ein Vorbild vor Augen gestellt, das wir zwar niemals werden übertreffen können, dem es aber nachzueifern gilt.

Fragen zum weiteren Nachdenken

1. Zählen Sie einige der Gründe auf, warum Christen Gott für vertrauenswürdig halten. Welche Rolle spielt diesbezüglich das Kreuz?
2. Inwiefern wurde die Gerechtigkeit Gottes am Kreuz sichtbar?
3. Inwiefern macht das Kreuz deutlich, auf was für einen Gott wir unser Vertrauen gesetzt haben?

4. Lehrt die Bibel, daß Gott leidensunfähig sei? Begründen Sie Ihre Antwort!
5. Inwiefern bestätigt das Kreuz die Glaubwürdigkeit Gottes? Welche Rolle spielte das Kreuz bei Ihrer Bekehrung? Welchen Platz sollte das Kreuz in Ihrem Denken einnehmen, wenn Sie eine Leidenszeit durchstehen müssen?
6. Wie wirkt sich das Vorbild, das Jesus uns durch sein Leiden hinterlassen hat, auf Ihr Leben aus? Wie sollte es sich auswirken?

Anmerkungen

[1] Eingehendere Besprechungen finden sich bei Leon Morris, *The Apostolic Preaching of the Cross.* London: Tyndale Press, 3. Aufl., 1965 (Neudruck Grand Rapids: Eerdmans, 1988); John R. W. Stott, *The Cross of Christ.* Leicester: Inter-Varsity Press, 1986; James I. Packer, „What Did the Cross Achieve? The Logic of Penal Substitution", *Tyndale Bulletin* 25 (1974), S. 3-45.

[2] Siehe F. L. Cross, E. A. Livingstone, eds., *The Oxford Dictionary of the Christian Church.* London: Oxford University Press, 1974, S. 694.

[3] Vgl. hierzu u. a. die Ausführungen des Aurelius Augustinus im elften Buch seiner *Bekenntnisse* und die neunte Untersuchung („Die Unveränderlichkeit Gottes") des Thomas von Aquin in dessen *Summa theologica* [Anm. des Übers.].

[4] Siehe insbesondere Warren McWilliams, *The Passion of God: Divine Suffering in Contemporary Protestant Theology*, Macon: Mercer University Press, 1985; Douglas John Hall, *God and Human Suffering: An Exercise in the Theology of the Cross,* Minneapolis: Augsburg Publishing House, 1986.

[5] Das Gedicht wurde erstmals in Shillitos Anthologie *Jesus of the Scars, and Other Poems* veröffentlicht, doch war es mir nicht möglich, ein Exemplar aufzutreiben. Ich habe den Text übernommen aus William Temple, *Readings in St. John's Gospel,* London: Macmillan, 1939 – 1940; New York: St. Martin's, 1968, S. 366. Mein Dank gilt Sir Norman Anderson, der mich auf dieses Gedicht aufmerksam machte.

Dritter Teil

Ein Blick auf das Gesamtbild

Übel und Leiden
in der Welt eines guten, frei waltenden Gottes

11. Das Geheimnis der Vorsehung

Ein junges Mädchen wurde gefragt, warum morgens die Sonne aufgehe. Es erwiderte mit spöttischer Herablassung: „Weil die Nacht vorbei ist, natürlich!"

Auf einer bestimmten Ebene ist diese Antwort angebracht, auf vielen anderen Ebenen nicht. So wäre schon der Gedanke, daß die Sonne „aufgeht", in einem Lehrbuch der Astronomie verfehlt. Dennoch ist die Vorstellung von einer „aufgehenden" Sonne auf einer bestimmten Ebene ausreichend. Denken wir zum Beispiel an Zeitungen, die den Zeitpunkt des „Sonnenaufgangs" so bedenkenlos ankündigen, als hätte es Kopernikus oder Galilei nie gegeben. Will jemand wissen, um wieviel Uhr die Sonne „aufgeht", dann braucht er kaum Informationen über die Erdrotation, über die Beziehung zwischen Zeit und Lichtgeschwindigkeit oder über den gekrümmten Raum.

Das gilt fast auf jedem Wissensgebiet. Gewisse Antworten und Anschauungen sind für bestimmte Zwecke ausreichend, für andere dagegen absolut unzulänglich. Werden sie Zeuge einer furchtbaren Tragödie, denken manche Christen sofort daran, daß sie in einer gefallenen Welt leben, oder sie erinnern sich an die Worte Jesu aus dem Gleichnis vom Unkraut unter dem Weizen: „Das hat der Feind getan." An sich haben sie mit dieser Reaktion auch recht. Es ist in den meisten Fällen nicht nötig, der Sache weiter auf den Grund zu gehen. Müßte sich der Christ aber mit einem zynischen Experten auf dem Gebiet etwa der Ethik auseinandersetzen, dann wäre er vermutlich gezwungen, mögliche Lösungen auf einer anderen Ebene zu durchdenken. Damit wären wir wieder bei dem „erkenntnistheoretischen Dilemma", das ich bereits im ersten Kapitel besprochen habe.

Im Verlauf des vorliegenden Buches haben wir über viele biblische Themen und Einsichten nachgedacht, die mit dem Problem des Übels und des Leidens zusammenhängen, wir sind aber der wichtigsten Frage noch nicht zu Leibe gerückt. Wenn Gott allmächtig, allwissend und gut ist – woher kommt dann das Übel? Wie sollen wir uns das Übel überhaupt denken, ohne daß wir dabei die Güte Gottes oder seine Fähigkeit, die Dinge zu verändern, in Zweifel ziehen?

> Christen befinden sich diesbezüglich in einer Zwickmühle. Begeben sie sich auf die Suche nach einer Erklärung für die scheinbare Unvereinbarkeit der Existenz Gottes mit der Existenz des Übels, dann hat es den Anschein, als haben sie die Weisheit Gottes. Geben sie sich andererseits mit der Erkenntnis zufrieden, daß wir es hier mit einem Geheimnis zu tun haben, dann setzen sie sich dem Vorwurf aus, naiv und leichtgläubig zu sein oder sogar widersprüchlichen Unsinn zu glauben. Es gibt wirklich keinen Ausweg aus diesem Dilemma, darum müssen wir uns damit abfinden, uns – „irgendwie durchzuwursteln". Einige Lösungen mögen zwar besser sein als andere, endgültige Lösungen gibt es jedoch nicht. Darum begeben wir uns auf die Suche nach den bestmöglichen Lösungen, bekennen aber zugleich, daß das ganze Thema in Geheimnis gehüllt ist.

So Richard Vieth[1] – und er hat damit recht. Der Versuch, das Geheimnis zu durchdringen, kann nicht schaden. Wie Vieth sagt: Einige Lösungen sind besser als andere. Nur bringen es sämtliche mir bekannten „Lösungen" mit sich, daß mindestens eine der in der Bibel deutlich ausgesprochenen Wahrheiten auf der Strecke bleibt. Wollen wir dieser Gefahr entgehen, dann müssen wir zunächst versuchen festzustellen, worin genau das Geheimnis liegt. Wenn uns dies nicht gelingt, werden wir zu falschen Ergebnissen kommen. Können wir gewisse biblische „Grundaussagen" ausmachen, dann ist jede These falsch, bei der diese „Grundaussagen" bewußt oder unbewußt preisgegeben werden.

Die im vorliegenden Kapitel zu erörternden Fragen sind dermaßen verzwickt und umstritten, daß auch bei gläubigen Christen die Meinungen häufig auseinandergehen. Ich rate Ihnen deshalb, die biblischen „Grundaussagen" sorgfältig von den Argumenten zu unterscheiden, durch die sie oftmals „gefiltert" werden.

Auch wenn der in diesem wie im nächsten Kapitel bevorzugte Zugang zur Leidensproblematik Ihren gegenwärtigen Bedürfnissen nicht gerecht zu werden scheint, so bin ich dennoch zutiefst davon überzeugt, daß die hier gefundene Erkenntnis von weitaus mehr Christen beherzigt werden müßte, bevor sie von Leid oder Not heimgesucht werden.

Es ist gewiß hilfreich, wenn ich gleich zu Anfang eine kleine „Landkarte" des Terrains biete, das wir in diesem und im folgenden Kapitel erkunden wollen. Im vorliegenden Kapitel werde ich versuchen, dem Wesen des Geheimnisses auf die Spur zu kommen, und zwar meistens auf induktivem Wege, indem ich mehrere Bibelstellen untersuche. Danach werde ich einige unbefriedigende Zugänge zum Geheimnis der Vorsehung skizzieren und verschiedene Gründe nennen, warum es sich in der Tat um ein Geheimnis handelt und nicht etwa um einen Widerspruch oder um blanken Unsinn. In Kapitel 12 werde ich fragen, welche praktischen Folgen sich aus dem Geheimnis der Vorsehung für unser Leben ergeben – vor allem dann, wenn wir uns Übeln und Leiden unmittelbar gegenübersehen.

Zunächst aber wird es nützlich sein, einen wichtigen Begriff einzuführen.

Die Vereinbarkeitsthese: eine Definition

Sowohl die Bibel in ihrem Zusammenhang als auch gewisse Schriftabschnitte lehren entweder ausdrücklich oder setzen stillschweigend voraus, daß folgende beide Aussagen wahr sind:

> 1. Der allmächtige Gott waltet souverän und frei, doch wirkt sich seine Herrschaft niemals so aus, daß dabei die Verantwortung des Menschen beschnitten, minimiert oder gänzlich aufgehoben würde.
> 2. Menschen sind moralisch verantwortliche Wesen – sie treffen sinnvolle Entscheidungen, rebellieren, gehorchen, glauben, widersetzen sich usw. und werden zu Recht für diese Handlungsweisen verantwortlich gemacht: Dies wirkt sich jedoch nie so aus, daß Gott dadurch eingeschränkt würde.

Im folgenden vertrete ich die Ansicht, daß die Bibel die Wahrheit beider Aussagen stützt. Die Ansicht, daß beide Aussagen zugleich wahr sind, bezeichne ich als die Vereinbarkeitsthese. Wir könnten zwar andere Bezeichnungen wählen, doch scheint mir diese aus geschichtlichen

Gründen besonders geeignet zu sein. Mit ihr will ich allerdings nur unterstreichen, daß die Bibel meines Erachtens beide Positionen lehrt und als miteinander vereinbar darstellt.

Ich möchte gleich hinzufügen, daß ich damit den biblischen Texten kein philosophisches Raster überstülpe. Meine Ansicht, beide Aussagen seien wahr, beruht, wie noch deutlich werden soll, auf einem Studium vieler Passagen der Bibel. Wenn ich aber dieses Kapitel mit der Vereinbarkeitsthese statt mit dem induktiven Bibelstudium selbst beginne, dann deshalb, weil ich zunächst die Ergebnisse nennen möchte, ehe ich das sie stützende Belegmaterial anführe. Bei dem umfassenden Studium, auf dem der erste Teil des vorliegenden Kapitels gründet[2], begann ich allerdings umgekehrt und führte den Begriff „Vereinbarkeitsthese" erst ein, als sich genug Belegmaterial angesammelt hatte, um die These zu rechtfertigen.

Ich bin also der Ansicht, daß nach Darstellung der Bibel beide Aussagen wahr sind; die Bibel lehrt entweder ausdrücklich die Vereinbarkeitsthese oder setzt sie stillschweigend voraus. Damit können wir uns den biblischen Belegstellen zuwenden.

Die Schrift setzt die Vereinbarkeitsthese entweder stillschweigend voraus oder lehrt sie ausdrücklich

Die biblischen Belegstellen

Beginnen wir mit dem ersten Teil der ersten Aussage: Der allmächtige Gott waltet souverän und frei. Daß dies stimmt, wird in der Bibel häufig hervorgehoben – so häufig, daß es eines umfangreichen Buches bedürfte, um alle entsprechenden Stellen darzulegen. „Warum sagen die Völker: ‚Wo ist denn ihr Gott?' Unser Gott ist im Himmel; er handelt nach Belieben" (Psalm 115,2 f.). „Alles, was dem Herrn gefällt, das vollbringt er im Himmel und auf der Erde, in den Meeren und in allen Tiefen" (Psalm 135,6). Gott wird sogar als der vorgestellt, „der alle Dinge wirkt nach dem Rat seines Willens" (Epheser 1,11; rev. Lutherübers.). Er verordnet nicht nur „Zeiten" und „Grenzen" (Apostelgeschichte 17,26), sondern übt seine Weltregierung in der Weise aus, daß sogar die alltäglichsten natürlichen Prozesse auf sein Eingreifen zurückgeführt werden. Finden die Vögel Nahrung, dann deshalb, weil der Vater sie ernährt (Matthäus

6,26); zieren wildwachsende Blumen die Wiese, dann deshalb, weil Gott „das Gras kleidet“ (Matthäus 6,30). Der Prediger Salomo kennt zwar den Kreislauf des Wassers, dennoch sprechen die biblischen Autoren lieber davon, daß Gott den Regen schickt, als daß sie sagen: „Es regnet.“ Gott ist der, der auftut und zuschließt, der tötet und lebendig macht, der Könige auf den Thron erhebt und sie auch absetzt. Er ruft die Sterne bei ihrem Namen und weiß, wie viele Haare wir auf unserem Haupt haben.

Die Weltregierung Gottes ist dermaßen umfassend, daß es – aus biblischer Perspektive – kaum verwundert, wenn beispielsweise ein unbeabsichtigter Totschlag (2. Mose 21,13) oder ein Familienunglück (Ruth 1,13.20) mit dem Willen Gottes in Verbindung gebracht wird. Der Wille des Menschen ist ebensowenig von seiner Herrschaft ausgenommen: „Des Königs Herz [das Zentrum der menschlichen Persönlichkeit und der Sitz des Willens] ist in der Hand des Herrn; er lenkt es wie einen Wasserbach, wohin er will“ (Sprüche 21,1). Das gilt nicht nur für Könige: „Der Mensch plant seinen Weg, doch lenkt der Herr seine Schritte“ (Sprüche 16,9). „Ich weiß, Herr, daß das Leben eines Menschen nicht in seiner eigenen Gewalt steht; es liegt in niemandes Macht, die eigenen Schritte zu lenken“ (Jeremia 10,23). Es war Gott selbst, der das Herz der Ägypter „verwandelte“, „so daß sie sein Volk haßten und sich gegen seine Knechte verschworen“ (Psalm 105,25).

Auch bei der Zerstörung einer Stadt durch feindliche Truppen ist sich Amos der Oberherrschaft Gottes so sicher, daß er sich über die Dummheit derer mokiert, die sie nicht anerkennen und nicht daraus lernen wollen (Amos 3,6). „Ich bin der Herr, und sonst keiner. Ich erschaffe das Licht und mache das Dunkel; ich bewirke, daß es Menschen gutgeht, und ich führe Unheil herbei. Ich, der Herr, vollbringe das alles“ (Jesaja 45,6 f.). Zweifellos „plagt und betrübt [Gott] die Menschen nicht freudigen Herzens“ (Klagelieder 3,33). Dennoch gilt: „Wer kann sprechen und solches geschehen lassen, ohne daß der Herr es beschlossen hat? Geht nicht sowohl Böses als Gutes aus dem Mund des Allerhöchsten hervor?“ (Klagelieder 3,37 f.). Gott verstockt, wen er will (Römer 9,18). Daß Simeï den Gesalbten des Herrn verfluchte, war ein Ausdruck seiner Gottlosigkeit, dennoch erkennt David hinter Simeï den Gott, der ihm „geboten“ hatte, so zu reden (2. Samuel 16,10). Gott selbst beauftragt den Lügengeist, der die Propheten des Ahab in die Irre führt (1. Könige 22,21 ff.); Gott selbst steht hinter der Weigerung der Söhne Elis, auf die mahnende Stimme ihres Vaters zu hören, „denn es war der Wille des Herrn, sie umbringen zu lassen“ (1. Samuel 2,25); Gott selbst schickt gottlosen Menschen „kräftige Irrtümer“, damit sie der Lüge glauben (2. Thessalonicher

2,11); in seinem Zorn treibt Gott selbst David zu einer Volkszählung an (2. Samuel 24,1).

An diesen Bibelstellen – und es gibt sie in sehr großer Anzahl – fällt auf, daß der menschliche Handelnde an keiner Stelle seiner Verantwortung enthoben wird, nur weil Gott auf die eine oder andere Weise hinter seiner Handlung steht. Wir werden uns gleich anschließend mit mehreren Stellen ausführlicher befassen, doch kann man bereits an den angeführten Passagen nachweisen, daß dies stimmt. So reizt Gott in seinem Zorn David dazu an, eine Volkszählung durchzuführen, doch wird David für seine Handlungsweise voll und ganz verantwortlich gemacht. Die Söhne Elis werden als gottlos bezeichnet; von den Menschen, denen Gott kräftige Irrtümer schickt, heißt es, sie hätten „sich geweigert, die Wahrheit zu lieben und sich retten zu lassen" (2. Thessalonicher 2,10). Der bemerkenswerte Nachdruck, der auf die uneingeschränkte Weltregierung Gottes gelegt wird, dient nirgendwo dazu, die Verantwortung der Menschen abzuschwächen; wie alles andere im Universum sind auch die Menschen der Herrschaft Gottes unterworfen.

Der zweite Teil meiner Definition der Vereinbarkeitsthese läßt sich ebenso eindrücklich belegen. „Fürchtet also jetzt den Herrn, und dient ihm in aller Treue ... Erscheint es euch jedoch nicht wünschenswert, dem Herrn zu dienen, so entscheidet euch heute, wem ihr dienen wollt ... Ich aber und mein Haus, wir wollen dem Herrn dienen" (Josua 24,14 f.). Dies ist nur eine der unzähligen Bibelstellen, in denen Menschen zum Gehorsam, zum Handeln oder zu einem festen Entschluß aufgefordert werden. Den Zehn Geboten kann man Gehorsam oder Ungehorsam entgegenbringen. Der neutestamentliche Ruf zur Bekehrung setzt die Verantwortlichkeit des Menschen voraus: „Wenn du mit deinem Mund bekennst: ‚Jesus ist der Herr' und in deinem Herzen glaubst, daß Gott ihn von den Toten auferweckt hat, so wirst du gerettet werden ... Denn die Schrift sagt: ‚Wer auf ihn vertraut, wird niemals zuschanden werden'" (Römer 10,9.11). Menschen werden von Gott geprüft, weil er wissen möchte, was in ihrem Herzen vorgeht (1. Mose 22,12; 2. Mose 16,4; 2. Chronik 32,31). Menschliche Verantwortung kann sogar infolge der Gnadenwahl Gottes entstehen (2. Mose 19,4-6; 5. Mose 4,5-8; 6,6 ff.; Hosea 13,4; Micha 3,1-12). Gott bittet die Menschen auf rührende Weise, Buße zu tun, und findet keinen Gefallen am Tod des Gottlosen (Jesaja 30,18; 65,2; Klagelieder 3,31-36; Hesekiel 18,30-32; Hosea 11,7 ff.).

Dennoch dienen solche Aussagen niemals dazu, Gottes Allmacht zu begrenzen: Weder Gottes Wesen noch seine Entscheidungen hängen im absoluten Sinn von den Entscheidungen oder Taten der Menschen ab.

Wir müssen an dieser Stelle vorsichtig sein. Ich sage nicht, daß die Schrift jegliche Beschränkung Gottes bestreitet. Er spricht mit Menschen und geht auf sie ein; mehrmals wird von ihm ausgesagt, er habe seine Entscheidungen „sich gereuen lassen", das heißt, er habe einen Sinneswandel vollzogen oder sich im Hinblick auf seine erklärten Absichten erweichen lassen. Ich werde im weiteren Verlauf des vorliegenden Kapitels auf diese Stellen zurückkommen. Doch in keinem einzigen Fall wirkt sich die menschliche Verantwortung so aus, daß Gott dadurch absolut eingeschränkt würde. Gott wird niemals matt gesetzt, seine Pläne werden niemals vereitelt oder durchkreuzt; es kommt kein einziges Mal vor, daß Gott das, was er sich vorgenommen hat, nicht durchzuführen vermag. Wäre Gott derartigen Begrenzungen unterworfen, dann träfe die erste unserer beiden Aussagen nicht zu. Das Erstaunliche an der Bibel ist aber, daß sie die Vereinbarkeitsthese vertritt: Sie lehrt oder setzt stillschweigend voraus, daß beide Aussagen wahr sind.

Ehe wir dazu typische Stellen betrachten, muß ein weiterer biblischer Schwerpunkt herausgestellt werden. Dieser ist zwar von den beiden Aussagen zu unterscheiden, die unsere Definition der Vereinbarkeitsthese ausmachen, dennoch steht er mit dem Thema des vorliegenden Buches in direktem Zusammenhang: Trotz allem, was die Bibel über die Reichweite der Weltregierung Gottes zu sagen hat, pocht sie immer neu auf die uneingeschränkte Güte Gottes. Gott wird nirgendwo als ein Komplize des Bösen oder gar als heimtückisch hingestellt: Es wird nirgendwo angedeutet, daß er in gleicher Weise für das Übel verantwortlich sei wie für das Gute. Wir werden uns noch mit dem Problem zu befassen haben, wie sich das zusammenreimt. Über die Tatsachen indes besteht nicht der geringste Zweifel. „Er ist der Fels, seine Werke sind vollkommen, und alle seine Wege sind gerecht. Er ist ein treuer Gott, der kein Unrecht tut; wahrhaftig und gerecht ist er" (5. Mose 32,4). „Gott ist Licht, und in ihm ist keinerlei Finsternis" (1. Johannes 1,5). Der Prophet Habakuk sagt einmal zu Gott: „Deine Augen sind zu rein, als daß du Böses mitansehen könntest; du kannst das Unrecht nicht dulden" (Habakuk 1,13); und weil dem so ist, fällt es Habakuk außerordentlich schwer zu verstehen, wie Gott zulassen kann, daß die Chaldäer so schrecklich gegen das Bundesvolk wüten. Merken wir uns also: Die Güte Gottes wird überall vorausgesetzt und ist nicht anzuzweifeln. Im Himmel erschallt das Lied: „Groß und wunderbar sind deine Taten, Herr, allmächtiger Gott. Gerecht und wahr sind deine Wege, du König der Zeitalter. Wer wird dich nicht fürchten, o Herr, und deinen Namen verherrlichen? Denn du allein bist heilig" (Offenbarung 15,3 f.).

Bei der folgenden Betrachtung einiger ausgewählter Bibelstellen handelt es sich keineswegs um eine ausführliche Auslegung. Mein Ziel ist bescheidener. Ich möchte lediglich aufzeigen, daß die Vereinbarkeitsthese bestimmten Texten als Voraussetzung zugrunde liegt bzw. daß sie in diesen Texten ausdrücklich gelehrt wird. Bei den hier besprochenen Bibelstellen handelt es sich nur um eine kleine, aber repräsentative Auswahl.

1. Mose 50,19 f.

Die Söhne Jakobs erzählten Joseph nach dem Tod ihres Vaters eine erfundene Geschichte, da sie befürchteten, er wolle sich an ihnen rächen. Schließlich hatten sie ihn als Sklaven verkauft. Und nun hatte er sie als oberster Minister Ägyptens ganz in seiner Gewalt. Wie würde er vorgehen?

Joseph nimmt ihnen die Furcht und beteuert, sich selbst nicht an die Stelle Gottes setzen zu wollen. Dann bemerkt er im Rückblick auf die brutale Behandlung, die sie ihm hatten angedeihen lassen: „Ihr hattet vor, mir Schaden zuzufügen, aber Gott hatte dabei Gutes vor, um das zu erreichen, was heute geschieht, nämlich vielen Menschen das Leben zu retten."

Ein wirklich beachtenswerter Parallelismus! Joseph sagt nicht, daß die Brüder ihn aus lauter Bosheit als Sklaven verkauft hätten und daß Gott das Ganze nach begangener Tat zum Guten gewendet habe, damit die Geschichte ein gutes Ende bekäme. Wie hätte das der Fall sein können, wo doch Gott „sich vorgenommen hatte" (Einheitsübers.: „im Sinn hatte"), viele Menschenleben zu retten? Die Geschichte läßt sich nicht so einfach deuten. Die Brüder ergriffen aus böser Absicht die Initiative, und es wird nirgends angedeutet, daß Joseph die Reise nach Ägypten ohne ihre Bosheit angetreten hätte.

Joseph erklärt aber: Gott habe in seiner Vorsehung bewirkt, daß er nach Ägypten verkauft worden sei, seine Brüder aber treffe deshalb nicht weniger Schuld (denn sie hatten ja vor, ihm Schaden zuzufügen). Die Brüder sind für ihre Handlungsweise verantwortlich gewesen. Obwohl sie aus Boshaftigkeit handelten, habe Gott aber damit gute Ziele verfolgt.

3. Mose 20,7 f.

„Heiligt euch, und seid heilig, weil ich der Herr, euer Gott, bin. Haltet meine Satzungen, und befolgt sie. Ich bin der Herr, der euch heilig macht." Es handelt sich hier um eine von vielen Stellen, in denen das Gebot und die Verantwortung, sich entsprechend zu verhalten, mit der Gewißheit gekoppelt ist, daß Gott selbst das Werk in seinem Volk vollbringt. Dabei ist zu beachten, daß die hebräischen Begriffe, die hier mit „heiligen", „heilig" und „heilig machen" übersetzt worden sind, auf eine gemeinsame Wurzel zurückgehen (vgl. 3. Mose 22,31 f.).

1. Könige 8,46 ff.

Bei der Einweihung des Tempels bittet Salomo nicht nur, daß Gott sich seinem Volk zuwenden möge, wenn es Buße tut und sich ihm von neuem zuwendet, sondern er fügt hinzu: „Er neige unser Herz zu ihm, daß wir wandeln in allen seinen Wegen und halten seine Gebote, Satzungen und Rechte, die er unsern Vätern geboten hat" (V. 58; rev. Lutherübers.).

1. Könige 11,11-13.29-39; 12,1-15 [vgl. 2. Könige 10,15; 11,4]

Der Verfasser teilt uns mit, daß Gott Salomo wegen dessen schamlosen Götzendienstes zürnte, nicht zuletzt weil der Herr sich ihm bereits zweimal aus Gnaden geoffenbart hatte. Gott sagt: „Ich werde dir das Königreich ganz gewiß entreißen und es einem deiner Untergebenen schenken. Doch werde ich das zu deinen Lebzeiten nicht tun, um deines Vaters David willen. Ich werde es vielmehr der Hand deines Sohnes entreißen. Doch werde ich ihm nicht das ganze Königreich entreißen, sondern werde ihm um meines Knechtes David willen und um Jerusalem willen, das ich erwählt habe, einen Stamm übriglassen" (11,11-13). Etwa um die gleiche Zeit teilt der Prophet Ahia aus Silo einem Mann namens Jerobeam mit, daß Gott ihn zum König über zehn Stämme einsetzen wolle (11,29 ff.).

Später erfahren wir, daß Salomos Sohn Rehabeam mit der Bitte des Volkes konfrontiert wird, die Steuerlast und die zu verrichtende Fronarbeit zu verringern. Er berät sich mit seinen Ratgebern. Die älteren, klügeren Köpfe sind sich darüber einig, daß er auf die Wünsche des Volkes eingehen solle; die jüngeren hingegen raten ihm, eine harte Antwort zu geben und das Volk noch härter zu belasten. Törichterweise befolgt Rehabeam den Rat dieser zweiten Gruppe. „Der König hörte also nicht auf das Volk, denn daß alles so kam, war vom Herrn bestimmt, um das Wort in Erfüllung gehen zu lassen, das der Herr durch Ahia von Silo zu Jerobeam, dem Sohn Nebats, gesprochen hatte" (12,15). Es geht schließlich so aus, daß es einen Aufstand gibt und das Königreich geteilt wird.

Ein normaler Beobachter hätte schwerlich die Hand des Herrn hinter diesen Ereignissen erkannt, sondern vielleicht die Torheit Rehabeams, und die Spaltung eines so machtvollen Königreichs beklagt. Rehabeam handelte wirklich töricht. Sein Königreich wurde wirklich geteilt. Dennoch war das Ereignis, das durch die Torheit Rehabeams zustande kam, zugleich ein Handeln des Herrn. Das souveräne Handeln Gottes entschuldigte keineswegs Rehabeams Dummheit und Gleichgültigkeit; und Rehabeams Dummheit zeitigte keine Folgen, die Gott nicht entweder vorhergesehen oder eingeplant hatte.

Jesaja 10,5 ff.

Gott spricht hier das mächtige Volk der Assyrer an: „Weh dem Assyrer, der Rute meines Zornes! In seiner Hand befindet sich der Knüppel meines Grimmes" (V. 5). Mit anderen Worten: Gott hat die Assyrer als Werkzeug seines Zornes, als seine eigene Hand, als seine „Rute" und seinen „Knüppel" gebraucht, um sein Bundesvolk zu züchtigen. „Ich schicke ihn gegen ein gottloses Volk [gemeint sind die Juden], ich setze ihn in Marsch gegen eine Nation, die mich zum Zorn reizt, damit er Kriegsbeute erbeutet und Diebesgut an sich reißt und damit er sie zertritt wie Schlamm auf den Straßen" (V. 6).

Wenn Gott die Assyrer auf diese Weise gebraucht, warum dann aber dieser Weheruf gegen sie? Das wird im weiteren erklärt. Gott benutzt zwar die Assyrer als sein eigenes Werkzeug, doch „hat er [der Assyrer] ganz etwas anderes im Sinn; es ist seine Absicht, zu zerstören und vielen Völkern ein Ende zu machen" (V. 7). In den anschließenden Versen stellen die Assyrer viele prahlerische Behauptungen auf; so seien beispielsweise die Befehlshaber ihrer Streitmacht wie die Könige anderer Völker. Man sehe sich die lange Liste der Städte an, die wir bereits zerstört haben! Der Assyrer rühmt sich: „Werde ich es mit Jerusalem und seinen Götzen nicht ebenso machen wie mit Samaria und seinen Göttern?" (V. 11).

Der Prophet Jesaja bemerkt dazu: „Wenn der Herr all sein Werk [!] auf dem Berg Zion und in Jerusalem vollendet hat, dann wird er sagen: ‚Ich bestrafe den König von Assyrien wegen des eigenwilligen Hochmuts, den er im Herzen trägt, und wegen seiner überheblichen Blicke" (V. 12). Und warum wird Gott so handeln? Weil der Assyrer sagt: „Durch die Kraft meiner Hand habe ich das alles vollbracht, und durch meine Weisheit, denn ich bin gescheit. Ich habe die Grenzen zwischen Völkern abgeschafft und ihre Schätze geplündert; wie ein starker Held habe ich ihre Könige unterworfen" (V. 13). Gott macht also Assyrien für sein Tun verantwortlich. Er macht es den Assyrern nicht zum Vorwurf, daß sie sein Bundesvolk überfallen haben, sondern daß sie in ihrer Überheblichkeit dachten, sie täten es aus eigener Kraft. Damit haben sie sich gegen Gott selbst aufgelehnt und die schlimmste Form selbstherrlicher Selbstliebe an den Tag gelegt. „Erhebt sich denn die Axt über den, der sie schwingt? Prahlt etwa die Säge gegenüber dem, der sie benutzt?" (V. 15). „Darum wird der Herr, der allmächtige Gott, seinen starken Kriegern die Schwindsucht schicken; unter seiner Pracht wird ein Feuer entfacht werden wie eine lodernde Flamme. Das Licht Israels wird zum Feuer werden, sein Heiliger zur Flamme ..." (V. 16 f.).

Schon diese eine Aussage – und es finden sich bei den Propheten viele mit ähnlichem Inhalt – macht über alle Zweifel hinaus deutlich, daß Jesaja ein Vertreter der Vereinbarkeitsthese war.

Johannes 6,37-40

„Alles, was der Vater mir gibt, wird zu mir kommen, und wer zu mir kommt, den werde ich niemals fortjagen" (V. 37). Dieser Vers ist schon oft als Musterbeispiel der Spannung zwischen der Weltregierung Gottes und der Verantwortung des Menschen angeführt worden. Nach allgemeiner Auffassung kommt die Oberherrschaft Gottes im ersten Teil des Verses zum Ausdruck: Der Vater übergibt dem Sohn aufgrund seiner Gnadenwahl gewisse Menschen, die wirklich zu Jesus kommen. Die Verantwortung des Menschen wird nach dieser Auslegung im zweiten Teil des Verses hervorgehoben: Es ist wahr, daß Jesus jeden annimmt, der zu ihm kommt.

Beide Aussagen sind zweifellos wahr und lassen sich mit anderen Bibelstellen belegen. Dennoch bedeutet der Satzteil „den werde ich niemals fortjagen" nicht: „Den werde ich gern aufnehmen" o. ä., sondern: „Den werde ich gewiß bei mir halten, den werde ich gewiß bewahren." Hier wird also folgendes ausgesagt: Jeder, den der Vater Jesus gibt, wird zu ihm kommen, und wer auf diese Weise zu ihm kommt, den wird Jesus niemals fortjagen – oder positiv ausgedrückt: Jesus verpflichtet sich, ihn zu bewahren, ihn bei sich zu halten.

Daß der Text wirklich diese Bedeutung hat, kann man verschieden nachweisen. Am besten aber können wir uns wohl davon überzeugen, wenn wir die anschließenden Verse lesen. Jesus verspricht: Wer zu mir kommt, den werde ich niemals fortjagen; *„denn* ich bin nicht vom Himmel herabgekommen, um meinen Willen zu tun, sondern den Willen dessen, der mich gesandt hat" (V. 38; Hervorhebung vom Verfasser). Wie sieht dieser Wille aus? „Und das ist der Wille dessen, der mich gesandt hat, daß ich keinen von denen, die er mir gegeben hat, zugrunde gehen lasse, sondern daß ich sie am Jüngsten Tag auferwecke" (V. 39). Mit anderen Worten: Im Kontext gelesen bestätigt Vers 37 sowohl die Gnadenwahl Gottes als auch die Lehre, daß der Sohn alle, die der Vater ihm gibt, bis ans Ende bewahrt.

Ebenso aber ist es möglich, dasselbe unter Betonung der Verantwortung des einzelnen Menschen auszudrücken. „Denn es ist der Wille meines Vaters, daß *jeder, der sich auf den Sohn verläßt und an ihn glaubt,* das ewige Leben habe und daß ich ihn am Jüngsten Tag auferwecke" (Vers 40; Hervorhebung vom Verfassser).

Hier haben wir es mit einer der vielen Belegstellen aus dem Neuen Testament zu tun. In der Apostelgeschichte wird uns beispielsweise der evangelistische Aufruf des Petrus überliefert: „Laßt euch retten aus diesem verkehrten Geschlecht" (2,40), ebenso aber auch die Reaktion der Volksmenge: „Alle, die seine Botschaft annahmen, ließen sich taufen" (2,41). An anderer Stelle beschreibt Lukas die Bekehrungen am Ende einer evangelistischen Verkündigung wie folgt: „Als die Heiden es hörten, wurden sie froh und ehrten das Wort des Herrn; und alle, die zum ewigen Leben verordnet waren, wurden gläubig" (13,48). Die Vereinbarkeitsthese wird hier wie selbstverständlich vorausgesetzt.

Apostelgeschichte 18,9 f.

Paulus ist allem Anschein nach bei seiner Ankunft in Korinth erschöpft und entmutigt. Bei seinem ersten Versuch, in Europa zu missionieren, hat er in Philippi Schläge erdulden und eine Nacht im Gefängnis zubringen müssen. In Thessalonich wurde er zur Stadt hinausgejagt, und in Athen sah er sich beachtlichem intellektuellen Spott ausgesetzt. Es stimmt zwar, daß seine Bemühungen auch Frucht hervorgebracht hatten, doch unter großen persönlichen Belastungen. Korinth stellt ihn vor eine weitere schwere Herausforderung. Die Stadt war ihrer Unmoral wegen im ganzen Römerreich berüchtigt.

Vor diesem Hintergrund ergeht nun das tröstliche Wort des Herrn an Paulus in einer nächtlichen Vision: „Fürchte dich nicht; rede weiter, schweige nicht! Denn ich bin mit dir, und niemand wird dich angreifen und dir Schaden zufügen, denn ich habe ein großes Volk in dieser Stadt."

Paulus trägt offensichtlich große Verantwortung. Gott bedient sich bei der Evangelisation gewisser Werkzeuge: In diesem Fall kommt Paulus eine zentrale Rolle zu. Dennoch ist die Ermutigung, die Gott ihm zuteil werden läßt, nur durch die Erwählungslehre zu verstehen. Das „große Volk", das Gott in Korinth gehört, sind Menschen, die Gott *bereits vor ihrer Bekehrung* als sein Eigentum betrachtet. Die Erwählungsgnade ist also in diesem Abschnitt Anreiz zur Evangelisation.

Philipper 2,12 f.

„Darum, meine lieben Freunde – wie ihr immer gehorsam gewesen seid, nicht nur in meiner Gegenwart, sondern noch viel mehr jetzt in meiner Abwesenheit –: Bringt euer Heil weiterhin zur Entfaltung mit Furcht und Zittern, denn Gott ist es, der in euch bewirkt, daß euer Wollen und Vollbringen mit seinen guten Absichten übereinstimmt."

Dieser Text ist äußerst bedeutsam, nicht nur wegen ihrer Aussage, sondern ebensosehr im Blick auf das, was hier nicht ausgesagt wird. Hier wird nämlich nicht gesagt: Gott hat seinen Beitrag zu eurem Heil geleistet, jetzt müßt ihr Menschen handeln. Und erst recht nicht: Weil Gott in euch bewirkt, daß euer Wollen und Vollbringen mit seinen guten Absichten übereinstimmt, solltet ihr euch passiv verhalten und Gott handeln lassen. Auch folgende Auslegung ist hier verfehlt: Gott hat das Werk der Rechtfertigung in euch vollbracht; jetzt müßt ihr euch heiligen.

Paulus zählt in diesem Zusammenhang einige Dinge auf, die die Philipper tun können, um seinen Worten zu gehorchen und ihr Heil zur Entfaltung zu bringen. (Sie müssen sich, wohlgemerkt, nicht um ihr Heil „mühen" oder es gar erst „schaffen"!) Er geht einfach davon aus, daß Entscheidungen und Einsatz dazugehören. Wollen sie ihr Heil „zur Entfaltung bringen", dann gilt es, mit redlichem Herzen nach der Gesinnung Christi zu trachten (2,5), die Forderungen des Evangeliums ohne Murren oder Widerrede zu erfüllen (2,14) – und vieles andere mehr. Nur müssen sie zugleich erkennen, daß Gott selbst in ihnen am Werk ist, daß ihr *Wollen und Handeln* mit seinen guten Absichten übereinstimmen. Sowohl ihr Wollen als auch ihr Handeln ist also dem freien Walten Gottes unterworfen.

Überzeugt von der Vereinbarkeitsthese sieht Paulus in der Weltregierung Gottes einen ermutigenden Anreiz. „Bringt euer Heil zur Entfaltung“, sagt er den Philippern, „denn Gott ist es, der in euch wirkt.“ Der Einfluß Gottes auf ihr Leben wirkt nach Auffassung des Paulus nicht „leistungshemmend“, sondern dient vielmehr als Anreiz zum Handeln: Haltet Schritt mit Gott!

Apostelgeschichte 4,23-31

Nachdem Petrus und Johannes an der „Schönen Pforte“ des Tempels einen Gelähmten, der dort lag und bettelte, auf übernatürlichem Wege geheilt hatten (Apostelgeschichte 3,1 ff.), wurden sie verhaftet und verhört. Nach ihrer Freilassung kehrten sie „zu den Ihren“ – das heißt, zu den Christen – zurück (V. 23) und erstatteten über das Vorgefallene Bericht. Die Gemeinde antwortet darauf mit Gebet. Ihr Gebet beginnt mit einem Bekenntnis zur Herrschaft Gottes über Himmel und Erde, die er erschaffen hat. Dann berufen sich die Betenden auf Psalm 2,1 f., Worte, die Gott „durch den Heiligen Geist, durch den Mund deines Knechtes, unseres Vaters David“ (V. 25) selbst gesprochen hat: „Warum wüten die Nationen und schmieden die Völker vergebliche Pläne? Die Könige der Erde stellen sich auf, und die Herrschenden rotten sich zusammen gegen den Herrn und seinen Gesalbten“ (V. 25 f.). Es ist nicht verwunderlich, daß die ersten Christen nach den Ereignissen, die zum Tod Jesu führten, diese Prophetie als erfüllt ansahen. Schwerwiegender ist in diesem Zusammenhang die Art, wie sie sich ausdrücken: „Wahrhaftig, Herodes und Pontius Pilatus sind in dieser Stadt mit den Heiden und dem Volk Israel übereingekommen, sich gegen deinen heiligen Knecht Jesus, den du gesalbt hast, zu verschwören. Sie taten alles, was deine Kraft und dein Wille im voraus beschlossen hatten, daß es geschehen sollte“ (V. 27 f.). Erst im Anschluß an diese Worte bringen sie ihre Bitte vor Gott.

Die Schuld am Tod Jesu wird hier verschiedenen Parteien zugeschrieben. Herodes, der römische Statthalter Pontius Pilatus, das Volk Israel – sie alle hatten sich an einer Verschwörung beteiligt. Das hier verwendete Wort ist recht aussagekräftig, und im Licht des eben zitierten Psalmwortes besteht nicht der geringste Zweifel, daß die ersten Christen der Ansicht waren, daß die Genannten sich vor Gott eine ungemein große Schuld aufgeladen hatten. Dennoch bekennen dieselben Christen im gleichen Atemzug, daß die Verschwörer „alles taten, was deine Kraft und dein Wille im voraus beschlossen hatten, daß es geschehen sollte".

Die darin enthaltene Spannung ist unvermeidlich. Hätte die Initiative ganz und gar bei den Verschwörern gelegen, und hätte Gott nur im letzten Augenblick eingegriffen, um aus der drohenden Niederlage einen Triumph zu machen, dann wäre das Kreuz nicht sein Plan gewesen, nicht sein Wille, nicht der Grund, warum er seinen Sohn in die Welt sandte. Das wiederum wäre undenkbar. Hätte aber Gott die Ereignisse so inszeniert, daß die menschlichen Handelnden dabei nur Marionetten ohne eigene Verantwortung gewesen wären, dann wäre es töricht, hier von einer Verschwörung oder gar von Sünde zu sprechen. Gott war im Tod Jesu souverän am Werk; die Menschen, die Jesus hinrichten ließen, waren gottlos, obwohl sie den Willen des Vaters vollbrachten; Gott selbst aber blieb in jeder Beziehung gut.

Selbst Christen, die die Vereinbarkeitsthese bekämpfen, werden bewußt oder unbewußt zu Vertretern dieser These, sobald sie über das Kreuz nachdenken. Es gibt keine Alternative, es sei denn, man wirft seinen Glauben über Bord. Sind wir jedoch bereit, die Vereinbarkeitsthese im Hinblick auf das Kreuz gelten zu lassen – das heißt, die beiden zu Beginn des vorliegenden Kapitels angeführten Grundaussagen als wahr anzuerkennen –, dann sind wir nur noch einen sehr kleinen Schritt davon entfernt, daß die Vereinbarkeitsthese in der ganzen Heiligen Schrift gelehrt oder vorausgesetzt wird.

Erörterung der Vereinbarkeitsthese

Auch wenn wir akzeptieren, daß die Bibel überall lehrt oder voraussetzt, daß die Vereinbarkeitsthese, wie wir sie im ersten Teil des vorliegenden Kapitels definiert haben, wahr ist, sind wir einer Antwort auf die Frage, warum sie überhaupt wahr sein kann, noch keinen Schritt näher gekommen. Vielleicht können folgende Überlegungen einen Beitrag dazu leisten, den wesentlichen Punkt zu erhellen oder zumindest ein wenig genauer zu bestimmen, worin das Geheimnis liegt. Genau dieses Ziel hatten wir uns ja am Anfang des Kapitels gesetzt!

1. Nur wenige Vertreter der Vereinbarkeitsthese sind so unvorsichtig zu behaupten, sie wüßten genau, wie sich die beiden Aussagen, die ich im ersten Teil des vorliegenden Kapitels dargelegt habe, miteinander in Einklang bringen lassen. Wenn man die dabei verwendeten Begriffe sorgfältig definiert, kann man höchstens feststellen, daß sie nicht notwendig zu-

einander in Widerspruch stehen. Es ist nur möglich, einige der „Unbekannten", mit denen wir es hier zu tun haben, so grob zu umreißen und zu verdeutlichen, daß dafür Raum bleibt, daß beide Aussagen wahr sein können. Aber weil wir es hier in nicht geringem Umfang mit unbekannten Faktoren zu tun haben, können wir unmöglich feststellen, wie die beiden Aussagen logisch zusammenhängen.[3]

Ich denke, diese Analyse ist korrekt. Sie hat aber zur Folge, daß am Ende immer noch eine Reihe von Geheimnissen bleibt. Mir bleibt nur die Hoffnung, den Ort dieser Geheimnisse etwas genauer bestimmen und aufzeigen zu können, daß sie von so großer Tragweite sind, daß die Behauptung gerechtfertigt ist: Wenn die Bibel die Stimmigkeit der Vereinbarkeitsthese voraussetzt, vertritt sie keinen unsinnigen Standpunkt.

2. Wenn die Vereinbarkeitsthese wahr und wenn Gott gut ist – und die Bibel bestätigt beides –, dann müssen wir davon ausgehen, daß Gott auf andere Weise hinter dem Guten steht als hinter dem Übel. Er steht hinter dem Guten wie auch dem Übel, jedoch auf asymmetrische Weise. Das heißt, Gott steht so hinter dem Übel, daß es sich nicht außerhalb der Grenzen seiner Weltregierung ereignen kann, jedoch nicht so, daß Gott für das Übel moralisch verantwortlich zu machen ist. Für das Übel sind stets untergeordnete Handelnde, Zweitursachen, verantwortlich. Andererseits steht Gott in der Weise hinter dem Guten, daß es nicht nur innerhalb der Grenzen seiner Weltregierung geschieht, sondern stets auch ihm – und erst in zweiter Linie den Zweitursachen – zuzuschreiben ist.

Sündige ich also, dann geschieht das innerhalb der Grenzen der Weltregierung Gottes (sonst hätten die bereits angeführten Bibelstellen keinen Sinn), dennoch bin ich allein – oder auch mit denen, die mich in Versuchung oder in die Irre geführt haben usw. – für diese Sünde verantwortlich. Gott ist keine Schuld anzulasten. Tue ich aber Gutes, dann steht Gott dahinter, der in mir beides wirkt, das Wollen und das Vollbringen, nach seinem Wohlgefallen. Die Gnade Gottes ist in meinem Leben wirksam geworden, und ihm gebührt dafür die Ehre.

3. Die moralische Verantwortung des Menschen wird in beiden Teilen unserer These stark hervorgehoben. Ich habe bisher aber noch nicht den Versuch unternommen, eine Verbindung herzustellen zwischen der moralischen Verantwortung des Menschen einerseits und dem Begriff der Willensfreiheit andererseits. Der Grund hierfür liegt darin, daß es – jedenfalls aus biblischer Perspektive – äußerst schwierig ist, den Begriff der Willensfreiheit genau zu bestimmen.

Ich muß hinzufügen, daß der Begriff der Willensfreiheit nicht nur christliche Denker vor ungeahnte Schwierigkeiten stellt. Gegenwärtig findet auch unter Atheisten eine Debatte darüber statt, was mit „Willensfreiheit“ wirklich gemeint ist. Sind wir Menschen etwa so sehr an den Lauf subatomarer Teilchen gebunden, und sind deren Zusammenstöße und ihre Folgen unabänderlich von Naturgesetzen abhängig, daß unsere „Willensfreiheit“ nur eine Illusion ist? Oder gibt es diesbezüglich Freiräume, so daß wir Menschen irgendwie doch auf das, was sich in unserem Universum ereignet, einwirken können? Diese von atheistischen Wissenschaftlern erörterten Streitfragen erwähne ich nicht, weil sie denen der christlichen Theologen gleichen, sondern weil sich allzu viele auf eine derartige Diskussion einlassen, ohne sich darüber im klaren zu sein, daß der Begriff „Willensfreiheit“ alles andere als leicht zu verstehen ist.

Entspricht die Vereinbarkeitsthese der Wahrheit – ohne den sie stützenden biblischen Belegen auszuweichen –, dann sind jeder christlichen Definition der Willensfreiheit zwei Grenzen gesetzt.

Erstens darf die menschliche Willensfreiheit nicht von vornherein im kontrakausalen Sinn gedeutet werden; das heißt, sie darf nicht per definitionem eine so große Macht umfassen, daß Gott selbst kontingent wird – sonst träfe der zweite der beiden Sätze, aus denen die Vereinbarkeitsthese besteht, nicht mehr zu. Darum tritt man in einigen der besten Abhandlungen über den Willen dafür ein, die Willensfreiheit – manchmal spricht man auch vom „freien Handeln“ – nicht mit kontrakausaler Kraft, sondern mit dem Voluntarismus in Verbindung zu bringen. Mit anderen Worten: Wir tun, was wir tun wollen, und werden darum für unser Tun zur Rechenschaft gezogen.

So ist es beispielsweise gleichgültig, wie Gott bei der Kreuzigung seines Sohnes hinter den Kulissen wirkte, auf jeden Fall taten Herodes, Pontius Pilatus und die anderen das, wozu sie selbst entschlossen waren. Sie taten, was sie tun wollten. Darum werden sie zu Recht dafür verantwortlich gemacht. Damit behaupten wir aber keineswegs, daß sie bei diesem Geschehen über kontrakausale Freiheit verfügten, denn dann wäre Gott kontingent und das Kreuz im Plan Gottes nur ein nachträglicher Einfall gewesen, und dann könnte man unmöglich behaupten, daß die menschlichen Beteiligten getan hätten, was Gott „im voraus beschlossen hatte, daß es geschehen sollte“! Die menschlichen Beteiligten verfügten also *nicht* über uneingeschränkte Willensfreiheit. Wenn das der Fall gewesen wäre, hätten sie sich, nachdem die Kreuzigung Jesu bei Gott beschlossene Sache war, selbst anders entscheiden können. Aber Gott hat nicht beschlossen, daß sie handeln sollten, als wären sie bloße Marionetten oder, was noch schlimmer wäre, gegen ihren Willen. *Sie taten vielmehr, was sie tun wollten*, und werden darum zu Recht dafür zur Rechenschaft gezogen.

Zweitens kann man seit dem Sündenfall nicht über die menschliche Willensfreiheit sprechen, ohne eben diesen Sündenfall zu berücksichtigen. Jesus besteht darauf, daß jeder, der Sünde tut, ein Sklave der Sünde ist (Johannes 8,34). Selbst wenn wir dabei sind, unser Bestes zu tun, flüstert uns eine Stimme ins Ohr, welch einen guten Eindruck wir dabei erwecken. Wir widmen uns eine Stunde lang dem Gebet, verbringen jedoch einen Teil der Zeit damit, uns zu fragen, ob andere schon gemerkt haben, wie groß unsere Hingabe ist. Wir widmen uns aufopferungsvoll irgendeiner guten Sache und machen alles wieder dadurch zunichte, daß wir uns selbstherrlich oder unversöhnlich verhalten gegenüber denen, die sich nicht so aufopferungsvoll engagiert haben. Wir machen Gott zum Mittelpunkt unserer Neigungen, unserer Wünsche und unseres Strebens, lassen uns aber zugleich durch persönlichen Ehrgeiz, Lüsternheit oder Habsucht wieder davon ablenken. Unser Wille ist nicht wirklich frei; wir sind Sklaven der Sünde.

Innerhalb dieses Systems besteht echte Willensfreiheit in der Freiheit, Gott ohne jeglichem Vorbehalt zu gehorchen. Sie besteht nicht in der Kraft, anders zu handeln, als man handelt, sondern in dem Wunsch, Gott in jedem Augenblick zu gefallen.

Das wird nirgends deutlicher herausgestellt als in den christologischen Aussagen des Johannesevangeliums.[4] Dort wird Jesus wiederholt als der hingestellt, der das über ihn Geschriebene erfüllt und der sich im bewußten Gehorsam dem Plan des Vaters und dem Vater selbst unterwirft. Das Kreuz ist unvermeidbar; Jesus ist das Lamm Gottes, die angekündigte „Stunde" muß kommen, die Passion wird in der Schrift vorausgesehen. Andererseits aber kann niemand Jesus das Leben nehmen: Er gibt es vielmehr aus freien Stücken hin (10,18). In Jesus kommen der göttliche Ratschluß und vollkommener menschlicher Gehorsam in einer Person zusammen. Er bezeichnet es sogar als seine „Speise", den Willen dessen zu tun, der ihn gesandt hat (4,34), und tut stets, was dem Vater gefällt (8,29). Hier sehen wir den höchsten Ausdruck echter Willensfreiheit!

4. Der springende Punkt zwischen der Weltregierung Gottes und der Freiheit des Menschen ist im Wesen des Gottes zu suchen, der sich uns in der Bibel offenbart. Das werden wir deutlich erkennen, wenn wir ein wenig tiefer über das Wesen der menschlichen Verantwortung nachdenken.

Aus christlicher Sicht wird alles, wofür wir zur Rechenschaft gezogen werden, was wir im Gehorsam oder Ungehorsam tun oder lassen, wofür oder wogegen wir uns entscheiden, grundsätzlich durch die Gebote und Verbote Gottes bestimmt. Aber die Vorstellung, daß Gott Gebote oder Verbote erteilt, hängt wiederum von einem personalen Gottesverständnis ab. Christen behaupten nicht, daß ein unpersönliches „Es“ als Seinsgrund mit der Schöpfung verflochten sei und daß wir uns, um innerhalb dieser Schöpfung störungsfrei leben zu können, mit der Wirkungsweise der Schöpfung in Einklang bringen müßten. Christen behaupten vielmehr, daß es einen real existierenden, persönlichen „Er“ gibt, einen himmlischen Vater, der von der Schöpfung zu unterscheiden ist. Die Sünde ist deshalb so abscheulich, weil sie im Widerstand gegen seine Vorschriften und Verbote besteht. Unsere moralische Verantwortung hängt mit unserer Pflicht zusammen, *ihm gegenüber* Rechenschaft abzulegen.

Die Schwierigkeiten ergeben sich dadurch, daß wir üblicherweise mit Begriffen wie Person, personhaft oder Personalität Vorstellungen wie „zeitgebunden“ oder „endlich“ verknüpfen. Ich spreche mit meiner Ehefrau, sie spricht mit mir. Ohne zeitliche Aufeinanderfolge wäre das undenkbar. Ich erteile meinem Sohn Anweisungen. Er gehorcht ihnen oder nicht, je nachdem. Meine Tochter fragt meine Frau. Sie antwortet ihr. Diese Verhaltensweisen sind bezeichnend für Personen und bedingen einen zeitlichen Ablauf.

Ist aber Gott personhaft, dann muß ich sogleich ergänzen, daß er transzendent ist. Er befindet sich außerhalb von Zeit und Raum und handelt völlig frei. Stellt Gott eine Frage, so weiß er schon vorher die Antwort. Wenn er einen Menschen um etwas bittet, ihm vergibt, ihm etwas verbietet oder ihn ermahnt, dann darf ich nicht außer acht lassen, daß er nicht in genau der gleichen Weise Person sein kann wie wir Menschen Personen sind; denn die Transzendenz und das freie Walten Gottes bilden zusammen einen der Angelpunkte der Vereinbarkeitsthese. Daß Gott eine Person ist, ist die Voraussetzung dafür, daß ich moralisch zur Rechenschaft gezogen werden kann. Damit darf ich mir Gott aber nicht als endlich vorstellen. Er ist unendlich.

Das Rätsel der Vereinbarkeitsthese ist daher aufs engste mit der Tatsache verknüpft, daß der Gott, der sich in der Bibel und vor allem in der Person seines Sohnes offenbart, sowohl transzendent als personhaft ist.

Es sollte nun etwas deutlicher sein, weshalb ich in Kapitel 10 des vorliegenden Buches der Lehre von der sogenannten Leidensunfähigkeit Gottes meine Zustimmung versagte. Diese Lehre ist zu eng mit nur einer Seite des biblischen Zeugnisses verknüpft. Wir müssen eifrig darauf bedacht sein, an der ganzheitlichen biblischen Darstellung vom Wesen Gottes festzuhalten, damit wir keine Karikatur von Gott schaffen, einen

Götzen, der zwar in unsere Vorstellung paßt, aber in Wirklichkeit nicht existiert.

5. Es wird also deutlich, daß die Schwierigkeiten, die sich aus der Wahrheit beider Grundaussagen der Vereinbarkeitsthese ergeben, aufs engste mit dem Wesen Gottes selbst verknüpft sind. Diese Erkenntnis aber ermöglicht uns paradoxerweise, weiter voranzukommen. So sind wir durchaus in der Lage, einiges aufzuzählen, was wir über Gott *nicht* wissen. Wir erkennen, daß die Bibel Gott als transzendent und auch als personal schildert, und zum Teil rechtfertigen wir diese seltsame Aussage mit dem Hinweis auf Dinge, die wir über Gott nicht wissen. Nun stellt sich aber heraus, daß einige Aspekte über das, was wir von Gott nicht wissen, es vernünftig erscheinen lassen, daran festzuhalten, daß beide Grundaussagen der Vereinbarkeitsthese wahr sind.

Hier können uns ein paar Beispiele weiterhelfen. Der Gott der Bibel hat alle Dinge erschaffen, lebt aber jenseits oder außerhalb von Zeit und Raum. Er ist transzendent. Das bedeutet, daß ich seine Beziehung zu Zeit und Raum nicht wirklich verstehe. Ich erlebe, daß er sich den Menschen *innerhalb* von Zeit und Raum zu erkennen gegeben hat, habe aber keine Ahnung, wie er das vollbringt oder wie sich das ihm aus seinem Blickwinkel darstellt. So kann ich beispielsweise nicht wissen, ob Gott eine zeitliche Aufeinanderfolge erlebt. Wenn ja, dann nicht so, wie ich sie erlebe, denn meine Vorstellung von einer zeitlichen Aufeinanderfolge ist an Zeit und Raum gebunden. Daß Gott nicht an Zeit und Raum gebunden ist, zwingt mich aber nicht zu der Schlußfolgerung, daß er keinerlei zeitliche Aufeinanderfolge erlebt. Er hat sich entschieden, sich uns in Raum und Zeit zu offenbaren, weil wir nur so ihn verstehen können. Das alles ist von großer Bedeutung für die Lehre von der Vorherbestimmung und der Erwählung, wie etwa für Aussagen darüber, daß die Verschwörer bei der Kreuzigung Jesu das taten, was Gott im voraus bestimmt hatte, und für unser Verständnis von Prophetie und Erfüllung. Wäre Gott aber bereit gewesen, die biblische Aussage von der Personalität Gottes – von dem personhaften, sprechenden, der Interaktion und der Reaktion fähigen Gott – aufzugeben, dann hätte er uns durchaus einen Eindruck von seiner Transzendenz vermitteln können. Das von der Vereinbarkeitsthese aufgeworfene Problem läßt sich letzten Endes auf einige uns unbekannte Aspekte des Wesens Gottes reduzieren.

Ich sehe, daß Gott sich als ein personales Wesen offenbart hat, habe aber keine Ahnung, wie ein personaler Gott gleichzeitig auch transzendent sein kann.

Ich lese, daß die Bibel ihm auf die eine oder andere Weise alle Dinge zuschreibt und daß seine Weltregierung allumfassend ist, und erkenne, daß die Bibelstellen, in denen Gott als Urheber des Übels hingestellt wird, zugleich auf der Gutheit Gottes und der Boshaftigkeit der Zweitursachen bestehen. Mir ist jedoch nicht bekannt, wie Gott sich der Zweitursachen auf diese Weise bedienen kann. Wie er es tut, hat offenkundig mit seinem Wesen, mit seinem „Wohnort“ jenseits oder außerhalb von Raum und Zeit, mit dem Wesen seiner Weltregierung und mit seiner persönlichen Entscheidungsfreiheit zu tun; nur weiß ich immer noch nicht, *wie* genau er es zustande bringt.

Das führt mich zu der Schlußfolgerung, daß die Vereinbarkeitsthese nicht nur in der Bibel gelehrt wird, sondern mit dem Wesen Gottes selbst verbunden ist. Ich erkenne zugleich, daß es aufgrund meines Nicht-Wissens im Hinblick auf viele Aspekte des Wesens Gottes töricht wäre, die Stimmigkeit der Vereinbarkeitsthese in Zweifel zu ziehen.

Verteidigung der Vereinbarkeitsthese

Viele Christen halten die obige Darstellung der Vereinbarkeitsthese für falsch. Bevor wir den Versuch unternehmen, die im vorliegenden Kapitel gewonnenen Erkenntnisse auf das Problem des Übels und des Leidens anzuwenden, möchte ich kurz auf die häufigsten Einwände eingehen. Ich werde mich dabei auf die Einwände derer beschränken, die zwar die Inspiration der Schrift bejahen, aber die im vorliegenden Kapitel skizzierte Darstellung der Vorsehung ablehnen. Drei dieser Einwände sind beachtenswert.

Die rücksichtslose Definition

Die unter dieser Überschrift zusammengefaßten Einwände sind nur möglich, weil ihre Verfechter sich A-priori-Definitionen bedienen, mit deren Hilfe das Beweismaterial künstlich umgedeutet wird. Mit „A-priori-Definition“ meine ich eine Begriffsbestimmung, die nicht auf einem unparteiischen, induktiven Studium der betreffenden Bibelstellen beruht, sondern auf irgendeiner vorgängigen Annahme, in der Regel einem philosophischen Vorurteil.

Unzweifelhaft wird am häufigsten mit dem Begriff „Willensfreiheit“ Mißbrauch getrieben. Jeder, der die Meinung vertritt, die Menschen seien keine Marionetten, sondern für ihre Worte, Taten, Gedanken und

Lebensweise verantwortlich, hält in irgendeinem Sinn am Begriff der Willensfreiheit fest. Doch nehmen viele Theologen deshalb an, daß Willensfreiheit die Kraft zum kontrakausalen Handeln mit sich bringt.[5] Damit konstatieren sie einen unüberbrückbaren Widerspruch zwischen der Willensfreiheit und den Aussagen der Bibel, in denen bestritten wird, daß Gott jemals absolut kontingent sei. So faßten beispielsweise die Brüder David und Randall Basinger das Thema des von ihnen herausgegebenen Buches mit folgender Frage zusammen: „Inwiefern werden der souveränen Weltregierung Gottes durch die Freiheit des Menschen Grenzen gesetzt?“[6] Sie setzen einfach voraus, daß „die Freiheit des Menschen“ der „souveränen Weltregierung Gottes“ Grenzen setzt – und das, ohne sich weiter darum zu kümmern, ob die von ihnen vorausgesetzte Definition der Willensfreiheit im Licht der entsprechenden biblischen Texte tatsächlich berechtigt ist.

Deshalb erlauben sich die diesem Lager zuzurechnenden Theologen und Philosophen allerlei verwegene Denkschritte, die sich mit dem biblischen Belegmaterial keineswegs im Einklang befinden. Bruce Reichenbach kann nicht glauben, daß in Epheser 1,11 wirklich das gemeint ist, was da steht, also deutet er den Vers um und legt ihm folgenden Sinn unter: „Alles, was Gott vollbringt, vollbringt er im Einklang mit seinem Vorsatz“[7] – eine Binsenwahrheit, die kaum der Mühe wert ist, ausgesprochen zu werden. Tatsächlich besagt diese Bibelstelle etwas ganz anderes. In dem erwähnten Band übernimmt der Verfasser eines der Beiträge die von mir kritisierte Definition der Willensfreiheit und setzt der Macht, aber nicht dem Wissen Gottes Grenzen: Gott wisse zwar im voraus, wie sich freie, moralisch verantwortlich Handelnde verhalten werden, doch bestimme er dieses Verhalten nicht. Der Verfasser eines weiteren Beitrags setzt auch dem Wissen Gottes Grenzen: Das Wesen freier Entscheidungen sei von der Art, daß nicht einmal ein Allwissender den Ausgang im voraus wissen könne. Keiner der beiden Autoren befaßt sich indessen mit den entsprechenden biblischen Quellen, die ihre A-priori-Definitionen eindeutig widerlegen.

Zum Versäumnis dieser Verfasser, sich mit dem biblischen Belegmaterial auseinanderzusetzen, kommt hinzu, daß sie mit keinem Wort auf die häufigsten Einwände eingehen[8], zum Beispiel: Zieht die „Willensfreiheit“ die Kraft zum kontrakausalen Handeln nach sich, dann muß man fragen, ob wir uns im Himmel einer derartigen „Willensfreiheit“ erfreuen werden. Die meisten Christen sind sich darüber einig, daß die Gefahr der Apostasie im Himmel gebannt sein wird. Wir werden vor dem Sündigen bewahrt werden. Wenn Gott uns aber dort vor dem Sündigen bewahrt, geschieht das auf Kosten unserer „Willensfreiheit"? Werden wir in der Herrlichkeit auf diese großartige Fähigkeit verzichten müssen, die uns – angeblich – zu moralischen Geschöpfen macht? Wäre es nicht sinnvoller, die A-priori-Definition der Willensfreiheit in Frage zu stellen?

Nehmen wir als weiteres Beispiel den Begriff „Vorauswissen". Die Bibel schildert zahlreiche Fälle, bei denen Gott gewisse Dinge im voraus gewußt hat. In einem vorangehenden Kapitel haben wir sogar Belege dafür gefunden, daß Gott Dinge weiß, die sich unter anderen Umständen ereignet hätten (man spricht hier von *scientia media).* Wenn Paulus schreibt: „Die Gott im voraus erkannt [Luther: ausersehen] hat, die hat er auch vorherbestimmt, dem Ebenbild seines Sohnes gleichgestaltet zu werden ..." (Römer 8,29), dann darf man durchaus die Frage stellen, ob der Apostel hier ein „Vorauswissen" der erwähnten Art gemeint hat. Viele Theologen und Philosophen setzen schlicht und einfach voraus, daß dem so sei, und beharren darauf, daß Gott in der Vorherbestimmung nur das einschließt, wovon er im voraus erkennt, daß der Mensch es von sich aus tun werde.

Diese Formulierung macht den Menschen zur Schlüsselfigur bei der zu treffenden Entscheidung. Bei diesem göttlichen Ratschluß handelt es sich danach nicht um echte Vorherbestimmung im eigentlichen Sinn des Wortes, sondern gleichsam um eine im voraus erteilte Genehmigung. Darüber hinaus wird zu selten beachtet, daß Paulus an dieser Stelle nicht davon spricht, daß Gott bestimmte Ereignisse im voraus weiß, sondern davon, daß er bestimmte *Personen* im voraus erkennt. Viele Ausleger haben bereits nachgewiesen, daß, wenn das Verb „erkennen" in semitischen Sprachen auf eine Person bezogen wird, etwas von Intimität mitschwingt. „Erkennt" ein Mann beispielsweise seine Frau, dann vollzieht er mit ihr den Beischlaf. Daß Gott bestimmte Menschen „im voraus erkennt", bedeutet im Kontext von Römer 8,28 ff. – und die meisten ernstzunehmenden Kommentatoren weisen ausdrücklich darauf hin –, daß Gott mit den Betroffenen im voraus eine persönliche Beziehung eingeht. Die Menschen, die Gott in diesem Sinn im voraus erkannt hat, hat er auch vorherbestimmt, „dem Ebenbild seines Sohnes gleichgestaltet zu werden". Es ist dagegen eine recht seltsame exegetische Methode, bei vereinzelten Vorkommen des Begriffs „Vorauswissen" eine dubiose Definition zu geben und sie als Argument gegen die vielen Stellen ins Feld zu führen, in denen unzweideutig erklärt wird, daß Gott sein Volk *erwählt* hat (siehe z. B. 5. Mose 4,37-39; 7,6-9; Psalm 4,4 [vgl. rev. Elberfelder Übers.]; Matthäus 24,22.31; Lukas 18,7; Johannes 15,16; Apostelgeschichte 13,48; Galater 4,27.31; Epheser 1,4-6; 2. Timotheus 2,10; 1. Petrus 1,2). Wer diesen Weg einschlägt, der „erklärt“ ein unerklärliches Geheimnis – und setzt sich dabei rücksichtslos über die einschlägigen biblischen Aussagen hinweg.[9]

Der Triumph gegenseitiger Vernichtung

Auch diese Methode ist recht weit verbreitet. So findet sie beispielsweise in den solideren Beiträgen zu den beiden von Clark Pinnock zu diesem Thema herausgegebenen Bänden *Grace Unlimited* und *The Grace of God and the Will of Man* Anwendung. Ich denke hierbei insbesondere an die von I. Howard Marshall und Grant R. Osborne verfaßten Studien.

Osbornes Verfahren ist besonders aufschlußreich, weil er den Leser an seinen Denkprozessen teilhaben läßt. So achtet er bei Bibelstellen, in denen das freie Walten Gottes hervorgehoben wird, sorgfältig darauf, daß seine Auslegung ihre Aussage nicht verkürzt. Bei den Stellen, in denen die Verantwortung, die Entscheidungsfreiheit oder das Versagen des Menschen hervorgehoben wird, versucht er ebenso unparteiisch vorzugehen. Einen zweifelhaften Schritt unternimmt er erst bei den Schlußfolgerungen, indem er die aus der einen Reihe der Bibelstellen gezogenen Ergebnisse gegen die zweite Reihe auszuspielen versucht. Es findet so etwas wie eine gegenseitige Vernichtung statt. Am Ende bedeutet nach Osborne weder die eine noch die andere Reihe der Bibelstellen genau das, was sie tatsächlich aussagt – wobei es die Stellen über das freie Walten Gottes sind, die am meisten unter Osbornes Behandlung zu leiden haben.

Sind jedoch die Ergebnisse des induktiven Bibelstudiums, wie ich sie im vorliegenden Kapitel dargelegt habe, korrekt – von den vielen ähnlichen Bibelstellen, die ich hätte anführen können, ganz zu schweigen –, dann verbietet sich Osbornes und Marshalls Methode von selbst, denn hier wird wieder, wenn auch auf anderem Wege, die Verantwortung, der Wille oder die Freiheit des Menschen gegen das freie Walten Gottes ausgespielt, als würden sie sich notwendigerweise gegenseitig Schranken auferlegen. Diese Annahme aber bestreitet die Schrift ausdrücklich, denn die biblischen Verfasser vertreten die Vereinbarkeitsthese.

Die zu frühe Schaffung von Rastern

Selbstverständlich schaffen wir alle aufgrund unseres Verständnisses des biblischen Textes bestimmte „Raster" oder Modelle und verwenden diese als Hilfsmittel bei der Interpretation biblischer Stoffe. Nur dürfen diese Raster nicht zu einem zu frühen Zeitpunkt entstehen und müssen für eine Korrektur anhand des biblischen Textes offenbleiben. Wird das Raster zu früh konstruiert, oder ist es zu starr, dann ist es kein hilfreicher Wegweiser oder eine nützliche Methode, neue Erkenntnisse zu systematisieren, sondern zwingt uns, alles, was das Raster nicht „passieren" kann, herauszufiltern.

Nehmen wir als Beispiel die Aussagen der Bibel, in denen davon die Rede ist, daß Gott sich etwas „gereuen läßt"[10]. Man kann leicht nachweisen, daß sich diese „Reue" erheblich von menschlicher Reue unterscheidet. Menschen bereuen moralische Übel, die sie begangen haben. Das tut Gott nicht, denn er begeht niemals ein Übel, das er bereuen müßte. Aus diesem Grund ziehen die meisten modernen Bibelübersetzungen eine etwas andere Wiedergabe vor: „bedauern", „sich erweichen lassen", „traurig sein", „widerrufen" o. ä.

Dennoch sind diese Passagen faszinierend. Gott „bedauert" manchmal einen Schritt, den er bereits unternommen hat (1. Mose 6,6 f.; 1. Samuel 15,11.35). Er läßt sich gelegentlich „erweichen", nachdem er ein bestimmtes Vorhaben angekündigt oder sogar bereits zu verwirklichen angefangen hat (Psalm 90,13 [wörtlich]; 106,44 f.; Jeremia 18,7-10; 26,3.13.19; Joel 2,13 f.; Jona 3,9 f.; 4,2) – wobei er manchmal auf die Fürbitte eines Betenden eingeht (2. Mose 32,12 ff.; Amos 7,3-6). Andererseits weigert sich Gott bei bestimmten Gelegenheiten, sich etwas „gereuen zu lassen" (4. Mose 23,19; 1. Samuel 15,29; Psalm 110,4; Jeremia 4,28; 15,6; Hesekiel 24,14; Sacharja 8,14). In einem beachtenswerten Abschnitt läßt sich Gott deshalb „erweichen", weil er kein Mensch ist (Hosea 11,8 f.): Gott ist so voller Erbarmen, daß sein Herz „in [ihm] anders wird" und er seinen grimmigen Zorn nicht vollstreckt, sondern die Vernichtung abwendet, die er für Ephraim geplant hatte.

Diese Passagen sind nicht aus einem Guß. Daß Gott „sich erweichen läßt" und ein angekündigtes Gericht wieder rückgängig macht, hängt mit einem besonderen Grund zusammen: Wendet sich ein Volk, dem ein Gericht angekündigt wurde, von seiner Sünde ab, dann vollstreckt Gott das Gericht nicht (vgl. z. B. Hesekiel 33). Gott „bedauert", Saul als König eingesetzt zu haben (1. Samuel 15,11.35), jedoch erst, nachdem er sich bereits einen anderen, einen Mann nach seinem Herzen, auserwählt hat (1. Samuel 13,14).

Diese Schriftabschnitte sind dennoch ein wesentlicher Bestandteil der biblischen Erzählung. Sie tragen dazu bei, uns Gott als ein personales Wesen vor Augen zu führen, der eine Wechselbeziehung mit seinem Volk eingeht. Aber gerade aus diesem Grund müssen wir uns sehr in acht nehmen, aus solchen Stellen keine verallgemeinernden Aussagen abzuleiten, mit deren Hilfe wir möglicherweise die komplementäre Wahrheit bestreiten, daß Gott ein transzendenter, frei waltender Herrscher ist. So überschreitet beispielsweise Terence Fretheim diese verbotene Grenze, wenn er in seinem ansonsten ausgezeichneten Artikel über die „Reue" Gottes zu folgender Schlußfolgerung gelangt: „Das Bekenntnis zu Gott als dem Bereuenden sagt etwas über einen zur Umkehr bereiten Gott aus ... Hier wird festgestellt, daß Gottes eigene Geschichte – das, was in der Vergangenheit gesagt und getan worden ist – zur Bewältigung einer veränderten Gegenwart möglicherweise nicht vollkommen ausreicht."[11] Damit wird angenommen, daß Gott ebenso wie wir eine „Geschichte" habe und in Zeit und Raum eingeschlossen sei. Hinzu kommt, daß Fretheim darauf verzichtet, sich mit dem Problem auseinanderzusetzen, wie die von ihm angeführten Bibelstellen mit jenen anderen Stellen in Einklang gebracht werden können, in denen die Unwandelbarkeit, die grenzenlose Weisheit, die Allwissenheit und die Macht Gottes hervorgehoben werden.

Nehmen wir ein weiteres Beispiel, den Bibelvers 2. Petrus 3,9: „Er übt mit euch Geduld, da er nicht will, daß jemand zugrunde geht, sondern daß jeder zur Buße gelangt." Es gibt vier mögliche Deutungen dieses Verses: 1. Gott will, daß jedermann zur Buße gelangt; darum wird zuletzt jedermann gerettet werden, denn niemand kann den Willen Gottes vereiteln. 2. Gott will, daß jedermann zur Buße gelangt, aber er ist – aus welchen Gründen auch immer – nicht imstande, dies zu bewerkstelligen, da einige Menschen offensichtlich nicht gerettet werden. 3. Aus dem Kontext geht hervor, daß das Wort „jeder" im Sinne von „jeder Erwählte" zu ergänzen ist. 4. Hier wird die rettungswillige Haltung Gottes gegenüber der ganzen Welt festgehalten: Er ist der Gott, der will, daß jedermann ohne Ausnahme gerettet werde. Da jedoch die Bibel an anderer Stelle in einem anderen Sinn vom „Willen" oder von den „Wünschen" Gottes spricht, dürfen wir uns nicht auf 2. Petrus 3,9 als Beleg für unsere eigene Auffassung von der Erwählung oder der Willensfreiheit berufen.

Ein Allversöhner würde vermutlich die erste Position vorziehen. Indem er sich auf diese und andere ähnlichen Stelle beruft, konstruiert er ein „Raster“, und jede Bibelstelle, in der von Menschen die Rede ist, die *nicht* gerettet werden – und es gibt davon viele –, muß er irgendwie wegerklären. Ein anderer ist der Meinung, die zweite Deutungsmöglichkeit sei richtig. Nach dieser Sichtweise hat Gott alles in seiner Macht Stehende bereits getan. Die Erlösung des einzelnen Menschen hänge nun voll und ganz von seiner „Willensfreiheit“ ab (wobei Willensfreiheit hier im kontrakausalen Sinn aufgefaßt wird; s. oben). Das Raster wird konstruiert, und alles, was die Bibel über die Erwählung oder Gnadenwahl zu sagen hat, wird herausgefiltert. Das Ergebnis ist, daß Gott keine echte Wahl mehr trifft, sondern bestenfalls im voraus eine Art Genehmigung erteilt. Für die dritte und die vierte Deutungsmöglichkeit könnte man ein ähnliches Vorgehen nachweisen.

Theologen haben seit langem darauf hingewiesen, daß biblische Aussagen über den Willen oder das Wollen Gottes unterschiedlich zu deuten sind. Wenn es heißt, daß Gott etwas will, ist manchmal nicht mehr gemeint als sein decretum absolutum oder Ratschluß, das heißt, sein wirkendes Vollbringen dessen, was sich ereignet. Was Gott im Himmel und auf der Erde will, das trifft ein. Er bewirkt alle Dinge in Übereinstimmung mit dem Ratschluß seines Willens. Andererseits setzt die Bibel den Willen Gottes manchmal mit seinen Wünschen gleich. So ist es der Wille Gottes, daß wir Christen heilig seien (1. Thessalonicher 4,3): Es bedarf jedoch keiner großartigen Beobachtungsgabe, um feststellen zu können, daß der göttliche Ratschluß, das decretum absolutum, hier nicht gemeint sein kann. An anderer Stelle wiederum ist von der Zulassung Gottes die Rede, so beispielsweise dort, wo Gott dem Satan die Genehmigung erteilt, Hiob zu plagen. In ähnlicher Weise überläßt Gott Sünder ihren eigenen bösen Wegen (Römer 1,24.26.28); und in diesem Sinn ist es gemeint, wenn wir lesen, daß Gott sein Volk nicht gern bzw. nicht „von Herzen“ betrübt (Klagelieder 3,33): Er läßt zwar zu, daß es geschieht, aber es entspricht nicht seinem Herzenswunsch. Weil Gott „langsam zum Zorn“ und „reich an Erbarmen“ ist, läßt er nur widerstrebend sein Volk leiden.

Auf die Gefahr hin, das Ganze zu vereinfachen, möchte ich dennoch folgendes feststellen: Spricht die Bibel vom Willen Gottes im Sinne seiner Allwirksamkeit oder seines Ratschlusses, so werden an der betreffenden Stelle die Transzendenz und das freie Walten Gottes in den Mittelpunkt gerückt; setzt sie jedoch den Willen Gottes mit einem – möglicherweise unerfüllten – Wunsch Gottes gleich, so stehen an dieser Stelle die Personalität Gottes sowie seine Fähigkeit, Wechselbeziehungen einzugehen, im Vordergrund.

Wo die Bibel herausstellt, daß Gott das Übel lediglich zuläßt, gibt es dennoch keine Möglichkeit, seiner Weltregierung auszuweichen. Ein allmächtiger, allwissender Gott, der sich darüber im klaren ist, wenn er ein Übel zuläßt, daß es auch wirklich eintreffen wird, und der dann das Übel tatsächlich zuläßt, hat sicherlich auch das Übel beschlossen oder bestimmt. Dennoch spricht die Bibel von „zulassen", denn sie bezeugt, daß Gott im oben bereits definierten Sinn *asymmetrisch* hinter dem Guten und dem Übel stehe. Das Böse ist ihm niemals, das Gute hingegen immer zuzurechnen. Gott läßt Übel zu. Die Verfasser der biblischen Schriften würden jedoch niemals behaupten, er lasse das Gute nur zu! Obwohl angesichts der Transzendenz und der Allmacht Gottes ein Unterschied zwischen seiner Zulassung und seinem Ratschluß kaum zu ermitteln ist, trägt der biblische Sprachgebrauch nicht unwesentlich zu dem Nachdruck bei, den die Bibel auf die gleichzeitige Transzendenz, Personalität und vollkommene Gutheit Gottes legt. Daß Gott das Übel zuläßt, bedeutet nicht, daß das Übel sich außerhalb der äußersten Grenzen der Weltregierung Gottes ereignet. Das entnehmen wir jenen Bibelstellen, in denen uns beispielsweise mitgeteilt wird, daß Gott den falschen Propheten irreleitet (Hesekiel 14,9) oder daß er in seinem Zorn David zur Durchführung einer unerlaubten Volkszählung angeregt hat (2. Samuel 24,1). Schreibt der Chronist dies aber in seiner Schilderung derselben Begebenheit dem Satan zu (1. Chronik 21,1), dann handelt es sich nicht um einen Widerspruch (denn die Verfasser der biblischen Schriften, darunter auch der Chronist, sind der Vereinbarkeitsthese zu sehr verpflichtet), sondern um eine ergänzende Erklärung. Man kann sagen, daß Gott einen kräftigen Irrtum geschickt hat, man kann ebenso sagen, daß Satan sich als der große Betrüger betätigt hat. Es hängt alles davon ab, was im Mittelpunkt steht, die Allmacht und Transzendenz Gottes oder die Zweitursachen, deren er sich bedient.

Einige Theologen lehnen es entschieden ab, daß Gott in irgendeinem Sinn als „Ursache" des Übels hingestellt wird. Auf einer gewissen Ebene ist ihnen zuzustimmen, denn die Bibel spricht unablässig von der umfassenden Güte Gottes. Überfliegt man jedoch die im vorliegenden Kapitel angeführten Bibelstellen, so wird man zugeben müssen, daß die Verfasser der biblischen Schriften in ihrem Sprachgebrauch wesentlich kühner sind als die Theologen!

Davon, daß wir uns „frommer" als die Bibel ausdrücken, können wir uns kaum Vorteile versprechen, eher das Gegenteil. Indem wir uns schützend vor Gott stellen, erstellen wir in Wirklichkeit aus einem Teilaspekt des biblischen Materials ein Raster und filtern anderslautende biblische

Aussagen heraus über den Gott, der sich aus Gnaden in der *ganzen* heiligen Schrift offenbart hat. Dabei kommt tragischerweise ein Gottesbild heraus, von einem Gott, der nicht mehr allmächtig oder nicht mehr personhaft ist und der entweder inkompetent und enttäuscht oder teilnahmslos und gleichmütig ist. Aber der Gott und Vater unseres Herrn Jesus Christus ist absolut transzendent und leidenschaftlich personal zugleich. Diese Eigenschaften gehören zu den unaufgebbaren Grundwahrheiten der Schrift.

Einige abschließende Bemerkungen

1. Bei den meisten Versuchen, die Vereinbarkeitsthese als unzutreffend hinzustellen, wird das Mysterium aufgegeben. Das Problem sieht „sauberer" aus, wenn beispielsweise Gott in keinerlei Beziehung hinter dem Übel steht. Aber ganz davon abgesehen, daß die Bibel eine so leichte Lösung nicht zuläßt, kommt ein Gott dabei heraus, der alles Mysteriösen entkleidet ist. Irgendwie ist der Gott, der uns in solchen Darlegungen vor Augen geführt wird, „gezähmt", aller Geheimnisse entkleidet.

Nach der Lektüre einiger „sauberer" Lehren über Gott, in denen hervorgehoben wird, daß alles Leiden auf die Sünde zurückzuführen sei oder daß die im kontrakausalen Sinn gedeutete Willensfreiheit Gott auf verblüffend einfache Weise entlaste, habe ich mich gefragt, ob ihre Verfasser Hiob und Habakuk für Narren halten. Die beiden hätten doch einsehen müssen, daß es gar kein zu erklärendes Geheimnis gibt, und sich damit beruhigen können!

Wir müssen die biblischen Texte in ihrer ganzen Aussagekraft zu uns sprechen lassen. Es kann dann vieles von Gott bezeugt werden, der sich uns aus Gnaden offenbart hat – ohne daß er dabei „gezähmt" wird.

2. Möchten Sie geistlich gesund und lehrmäßig ausgewogen bleiben, so ist es *unbedingt erforderlich* – und ich kann dies nicht genug unterstreichen –, sich die Polarität im Wesen Gottes vor Augen zu halten. Wenn Sie beispielsweise diejenigen Bibelabschnitte durchdenken, die mit schonungsloser Offenheit darauf bestehen, daß Gott irgendwie hinter dem Übel steht, und nicht gleichzeitig die Aussagen im Auge haben, die von der nie versagenden Güte Gottes sprechen, dann könnten Sie während einer Leidensperiode leicht der Versuchung erliegen, Gott für einen heimtückischen Übeltäter zu halten. Befassen Sie sich intensiv mit den biblischen Aussagen über die Weltregierung Gottes, ohne gleichzeitig die biblischen Aufforderungen zum Gebet, zur Fürbitte, zur Buße und zur

Selbstprüfung zu beherzigen, dann könnten Sie einem christlich verbrämten Fatalismus verfallen und unbekümmerten Gleichmut mit robustem Glauben verwechseln. Die Liste der verdrehten Ansichten – sie ist leider recht lang – können Sie mit eigenen Beispielen ergänzen.

In einem meiner früheren Bücher[12] habe ich mich ausführlich mit der Spannung zwischen der Weltregierung Gottes und der Verantwortung des Menschen beschäftigt. Wegen einiger Äußerungen hat mir William Lane Craig Vorhaltungen gemacht. Craig schließt sich meiner Auslegung an manchen Stellen zwar an, fügt jedoch zum Beispiel hinzu: „Carson gibt zu, daß die Schrift manchmal zwischen göttlichem und menschlichem Handeln unterscheidet ... Carson räumt ebenfalls ein, daß in der Art, wie die Schrift unser Handeln letztlich auf Gott zurückführt, so etwas wie Asymmetrie zu erkennen sei."[13] Wahr ist jedoch, daß ich es weder „zugebe" noch „einräume"; ich *bestehe* darauf. Ich trete energisch dafür ein, die Spannung, die sich aus der Ausgewogenheit der biblischen Gotteslehre ergibt, voll und ganz durchzuhalten.

3. Das Geheimnis der Vorsehung trotzt allen Versuchen, es mit Hilfe der Vernunft zu „zähmen". Damit ist nicht gesagt, daß es unlogisch sei[14]; ich meine vielmehr, daß wir nicht genug darüber wissen, um es „auspakken" und „aufschlüsseln" zu können. Vielleicht können wir unsere Bereitschaft, mit unseren Grenzen zu leben, daran messen, wieweit wir willens sind, uns bestimmte Äußerungen der biblischen Verfasser zu eigen zu machen, die unserer – offen gesagt – selbstherrlichen Hingabe an die eigene Intelligenz widerstehen. Empfinden wir beispielsweise den Vorwurf ärgerlich, den der Prophet gegen den Ton erhebt, der dem Töpfer die Arbeitsweise vorschreiben will (Jesaja 29,16; 45,9)? Ist unser Gottesbegriff so, daß wir die Worte: „Der Herr macht alles zu seinem Zweck, auch den Gottlosen für den bösen Tag" (Sprüche 16,4; rev. Lutherübers.) lesen können, ohne den heimlichen Wunsch zu empfinden, diese Worte müßten aus der Bibel gestrichen werden?

Wir stimmen vielen der vom Apostel Paulus dargelegten Wahrheiten mit einem freudigen „Amen!" zu. Können wir das aber auch mit folgenden Sätzen tun? „Nun wird einer unter euch einwenden: ‚Warum tadelt uns Gott noch? Denn wer vermag seinem Willen zu widerstehen?' Wer bist du denn, o Mensch, daß du Gott widersprichst?" (Römer 9,19 f.). Es gibt keine andere Antwort, jedenfalls nicht im Diesseits. Paulus ist bereit, nicht nur damit zu leben, sondern auch die Folgerungen zu bedenken: „Soll etwa das Geformte zu dem sagen, der es geformt hat: ‚Warum hast du mich so gemacht?' [Jesaja 29,16; 45,9]. Hat der Töpfer nicht das Recht, aus demselben Tonklumpen ein Gefäß herzustellen für edle

Zwecke, ein anderes für den gemeinen Gebrauch? Was wäre, wenn Gott, der seinen Zorn zeigen und seine Macht erweisen wollte, die Gegenstände seines Zornes, die zur Vernichtung bestimmt sind, mit großer Langmut ertragen hat? Was wäre, wenn er es tat, um die Gegenstände seines Erbarmens, die er zur Herrlichkeit vorherbestimmt hat, mit den Reichtümern seiner Herrlichkeit bekanntzumachen ...?" (Römer 9,21 ff.).

Wäre das alles, was die Bibel über Gott zu sagen hätte, so wäre es unerträglich. Aber Paulus setzt ebenso voraus, daß die „Gegenstände seines Zornes" schuldig sind und daß Gott heilig ist, uns liebt und sich uns offenbart hat usw. Er ist frei, jede einschlägige Wahrheit kraftvoll zu entfalten. Bedeutet dies, daß er nicht weiß und jetzt nicht wissen kann, wie genau Gott in dieser gefallenen, zerrütteten Welt wirkt oder warum Gott den Sündenfall überhaupt erst zuließ, so weigert er sich dennoch, sich diesem Dilemma dadurch zu entziehen, daß er Gott „zähmt". Er ist bereit, Worte zu gebrauchen, die denen nicht unähnlich sind, die Gott an Hiob richtete: „Wer bist du denn, o Mensch, daß du Gott widersprichst?"

4. Wie soll sich das Geheimnis der Vorsehung auf mein geistliches Leben auswirken? Muß ich die Schultern zucken, mich zu Gottes geheimnisvoller Vorsehung bekennen und mich dann mit der Last des Übels oder des Leidens weiter abquälen?

Auf diese Frage eine Antwort zu finden, wird Aufgabe des folgenden Kapitels sein.

Fragen zum weiteren Nachdenken

1. Die Verfasser der biblischen Schriften lehren entweder ausdrücklich die Vereinbarkeitsthese oder setzen sie stillschweigend voraus. Erklären Sie diesen Satz näher.
2. Wie sollte der vorgehen, der den Begriff der Willensfreiheit definieren will? Welche Definition würden Sie persönlich vorziehen? Warum?
3. Wählen Sie mindestens zwei der in diesem Kapitel angeführten Bibelstellen, in denen die Weltregierung Gottes und die Verantwortung des Menschen besonders nahe beieinanderliegen, und lernen Sie sie auswendig. Erklären Sie sie einem andern.
4. Wie ist es gemeint, wenn wir sagen, daß Gott „asymmetrisch" hinter dem Guten und dem Übel steht? Warum ist diese Feststellung wichtig?
5. Zählen Sie einige der Dinge auf, die wir über Gott nicht wissen.

6. Suchen Sie sich Bibelstellen heraus, aus denen die unterschiedliche Art, wie die Bibel vom „Willen" oder von den „Wünschen" Gottes spricht, besonders deutlich zu erkennen ist.
7. „Möchten Sie geistlich gesund und lehrmäßig ausgewogen bleiben, so ist es unbedingt erforderlich, sich die Polarität im Wesen Gottes vor Augen zu halten." Warum?
8. Wie sollte sich das Geheimnis der Vorsehung auf Ihr Leben auswirken? Was meinen Sie?

Anmerkungen

1 Richard F. Vieth, *Holy Power, Human Pain.* Bloomington: Meyer-Stone, 1988, S. 55.

2 Siehe D. A. Carson, *Divine Sovereignty and Human Responsibility: Biblical Perspectives in Tension.* London: Marshall, Morgan and Scott; Atlanta: John Knox Press, 1981.

3 Siehe R. Young, *Freedom, Responsibility, and God.* London, 1975.

4 Carson, *Divine Sovereignty,* S. 146-160.

5 Siehe – um nur ein Beispiel unter Hunderten aufzugreifen – Michael L. Peterson, *Evil and the Christian God,* Grand Rapids: Baker Book House, 1982. Peterson behauptet, es sei logisch unmöglich, daß ein allmächtiger Gott über ein mit Willensfreiheit ausgestattetes Wesen bestimme. Das wäre jedoch nur dann der Fall, wenn die Willensfreiheit per definitionem die Kraft zum kontrakausalen Handeln mit sich brächte. – Auf diese Weise macht die von Peterson gewählte Definition der Willensfreiheit seine Schlußfolgerung unausweichlich, ohne daß Peterson sich der Mühe unterziehen muß, zu prüfen, ob die Schrift eine solche Definition fordert oder auch nur zuläßt.

6 David Basinger und Randall Basinger, Hgg., *Die Weltregierung Gottes und die Freiheit des Menschen: 4 Standpunkte.* Aus dem Amerikanischen von Leslie Richford. Marburg an der Lahn: Verlag der Francke-Buchhandlung, 1987, S. 11.

7 Ebd., S. 52.

8 Siehe z. B. Roger Nicole, „Some Comments on Hebrews 6:4-6 and the Doctrine of the Perseverance of God with the Saints," in: *Current Issues in Biblical and Patristic Interpretation,* ed. Gerald Hawthorne. Grand Rapids: Eerdmans, 1975, S. 357.

9 Das räumt Paul K. Jewett, *Election and Predestination,* Grand Rapids: Eerdmans, 1985, S. 77, stillschweigend ein, wenn er fragt, ob das Ver-

fahren des Arminius – der das „Vorauswissen“ Gottes heranzog, um die „Vorherbestimmung“ zu erklären – gerechtfertigt sei. Jewett antwortet: „Ich meine ja. Die Meinungen mögen darüber auseinandergehen, ob seine Lehre biblisch und seine Exegese gut fundiert sei, aber es ist kaum zu bezweifeln, daß sie an und für sich plausibel sind und das Problem lösen.“ Ganz richtig. Und genau darin liegt das Problem.

10 An allen im folgenden Abschnitt angegebenen Stellen verwendet die englische King James-Übersetzung (1611) den Begriff repent. Da dieses Wort heute nur im Sinne von „Buße tun“ verwendet wird, kommt es unter englischsprachigen Bibellesern zu gelegentlichen Mißverständnissen; diesen will Carson mit seiner Erörterung vorbeugen. Die gängigen deutschen Übersetzungen („Gott reute es, daß ...“ usw.) unterliegen kaum dieser Gefahr und werden auch in modernen Bibelausgaben – so beispielsweise in der Einheitsübersetzung – bedenkenlos weiterverwendet. Davon wird Carsons *theologisches* Argument freilich nicht tangiert. [Anm. d. Übers.]

11 Terence E. Fretheim, „The Repentance of God: A Key to Evaluating Old Testament God-Talk,“ *Horizons in Biblical Theology* 10 (1988), S. 60.

12 Carson, *Divine Sovereignty*.

13 William Lane Craig, *The Only Wise God: The Compatibility of Divine Foreknowledge and Human Freedom*. Grand Rapids: Baker Book House, 1987.

14 Dank der Beliebtheit des von James I. Packer verfaßten Buches *Prädestination und Verantwortung: Gott und Mensch in der Verkündigung*, aus dem Englischen übersetzt von Christine Buchholz, Wuppertal: R. Brockhaus, 1964 (neue studienreihe 5), ist es in evangelikalen Kreisen üblich geworden, die beiden Wahrheiten, daß Gott völlig frei waltet und daß die Menschen moralisch verantwortlich sind, als „Antinomie“ zu bezeichnen. Dieser Begriff hat jedoch einige Verwirrung gestiftet; dem ist vielleicht mit einer Anmerkung abzuhelfen. Das *Oxford English Dictionary* (OED) bietet folgende Definitionen einer Antinomie: 1. „Ein Widerspruch innerhalb eines Gesetzestextes oder zwischen zwei gleichermaßen bindenden Rechtsvorschriften“; 2. „ein widersprüchliches Gesetz, Statut oder Prinzip; ein Widerspruch zwischen zwei Autorität heischenden Texten oder Prinzipien“ – hier wird ein Beispiel aus den Schriften Jeremy Taylors angeführt, der 1649 meinte, gewisse Zeichen der Gnade stünden „unmittelbar im Widerspruch [are direct antinomies] zu den Lüsten des Fleisches“; 3. „ein Widerspruch zwischen Schlußfolgerungen, die

allem Anschein nach logisch, vernünftig oder notwendig sind; ein Paradoxon; verstandesmäßig nicht zu Vereinbarendes" – diese letzte Bedeutung schreibt das OED Kant zu.

Keine dieser Definitionen trifft auf das zu, was Packer meint. Er sieht in den genannten Wahrheiten keinesfalls einen echten Widerspruch (erste und dritte Definition), noch betrachtet er sie als Gegensätze (wie die Zeichen der Gnade und die Lüste des Fleisches). Unter „Antinomie" versteht er vielmehr ein *scheinbarer* (aber kein echter) Widerspruch.

Diese Definition fehlt zwar im OED, doch hat der Begriff in einigen Sparten der Philosophie – aus denen Packer sie vermutlich entlehnt hat – diese Bedeutung erlangt. Kant ging es in seiner *Kritik der reinen Vernunft* darum, die Fehlschlüsse aufzudecken, die sich aus der Anwendung von Zeit und Raum sowie einigen anderen Kategorien auf Nicht-Erlebtes ergeben. Er behauptete: Berufen wir uns *nicht* auf diese Kategorien, dann entdecken wir notwendig vier Antinomien (die wir hier nicht einzeln aufzählen müssen). Oberflächlich betrachtet, verwendet Kant den Begriff im vom OED angegebenen Sinn eines echten Widerspruchs: Die Antinomien ergeben sich nur, wenn Kategorien wie Zeit und Raum angewandt werden. Aber weil Kant darauf besteht, daß diese Kategorien nicht angewandt werden dürfen, erweisen sich die Antinomien nicht als echte, sondern nur als scheinbare Widersprüche. Daher rührt die von Packer übernommene Bedeutung des Begriffs „Antinomie".

Mit dieser Fußnote wollte ich lediglich klarstellen, daß wir es, auch wenn die hier behandelten Wahrheiten als Antinomie bezeichnet werden, nicht mit einem Widerspruch, sondern mit einem Mysterium zu tun haben.

12. Die Vorsehung als Trost: Vertrauen lernen

Bezeichnet man etwas als Geheimnis, dann ist nicht gemeint, daß überhaupt darüber nichts auszusagen wäre.

Christen akzeptieren, wenn auch manchmal widerstrebend, Geheimnisse, so zum Beispiel die Dreieinigkeitslehre oder die Vereinigung der menschlichen und der göttlichen Natur in der Person Jesus Christus. Zu diesen Themen ist sehr viel gesagt und geschrieben worden: Nicht wenige Autoren haben nachzuweisen versucht, daß wir es in diesen Fällen nicht mit Widersprüchen, sondern mit Geheimnissen zu tun haben. Andere wiederum haben sich bemüht, eine Verbindung zwischen dem einen oder anderen Aspekt dieser Geheimnisse und dem Gesamtsystem christlicher Dogmatik herzustellen.

So verhält es sich auch – oder so sollte es sich jedenfalls verhalten – mit dem Geheimnis der Vorsehung, einem Teilaspekt des umfassenden Themas der Spannung zwischen der Weltregierung Gottes und der Verantwortung des Menschen. In der Praxis freilich beeinflussen die Folgen dieser Spannung unsere Lebensweise, unsere Art zu beten, unsere Vorstellung von Evangelisation und unsere Einstellung über das Leiden. Nehmen wir ein Beispiel: Wir alle kennen Christen, bei denen ein verstärktes Bewußtsein der Allmacht Gottes zu einem nachlassenden Gebetsleben geführt hat. Daß so etwas nicht in Ordnung ist, ist uns klar, doch dürfen wir es bei dieser einfachen Feststellung nicht belassen: Wir müssen versuchen zu erkennen, weshalb es zu einer solchen Entwicklung kommen konnte, und Maßnahmen ergreifen, um das in Zukunft zu unterbinden.

Deshalb wollen wir im vorliegenden Kapitel darüber nachdenken, wie sich die Vereinbarkeitsthese – das heißt, die Spannung zwischen der Weltregierung Gottes und der Verantwortung des Menschen – auf das Leben des Christen auswirken sollte, besonders im Hinblick auf das Problem des Übels und des Leidens. Doch ehe wir uns mit dem Übel und dem Leiden befassen, wird es hilfreich sein, wenn wir zuvor versuchen festzustellen, wie diese Spannung sich auf andere Bereiche geistlichen Lebens und Denkens auswirkt.

Anwendung der Vereinbarkeitsthese: Unter Gottes Herrschaft verantwortlich leben

Ich werde zunächst das Grundprinzip darlegen und es dann auf zwei oder drei verschiedene Bereiche anwenden.

Will man die in der Bibel verankerte Spannung zwischen der Weltregierung Gottes und der Verantwortung des Menschen oder zwischen der souveränen Transzendenz Gottes und seiner Personalität auf irgendeinen Bereich des Lebens oder des Denkens anwenden, dann empfiehlt es sich, genau zu beobachten, welche Aufgabe jeder Komponente der Spannung in der Schrift zukommt. Dies wirkt äußerst befreiend: Die Mißachtung dieses Prinzips hingegen hebt das biblische Gleichgewicht auf und führt entweder zum Fanatismus oder zum Fatalismus.

Die praktischen Auswirkungen des genannten Prinzips können wir an einigen Beispielen besser veranschaulichen als mit einer rein theoretischen Erörterung.

Das Gebet

Daß die Spannung zwischen der Weltregierung Gottes und der Verantwortung des Menschen für Verwirrung sorgen kann, wenn sie auf das Gebet angewandt wird, läßt sich ohne weiteres nachweisen.

So schreibt beispielsweise Clark Pinnock, der die Meinung vertritt, die Willensfreiheit des Menschen biete die Gewähr dafür, daß er stets anders handeln könne, als er handelt, und daß Gott unsere zukünftigen freien Entscheidungen nicht im voraus wissen könne (weil sie sonst, wie er sagt, „nicht wirklich frei" wären): „Wenn Sie glauben, daß Sie durch Gebet etwas ausrichten können, müssen Sie meinem Standpunkt zustimmen."[1] Ist Gott jedoch so ohnmächtig, daß er einen mir nahestehenden unbekehrten Menschen nicht zu erretten vermag (weil er damit dessen Willensfreiheit außer Kraft setzen würde), dann frage ich mich, warum ich mir überhaupt die Mühe machen soll, darum zu beten?

James I. Packer hingegen vertritt die Meinung, unsere Gewohnheit, Gott um die Errettung anderer zu bitten, sei der Beweis dafür, daß wir, wenigstens wenn wir auf die Knie gehen, überzeugt seien, allein Gott habe die Kraft, Menschen zu erretten.[2] Daran ist mit Sicherheit nicht zu rütteln: Dennoch wäre einem Gegner die Frage zu verzeihen, warum denn das Gebet überhaupt notwendig sei, da durch die göttliche Gnadenwahl bereits festgelegt sei, wer errettet und wer nicht errettet werde, und alles Beten in der Welt den göttlichen Ratschluß nicht zu verändern vermag.

Einige Christen sind überzeugt, daß die Erfolgschancen unserer Gebete von deren Dauer, Inständigkeit, Intensität, Lautstärke und hoher Gesinnung abhingen, und daß der Schlüssel zum erhörlichen Beten darin liege, Gott so lange zuzusetzen, bis er tut, wozu er sonst nicht bereit gewesen wäre. Andere überbetonen das freie Walten Gottes auf Kosten seiner Personalität, und zwar dermaßen, daß sie nicht mehr erkennen können, wozu ausgedehnte Fürbitte überhaupt noch gut sein soll. Sie wissen natürlich, daß sie beten sollten. Darüber läßt die Bibel keinen Zweifel aufkommen. Aber nachdem sie gebetet haben: „Dein Wille geschehe, wie im Himmel, also auch auf Erden", kommt es ihnen überflüssig vor, einem allmächtigen, allwissenden Gott noch irgendwelche Einzelheiten mitzuteilen. Es fällt ihnen leichter, dem Gebot Jesu entsprechend auf lange, plappernde Gebete zu verzichten (Matthäus 6,7), als an Jesus selbst ein Beispiel zu nehmen und selbst Nächte im Gebet zu verbringen (Lukas 6,12).

Wir sollten uns unbedingt Klarheit darüber verschaffen, was in beiden Fällen vor sich geht. Hier ziehen Christen Schlüsse über das Gebet, die von der Bibel her nicht zu rechtfertigen sind. Sie gestatten es dem einen oder anderen Aspekt der Spannung zwischen der Weltregierung Gottes und der Verantwortung des Menschen, eine Wirkung auszuüben, die nirgendwo in der Schrift vorkommt. Einerseits wird behauptet, das Gebet habe eine Wirkung, es richte etwas aus, und darum könne Gott trotz seiner Allwissenheit und Allmacht die Zukunft nicht im voraus festlegen. Andererseits heißt es, da alle Dinge der Weltregierung Gottes untergeordnet seien und die Zukunft ihm im voraus bekannt sei, dürften unsere Gebete nur aus dem Bekenntnis bestehen, daß sein Wille stets für uns das Beste sei. Unsere Gebete könnten nichts erreichen. Da Gott der Allmächtige ist, geschieht immer sein Wille. Unsere Gebete dienten nur dazu, unseren mit seinem Willen in Einklang zu bringen. Auf diese Weise aber wird die Personalität Gottes untergraben: Er geht weder auf unsere Gebete ein, noch erhört er sie.

Halten wir jedoch fest, daß die im vorigen Kapitel beschriebene Spannung zwischen der souveränen Transzendenz Gottes und seiner Personalität zum wesentlichen Kern seiner gnädigen Selbstoffenbarung in der Schrift gehört, dann kann keine dieser beiden Auffassungen vom Gebet korrekt sein. Die Vertreter beider Ansichten begehen denselben Fehler. Sie verdrängen gegenseitig ihre Überzeugungen.

Wir müssen fragen, welche Schlußfolgerungen die Verfasser der biblischen Schriften aus den beiden Aussagen ziehen. Welche Aufgabe kommt der Spannung zwischen dem transzendenten und dem personhaften Gott in den Gebeten der Bibel zu? Haben wir als Christen diese Frage beantwortet, dann sollten wir uns dazu entschließen, dieser Spannung in unseren eigenen Gebeten die gleiche Aufgabe zukommen zu lassen – und keine andere. Mit anderen Worten: Die Vereinbarkeitsthese muß in unseren Gebeten so angewandt werden, wie sie in den Gebeten der Schrift angewandt wird.

Eine umfassende Darstellung der Anwendungsmöglichkeiten würde den Rahmen des vorliegenden Buches sprengen, doch werden einige wenige Beispiele veranschaulichen, was gemeint ist.

Jesus beginnt sein im 17. Kapitel des Johannesevangeliums überliefertes hohepriesterliches Gebet mit den Worten: „Vater, der Zeitpunkt [wörtlich: die Stunde] ist gekommen." Im Johannesevangelium ist mit der „Stunde" vor allem der vom Vater festgelegte Zeitpunkt des Todes, des Begraben-Werdens, der Auferweckung und der Erhöhung Jesu, kurz, seiner Verherrlichung gemeint. Die Kreuzigung steht unmittelbar bevor, und Jesus erkennt, daß die „Stunde" seiner Verherrlichung gekommen ist. Deshalb betet er: „Verherrliche deinen Sohn ..."

Mit der „Stunde" ist der von Gott vorbestimmte Zeitpunkt für den Tod und die Erhöhung seines Sohnes gemeint. Dieser Zeitpunkt entspricht dem souveränen Plan Gottes. Jesus leitet jedoch nicht daraus ab, daß Beten zwecklos sei. Er betet vielmehr *im Einklang* mit dem souveränen Plan Gottes. Der im Plan Gottes vorbestimmte Zeitpunkt für die Verherrlichung des Sohnes ist gekommen; verherrliche deshalb deinen Sohn.

Wir haben es hier keineswegs mit einer Anomalie zu tun. Im Namen Jesu beten heißt u. a. im Einklang mit alledem beten, wofür der Name Jesus steht. Das heißt, im Einklang mit dem Willen Jesu zu beten. Betet die verfolgte Gemeinde: „Amen, komm, Herr Jesus!", dann versucht sie nicht, Jesus zu einer Handlungsweise zu überreden.

Als die Urgemeinde nach den ersten Anzeichen von Verfolgung betete (Apostelgeschichte 4,23 ff.), redeten die ersten Christen Gott mit dem Titel „Allmächtiger Herrscher" an (vgl. Elberfelder Übers.). Doch waren ihre anschließenden Bitten deshalb keineswegs vom Fatalismus bestimmt. Sie beten nicht: „Allmächtiger Herrscher, sollen wir verfolgt werden – so sei es. Dein Wille geschehe. Amen!“ Statt dessen betrachteten sie die erlittene Verfolgung als Fortsetzung des von ihrem Meister erduldeten Widerstands und Leidens – eines Leidens, das in der Schrift vorausgesagt und von einem souveränen Gott bewirkt worden war, der seinen Erlösungsplan mit Hilfe der Taten gottloser Menschen realisierte. Sie beteten: „Und nun, Herr, sieh auf ihre Drohungen, und gib deinen Dienern die Kraft, dein Wort mit großem Freimut zu verkünden. Streck deine Hand aus, um zu heilen und durch den Namen deines heiligen Knechtes Jesus Zeichen und Wunder zu vollbringen.“ Sie sind überzeugt, daß der Gott, mit dem sie es zu tun haben, Gebete erhört und auf seine Kinder eingeht, ein Gott, der so souverän ist, daß er über die Machenschaften der Völker und die „vergeblichen Pläne“ der Nationen lacht.

Zu den bewegendsten Gebeten der Schrift gehört die Fürbitte, die Mose bei Gott einlegte, nachdem das Volk Israel mit dem goldenen Kalb Götzendienst getrieben hatte. Der Herr droht, das ganze Volk auszurotten und es durch eine neue Nation aus den Nachkommen Moses zu ersetzen. Er bedient sich dabei einer überaus schroffen Sprache: „Ich habe dieses Volk gesehen, und es ist ein störrisches Volk. Laß mich jetzt, damit mein Zorn gegen sie entbrennt und ich sie vertilge. Dann werde ich dich zu einem großen Volk machen“ (2. Mose 32,9 f.).

Mose aber „läßt“ den Herrn nicht. Warum sollte der Herr das Volk, das er aus Ägypten geführt hat, jetzt im Stich lassen? Will er es einfach auslöschen (32,12)? Möchte Gott sich zum Gespött der Heiden machen? „Warum sollen die Ägypter sagen: ‚In böser Absicht hat er sie herausgeführt, um sie in den Bergen umzubringen und sie vom Erdboden verschwinden zu lassen‘?“ (32,12). Mose fleht: „Wende dich ab von deinem grimmigen Zorn, und laß dich erweichen; stürze dein Volk nicht ins Verderben“ (32,12). Anschließend beruft er sich auf die Treue Gottes und auf die Unwandelbarkeit seiner erklärten Ziele: „Denk an deine Diener Abraham, Isaak und Israel, denen du bei dir selbst geschworen hast: ‚Ich werde eure Nachkommen so zahlreich machen wie die Sterne am Himmel, und ich werde euren Nachkommen das ganze Land geben, das ich ihnen verheißen habe, und es wird für immer ihr Erbteil sein‘“ (32,13). Mit anderen Worten: Gott ist und bleibt also eine Person und allmächtig. Mose beruft sich auf beide Aussagen der biblischen Darstellung Gottes. Er versucht nicht, sie gegenseitig außer Kraft zu setzen, sondern betrachtet sie als sich gegenseitig ergänzend.

Und wie ging es aus? „Dann ließ sich der Herr erweichen und verzichtete darauf, das angekündigte Unheil über sein Volk zu bringen“ (32,14).

Wir gewinnen weitere Einblicke in diese Problematik, wenn wir zwei oder drei ähnliche Passagen aus dem Alten Testament miteinander vergleichen. Im siebten Kapitel des Buches Amos tritt der Prophet wiederholt für Israel ein, nachdem der Herr verschiedene Gerichte angekündigt hat. „Da rief ich: ‚Allmächtiger Herr, vergib doch! Wie soll Jakob das überleben? Er ist ja so klein!'" (V. 2). Daraufhin heißt es wiederholt: „Darum ließ sich der Herr erweichen" (V. 3.6). Im Gegensatz hierzu werden die falschen Propheten im Volk mit folgenden Worten verurteilt: „Ihr seid nicht in die Bresche gesprungen. Ihr habt keine Mauer für das Haus Israel errichtet, damit es am Tag des Herrn im Kampf standhalten kann" (Hesekiel 13,5; Einheitsübers.). Mit dieser bildlichen Wendung ist gemeint, daß sie es unterlassen haben, sich bei Gott für das Volk zu verwenden; nur so hätten sie die „Mauer" aufbauen können (vgl. Hesekiel 22). Das hätte dem Willen Gottes entsprochen, aber die falschen Propheten haben stattdessen „nichtige Visionen" und „falsche Orakel" verkündet. Darum steht ihnen ein Gericht bevor: „Ich sah mich unter ihnen um nach einem Mann, der die Mauer aufbauen und *vor mir für das Land in die Bresche treten würde, damit ich es nicht vernichten müßte;* aber ich fand keinen. Darum will ich meinen Grimm über sie ausschütten und sie mit meinem feurigen Zorn verzehren. Alles, was sie getan haben, lasse ich auf sie selbst zurückfallen, spricht der allmächtige Herrscher" (Hesekiel 22,30 f.; Hervorhebung vom Verfasser).

Diese Stelle ist wirklich beachtenswert. Gott *sucht* Gläubige, die bereit sind, Fürbitte zu tun. Er *erwartet,* daß wir ihn auf diese Weise anflehen. Es ist wahr (wenn auch keine hinlängliche Erklärung), daß Gott das Gebet als Mittel zum Zweck – der Erhaltung des Volkes – betrachtet. Allerdings ist im Licht seiner Bundesverheißungen sowie der umfassenden Darstellung seiner Weltregierung im Alten Testament mit Sicherheit nicht anzunehmen, daß er maßlos enttäuscht wäre, wenn er niemanden fände, der in die Bresche zu treten bereit wäre; denn immer wenn Gott beschließt, sein Volk zu retten, sorgt er auch dafür, daß die Befreiung geschieht – wenn auch „anderswoher", als es das Volk erwartet (Esther 4,14).

Urteilen wir nach den noch umfassenderen Lehren von der letztendlichen Verantwortung Gottes für alles Gute, vom Wirken seines Geistes im Herzen der Menschen und von seiner Allherrschaft in allen Angelegenheiten, ob klein oder groß, so ist sein Volk zwar zum Gebet verpflichtet – betet es aber tatsächlich, so ist das ein Zeichen dafür, daß es die Gnade Gottes bereits empfangen hat. Denn die geleistete Fürbitte geschieht nicht außerhalb oder unabhängig von der Weltregierung Gottes. Dennoch handelt es sich nicht etwa um ein sinnloses Herunterleiern, denn Fürbitte richtet sich an einen persönlichen Gott. „Findet" Gott aber niemanden, der vor ihm in die Bresche zu treten und Fürbitte zu leisten bereit ist, so ist Folgendes festzustellen: Einerseits haben diejenigen, die zum Gebet verpflichtet waren, versagt und werden für dieses Versagen zur Verantwortung gezogen; andererseits hat Gott ihnen das gnädige Werk seines Geistes vorenthalten, da er entschlossen ist, das längst angekündigte Gericht auszuführen.

Auf diese Weise dienen sowohl die Weltregierung als auch die Personalität Gottes, sofern sie in rechter Weise erkannt werden, als Anreiz zum Gebet.

Evangelisation

Daraus, daß das Evangelium dem Sünder „angeboten" wird, leiten viele Theologen ab, daß die Willensfreiheit des Menschen Gott zu einer kontingenten Rolle im menschlichen Heil zwinge. Sie meinen deshalb, alles, was die Bibel über die Erwählung zu sagen hat, entweder abschwächen oder unter Berufung auf eine bestimmte – exegetisch nicht vertretbare – Auffassung vom „Vorherwissen Gottes" (wir sprachen im vorigen Kapitel darüber) wegerklären zu müssen. Bei anderen hingegen erlöscht das Feuer ihres evangelistischen Eifers, sobald sie die biblischen Aussagen über die göttliche Gnadenwahl ernst nehmen. „Sind Menschen dazu bestimmt, sich zu bekehren, dann werden sie sich auch ohne mein Dazutun bekehren." Es würden sich zwar nur wenige so kraß ausdrücken, doch vermitteln einem diese Christen das unbestimmte Gefühl, daß es gar keinen Zweck habe, sich über die Verlorenen allzu viele Gedanken zu machen. Mit dieser Haltung bestätigen sie dem entgegen die Vorurteile eifriger Evangelisten: „Sobald man anfängt, an eine unbedingte göttliche Erwählung zu glauben, hält man die Evangelisation für unsinnig."

Hiermit wird wieder einmal biblischen Wahrheiten etwas zugeschrieben, was der Bibel widerspricht. Man zieht aus bestimmten biblischen Aussagen Schlüsse und verwendet diese, um andere ebenso deutliche biblische Aussagen zu verwässern. Die Lösung dieses Problems besteht wieder einmal darin, den biblischen Lehren den Platz in unserem Leben und Denken einzuräumen, der ihnen auch in der Schrift zukommt.

Es ist mir hier nur möglich, einige Beispiele dafür anzuführen, wie die biblischen Autoren von der Erwählungslehre und von allgemeinen Aufforderungen, Christus zu vertrauen, Gebrauch machen. Wir haben bereits festgestellt, daß die Erwählungslehre in Apostelgeschichte 18,9 f. als Anreiz zur Evangelisation dient und keinesfalls wie ein Hemmschuh wirkt. Weil Gott „sein Volk“ erwählt hat, ist es für Christen selbstverständlich, zu evangelisieren. Sie wissen, daß sie Gott dadurch nicht entgegenwirken, sondern mit ihm zusammenarbeiten. Hat Gott sich ein Volk zubereitet, dann ist Paulus der Erfolg sicher – nicht, weil er ein so begabter Evangelist ist, sondern weil die Menschen, die Gott gehören, zu ihm kommen werden. Ich kenne Missionare, die unter äußerst schwierigen Bedingungen in ihrer harten, nach menschlichem Ermessen erfolglosen Arbeit weitermachen, weil sie der Überzeugung sind, daß Gott sich ein Volk erwählt hat, das zum von Gott bestimmten Zeitpunkt zu ihm kommen wird.

Aus Sicht der Kirchengeschichte betrachtet, gibt es keinen Zusammenhang zwischen einem Festhalten an den klaren biblischen Aussagen über die Erwählung und einem Abkühlen des evangelistischen Eifers. Denken wir zum Beispiel an George Whitefield und Howell Harris[3], an die Mehrzahl der ersten britischen Missionare oder an viele Leitende unter den amerikanischen Southern Baptists im 19. Jahrhundert[4].

Eine weitere Aufgabe der Erwählungslehre besteht in der Überwindung menschlichen Hochmuts. Dies ist aus vielen Abschnitten der Schrift zu erkennen, so beispielsweise Johannes 6, wo Jesus, dem die Jünger in Scharen weglaufen, die Zwölf fragt, ob sie auch weggehen wollen. In der Antwort des Simon Petrus liegt mehr als Begeisterung: „Herr, zu wem sollen wir gehen? Du hast die Worte ewigen Lebens. Wir glauben und wissen, daß du der Heilige Gottes bist“ (6,68 f.). Darauf stellt Jesus mit einer behutsamen rhetorischen Frage eine Gegenbehauptung auf: „Habe ich nicht euch, die Zwölf, erwählt? Und einer von euch ist ein Teufel!“ (6,70). Jesus läßt Petrus auf diese Weise wissen, daß Petrus sich nicht zum Sprecher aller zwölf Apostel machen sollte, denn einer von ihnen würde sich noch als Verräter erweisen. Dies geschieht also nicht ohne Jesu Wissen und nicht außerhalb seines Einflußbereichs: Er selbst hatte die Zwölf erwählt, doch wußte er, daß einer von ihnen ihn verraten würde. Möglicherweise gibt es eine Erwählung, die nicht zum ewigen Leben führt!

Auch in Römer 9 wird die Erwählung mit Gottes freier Gnade in Verbindung gebracht: „Ich werde begnadigen, wen ich begnadige, und werde mich erbarmen, wessen ich mich erbarme“ (V. 15; rev. Elberfelder Übers.). Damit ist nicht gesagt, daß den Erwählten der rettende Glaube aufoktroyiert wird oder daß Menschen gegen ihren Willen gezwungen werden, sich zu einem Glauben zu bekennen, den sie im Herzen gar nicht besitzen. „Denn wer *mit dem Herzen* glaubt, der wird gerechtfertigt, und wer *mit dem Mund* bekennt, der wird errettet" (Römer 10,10; Hervorhebung vom Verfasser).

Der Nachdruck, der auf gehorsames Hören gelegt wird, dient in einigen Fällen zur Erkenntnis von Schuld und Verantwortung. Paulus unterstreicht, daß „der Glaube aus dem Hören der Botschaft kommt" und daß „die Botschaft durch das Wort Christi gehört wird" (Römer 10,17). Diese Aussage über die menschliche Verantwortung bei der Errettung dient Paulus keineswegs dazu, die Erwählungslehre abzuschwächen. Sie wirft nur ein bezeichnendes Licht auf die Schuld des Volkes Israel, das gehört, aber nicht geglaubt hat (10,18 ff.).

„Und wie sollen sie hören, wenn niemand predigt? Und wie sollen sie predigen, wenn sie nicht ausgesandt werden?" (10,14 f.). Diese Fragen dienen nicht nur dazu, den Predigtdienst des Paulus zu rechtfertigen, sondern sollen vermutlich die Leser des Briefes darauf vorbereiten, dem Apostel bei seiner geplanten Missionsreise nach Spanien behilflich zu sein (15,24 ff.).

Man könnte noch sehr viel mehr zu diesem Thema sagen, doch ging es mir hier lediglich um die recht einfache Wahrheit: Achten wir sorgfältig darauf, die Aussagen über die Geheimnisse, die zum eisernen Bestand der Schrift und der biblischen Offenbarung über das Wesen Gottes gehören, nur so anzuwenden, wie sie in der Schrift angewandt werden. So werden diese Geheimnisse nicht mißdeutet.

Weitere Beispiele

In Kapitel 11 habe ich Beispiele genannt, ohne näher auf sie einzugehen. Auch hier kann ich sie aus Platzgründen nicht ausführlich behandeln. Es lohnt sich aber, sie zu erwähnen.

Im Johannesevangelium tritt Jesus gleichzeitig auf als der, dessen Wirksamkeit, Tod und Erhöhung von dem in der Schrift geäußerten oder sich dem Bewußtsein Jesu erschließenden Willen des Vaters bestimmt wird, und zugleich als der, der seinem Vater aus freien Stücken gehorcht. Deshalb macht sein Gehorsam auf modellhafte Weise sichtbar, wie *wir* auf die Forderungen der göttlichen Allmacht eingehen sollten. Und in der Tat, die Abhängigkeit und der Gehorsam des Sohnes dem Vater gegenüber sind so vollkommen, daß durch sie der Wille des Vaters mitgeteilt und sein Herrschaftsbereich ausgedehnt wird (5,19 ff.).

Die verschiedenen Aspekte dieser Geheimnisse kommen am deutlichsten im Kreuz Jesu zum Ausdruck. Das Kreuz entsprach ganz dem souveränen Plan des Vaters, dessen wirkender Einfluß sich nicht nur auf viele in den prophetischen Schriften des Alten Testaments angekündigte Einzelheiten erstreckte, sondern auch auf die gottlosen Machenschaften der Menschen, die an der Hinrichtung Jesu beteiligt waren. Und dennoch ging Jesus aus freien Stücken ans Kreuz. Er *entschloß sich*, dem Vater zu gehorchen! Er betete: „Nicht mein, sondern dein Wille geschehe!" – ein Gebet, das offensichtlich nicht überflüssig war, obwohl es auf einer anderen Ebene kaum vorstellbar ist, daß der göttliche Heilswille nicht geschehen wäre. Hier sehen wir einen überaus abscheulichen Ausbruch des Bösen, zugleich aber den höchsten Erweis der Liebe Gottes. Hier tut sich die widerliche, brutale Ungerechtigkeit des Menschen kund, zugleich aber die Gerechtigkeit Gottes in der Rechtfertigung des Sünders. Hier ist die Stunde des absoluten Gehorsams, und hier ist die Stunde und die Macht der Finsternis.

Wenn das Kreuz überhaupt einen Sinn haben soll, dann *müssen* wir bestätigen, daß Gott dort souverän handelte, daß die beteiligten Menschen aufbegehrten und für ihr Tun moralisch verantwortlich waren, daß die Liebe und die Gerechtigkeit Gottes am Kreuz sichtbar wurden und daß Jesus aus freien Stücken starb. Geben wir auch nur eine dieser Wahrheiten preis, dann verliert das Kreuz jegliche Bedeutung, und wir sind verloren.

Vertrauen lernen

Wir müssen es ebenso lernen, mit dem „Gegebensein" der Vereinbarkeitsthese zu leben: Gott ist allmächtig, wir sind verantwortlich, und diese beiden Wahrheiten werden in der Schrift so dargelegt, daß nirgendwo Raum für eine gegenseitige Relativierung bleibt. Den vorgegebenen Fakten der Vereinbarkeitsthese fügen wir den „gegebenen" Umstand hinzu, daß Gott uns liebt und von nie versagender Güte ist. Dennoch existieren Übel und Leiden. Der Sündenfall ist eine Tatsache. Wie sollen wir diese Puzzleteile aneinanderfügen?

Wir dürfen *nicht* aus einem Teil des Belegmaterials Schlüsse ziehen, die zu anderen Teilen des Belegmaterials im Widerspruch stehen. Das Vorhandensein des Übels dient in der Bibel nirgends dazu, die Güte Gottes zu bestreiten. Die Absolutheit der Weltregierung Gottes hat nicht zur Folge, daß Gott auf vollkommen symmetrische Weise hinter dem Guten wie dem Übel steht. Das Vorhandensein des Übels dient auch nicht dazu, die Weltregierung Gottes oder seine persönliche Bindung an sein Bundesvolk in Frage zu stellen.

Haben wir akzeptiert, daß die „gegebenen Fakten" unverzichtbar sind, und haben wir alles getan, was in unseren Kräften steht, um zu ermitteln, worin genau das Geheimnis besteht – im Grunde hängt es mit dem Wesen Gottes zusammen –, dann müssen wir dafür sorgen, daß die biblischen Wahrheiten in unserem Leben in etwa die gleiche Aufgabe erfüllen wie in der Schrift. Auf diese Weise werden wir der Gefahr entgehen, die eine Seite der Wahrheit zu schwächen oder gar zu bestreiten, indem wir die andere hervorheben. Dadurch werden wir immer ausgewogener; und vor allem den Gott besser kennenlernen, der sich Rebellen, wie wir es sind, in seiner Gnade offenbart, unsere Schuld auf sich genommen, am menschlichen Leiden Anteil genommen und souverän dafür gesorgt hat, daß wir nicht über unsere Kraft versucht werden. Lernen wir ihn besser kennen, werden wir es lernen, ihm auch mehr zu vertrauen, und Ruhe finden.

Im Folgenden nenne ich deshalb Prinzipien und Entwürfe, die zumindest andeutungsweise aufzeigen, welche Aufgabe die Lehre von der Weltregierung Gottes im Denken der biblischen Verfasser übernimmt, sobald sie merken, wie Übel oder Leiden unter seinem Willen auftreten. In gewissem Sinn handelt ein Großteil des vorliegenden Buches von diesem Thema. Um mich nicht wiederholen zu müssen, werde ich mich hier mit einigen der Schriftstellen und Schwerpunkten befassen, die ich noch nicht eingehend erörtern konnte.

1. Die Lehre von der Weltregierung Gottes gibt uns als Christen die Gewißheit, daß die Welt nicht außer Kontrolle geraten ist. In Verbindung mit der Liebe Gottes gibt uns seine Souveränität die Gewißheit, daß Gott „in allen Dingen *das Wohl* derer im Auge hat, die ihn lieben und die nach seinem Plan berufen sind" (Römer 8,28; Hervorhebung vom Verfasser).

Dies ist dort von besonderer Bedeutung, wo menschliches Leid mit quälender Ungewißheit einhergeht.

Aus unserer begrenzten Perspektive betrachtet, werden viele menschliche Tragödien durch Unfälle ausgelöst. Für den gläubigen Betrachter jedoch gibt es letzten Endes keine Unfälle *(accidents)*, sondern nur Vorkommnisse *(incidents)*; und darin, so sichert uns Paulus zu, behält Gott stets *unser Wohl* im Auge. Mit einem Gott, der über uneingeschränkte Macht und nie versagende Güte verfügt, den Schritt ins Unbekannte zu wagen, ist sicherer, als auf bekannten Wegen zu wandeln.

2. Aus der Schrift erfahren wir immer wieder, daß die Zeitspanne, in deren Verlauf Gott seine guten Ziele für unser Leben verwirklicht,

weit größer ist als die Gegenwart, mit der wir uns fortwährend beschäftigen.

Naëmi und ihr Ehemann verlassen wegen einer Dürre ihr Heimatland. Die Jahre vergehen, und Naëmi verliert erst ihren Mann und dann ihre beiden Söhne – und das in einer Epoche und einer Kultur, in der der Mann den Lebensunterhalt verdiente und eine alleinstehende Frau sich in einer prekären Lage befand. Wen wundert's, daß sie bei ihrer Rückkehr in ihr Heimatland, nur von einer ihrer Schwiegertöchter begleitet, klagt: „Nennt mich nicht Naëmi [die Liebliche] ... Nennt mich Mara [die Bittere], denn der Allmächtige hat mein Leben sehr bitter gemacht. Voll zog ich aus, aber leer hat mich der Herr wieder heimkehren lassen. Warum nennt ihr mich noch Naëmi? Der Herr hat mich betrübt; der Allmächtige hat mir Schlimmes angetan" (Ruth 1,20 f.).

Später bessert sich die Lage etwas. Boas zeigt ein persönliches Interesse an Ruth, und Naëmi ruft: „Der Herr segne ihn! ... Er hat nicht aufgehört, den Lebenden wie den Toten[5] seine Freundlichkeit zu erweisen ... Der Mann ist eng mit uns verwandt; er ist einer unserer Löser" (Ruth 2,20). Nach der Hochzeit fügt es der Herr, das Ruth einen Sohn zur Welt bringt. Die Frauen sagen zu Naëmi: „Gepriesen sei der Herr, der es dir heute nicht an einem Löser hat fehlen lassen. Möge er in ganz Israel berühmt werden! Er wird dein Leben erneuern und dich im Alter unterstützen. Denn deine Schwiegertochter, die dich liebt mehr als sieben Söhne, hat ihn geboren" (Ruth 4,14 f.).

Das alles ist sehr aufschlußreich: eine Liebesgeschichte mit gutem Ausgang, aus dem deutlich wird, das Gott im Hintergrund am Werk gewesen ist! Aber der Verfasser der Geschichte erblickt mehr darin als das, ja mehr als alles, was Naëmi selbst hätte wissen können. Denn er fügt hinzu: „Und sie nannten ihn [das Kind] Obed. Er war der Vater Isais, des Vaters Davids" (Ruth 4,17). Das Buch schließt mit genaueren Angaben über den Stammbaum Davids.

Naëmi wußte nicht, daß sie eine Vorfahrin des Messias Jesus war. Sie konnte unmöglich voraussehen, daß ihre Geschichte in den Kanon aufgenommen und über Jahrtausende von unzähligen Juden und Christen gelesen werden würde. Dafür hatte sie einen zu kleinen Horizont.

Wir sehen hier deutlich: die Zeitspanne, in der Gott seine Ziele verwirklicht, ist viel größer als wir uns vorstellen können.

So könnte es sein, daß die Art, wie Sie sich als Christ während einer Leidenszeit verhalten, dazu beiträgt, daß ein anderer sich bekehrt und anschließend sich mit seiner Familie Gott übergibt, mit dem Ergebnis, daß ein Enkel später eine herausragende Persönlichkeit in der Gemeinde

Jesu wird. Lesen wir bewußt Gottes Wort, dann geht uns irgendwann einmal auf, daß Gott oftmals relativ unbedeutende Handlungen, die aus Treue in Zeiten tiefen Elends getan wurden, dazu benutzt, besondere Segnungen hervorzubringen.

Die „Zeitspanne" Gottes erstreckt sich natürlich bis auf den neuen Himmel und die neue Erde. Gott bereitet sein Volk auf den Himmel vor. Ich behaupte nicht, daß diese elementare Wahrheit alles „löst". Doch wird unsere Einschätzung vieler Ereignisse mit Sicherheit anders ausfallen, wenn wir sie aus dem Blickwinkel der Ewigkeit betrachten (s. Kapitel 8).

3. Für den Gott der Bibel gibt es weder Überraschungen noch irgendwelche unüberwindliche Schwierigkeiten. Diese Wahrheit erzeugt in der Bibel nicht etwa Fatalismus, sondern Vertrauen und Glauben. Sie lehrt uns, Gott zu vertrauen.

Ein allmächtiger Gott kennt keine Schwierigkeiten und keine unvorhergesehenen Rückschläge. Elia flieht in die Wüste und wünscht sich den Tod, weil der Ausgang der Konfrontation mit den Propheten des Baal auf dem Berg Karmel nicht zu der von ihm herbeigesehnten Reformation geführt hat. Er läuft um sein Leben vor der lasterhaften Königin Isebel davon (1. Könige 19). Er hat falsche Erwartungen gehegt – eine häufige Ursache von Depressionen. Gott hingegen hegte keine falschen Erwartungen. Er mußte Elia zeigen, daß er nicht nur durch Konfrontationen und Stürme wirkt, sondern auch durch Sanftmut und Stille, die in Israel siebentausend übrigläßt, alle, deren Knie sich noch nie vor einem Götzen gebeugt haben.

Hinter seelischen Verletzungen verbergen sich manches Mal falsche Erwartungen. Wir setzen unsere ganze Hoffnung auf eine neue Arbeitsstelle, auf eine Beförderung, auf ein bestimmtes Erfolgserlebnis oder auf materiellen Wohlstand, und wenn sie ausbleiben, sind wir niedergeschmettert. Nur das stille Vertrauen auf Gott allein bringt Beständigkeit und Freude in diesem dem ständigen Wandel unterworfenen Leben.

4. Heute herrscht die meist unausgesprochene Meinung, Gott sei für das wirklich Wichtige, für die großen Wendepunkte des Lebens verantwortlich. Es sei jedoch nicht vorstellbar, daß er sich um geringfügige Angelegenheiten kümmert. Jesus lehrt uns in der Bergpredigt das Gegenteil (Matthäus 6). Er weiß, daß sein himmlischer Vater in seiner Vorsehung über jeden Spatzen und jede Blume wacht, und schließt vom Geringeren auf das Größere. Wenn Gott sich sogar um diese „kleinen" Dinge kümmert, die im Licht der Ewigkeit und des gesamten Kosmos von relativ geringer Bedeutung sind, sollten wir es ihm da nicht zutrauen,

uns als Menschen, die nach seinem Ebenbild geschaffen sind, mit allem zu versorgen, was wir benötigen?

Es ist traurig, daß die Naturwissenschaften viele dazu verleitet haben, in Gott so etwas wie einen „Lückenbüßer" zu sehen. Nach dieser Sichtweise setzt Gott alles in Bewegung und läßt es in Übereinstimmung mit den von ihm selbst erlassenen Naturgesetzen seinen Lauf. Gelegentlich greift er jedoch selbst ein und bewirkt etwas. Dies bezeichnen wir dann als ein Wunder.

Aus biblischer Perspektive betrachtet ist diese Ansicht aber blanker Unsinn. Ich bestreite nicht, daß Gott ein geordnetes Universum geschaffen hat. Aber die biblische Lehre von der Weltregierung Gottes besagt, daß Gott das von ihm geschaffene Universum in allem lenkt. Dies geschieht durch seinen Sohn (1. Korinther 15,25), der in jedem Augenblick „alle Dinge trägt durch sein kräftiges Wort" (Hebräer 1,3; rev. Lutherübers.). Ereignet sich ein Wunder, dann nicht deshalb, weil Gott ausnahmsweise einmal handelt, sondern weil er auf außergewöhnliche Weise handelt. Daß Gott das Universum normalerweise im Einklang mit den Naturgesetzen regiert, macht die Naturwissenschaften möglich. Daß er gelegentlich diese Gesetze durchbricht, sollte die Naturwissenschaftler demütig halten. Vor allem aber bedeutet diese Sichtweise der Weltregierung Gottes, daß wir aus unseren Beobachtungen über die Welt um uns herum Trost und Glauben schöpfen können – wie es auch Jesus tat.

5. Gott ist ein persönlicher Gott und geht persönlich auf uns ein. Diese großartige Wahrheit können wir sowohl den Psalmen entnehmen, wo sie ausdrücklich gelehrt wird, als auch den Gebeten des Apostels Paulus, wo sie stillschweigend vorausgesetzt wird. Wir haben uns bereits mit Bibelstellen beschäftigt, in denen der kranke oder wegen seiner Feinde, einer Niederlage oder Tragödie oder eigener Schuld bedrückte David sich an den Herrn wendet und ihn anfleht, sein Angesicht nicht vor ihm zu verbergen. Der Herr erhört ihn, und der Psalm schließt mit einem Lobpreis Gottes.

Dies ist durch rein intellektuelle Argumente allein nicht zu beweisen. Ungläubige werden mir hier nicht mehr folgen können. Paulus betet dreimal, daß sein „Pfahl im Fleisch" (was auch immer damit gemeint sein mag) von ihm genommen würde. Als ich ein Kind war, erzählte man mir, daß Gott normalerweise eine von drei Antworten bereithält: „Ja", „Nein" und „Warte." Damit ist Gott abgesichert. Er kann nicht verlieren, ganz gleich, was geschieht. Aber die Antwort, die Gott Paulus zukommen ließ, hörte sich ganz anders an: „Meine Gnade genügt dir; denn meine Kraft wird in Schwachheit vollendet" (2. Korinther 12,9).

Paulus erleidet diese Antwort nicht. Am Ende frohlockt er. Es ist sein Herzenswunsch, in seinem Leben und geistlichen Dienst mit derselben Kraft erfüllt zu sein, die Christus von den Toten auferweckte (Philipper 3,10). Hier erfährt er das Geheimnis dieser Kraft. Die Kraft Gottes gelangt in seinem Leben zur Entfaltung, wenn er selbst schwach ist. „Deshalb“, sagt er, „will ich mich meiner Schwachheit um so lieber rühmen, damit die Kraft Christi auf mir ruhe“ (2. Korinther 12,9). Sein Pfahl im Fleisch dient dazu, ihn demütig zu halten (12,7). Das ist Paulus äußerst wichtig: „Darum habe ich große Freude an Schwachheiten, an Beleidigungen und Nöten, an Verfolgungen und Schwierigkeiten. Denn wenn ich schwach bin, dann bin ich stark“ (12,10). Dies ist die neutestamentliche Parallele zu David, als dieser empfindet, daß Gott ihm inmitten seiner Leiden nahe ist.

Das Maß unseres Seelenfriedens hängt von unserem Gebetsleben ab (Philipper 4,6 f.) – nicht weil das Gebet beruhigend wirkt, sondern weil wir es mit einem Gott zu tun haben, der Gebete erhört, mit einem persönlichen Gott, der auf uns eingeht, mit einem frei waltenden Gott, dem wir unser ganzes Leben mit all seinen verschlungenen Wegen anvertrauen können. Und mit der Zeit wird uns klar: Beseitigt Gott ein Leiden oder ein Übel nicht, *so gibt er doch Gnade und Kraft.*

Schon oft habe ich Christen besucht, die ein ernsthaftes Leiden durchzustehen hatten oder sogar sterbenskrank waren. Hinterher hatte ich oft das Gefühl, selbst gestärkt worden zu sein, weil ich mit einem Christen zusammengewesen war, der in der spürbaren Gegenwart Gottes lebte.

Gerade in Zeiten äußerster Not erleben viele Christen besonders die Gnade Gottes, erfreuen sich in besonderer Weise seiner Gegenwart und rühmen sich ihres Leidens, weil es ihnen ein starkes Bewußtsein für die Majestät Gottes vermittelt hat. Gott selbst ist unser Schild und unser großer Lohn (1. Mose 15,1).

6. In gewissem Sinn könnte man die These des vorliegenden Kapitels mit der gesamten Bibel belegen, denn sie lehrt uns von Anfang bis Ende, Gott zu vertrauen und ihm zu gehorchen.

Die biblische Offenbarung verfolgt im allgemeinen nicht das Ziel, uns ein erschöpfendes Verständnis zu vermitteln. Etwas anderes steht im Mittelpunkt! Es steht außer Zweifel, daß Gott uns mehr hätte sagen können, als er uns gesagt hat, und mit Sicherheit werden wir in der Ewigkeit mehr erfahren.

Gott ist weniger daran interessiert, unsere Fragen zu beantworten, als daran, sich unsere Treue zu sichern, unseren Glauben zu festigen und in uns ein wachsendes Verlangen nach Heiligung zu wecken. Gott sagt uns zwar sehr viel über sich, dennoch werden manche Rätsel auf rein theoretischer oder intellektueller Ebene nicht zu lösen sein. Wir vermögen zwar, ein wenig den Umkreis zu erforschen, letztlich aber wird der Christ, der mit schweren Fragen über Gott konfrontiert wird, nicht besserwisserische Erklärungen abgeben.

Gott hat uns auch über das Übel und das Leiden manches mitgeteilt. Aber auch hier werden die verbleibenden Rätsel auf rein theoretischer oder intellektueller Ebene nicht zu lösen sein. Wir vermögen zwar, ein wenig das Umfeld zu erforschen, mit Hilfe des Verstandes, den Gott uns geschenkt hat, die Schrift zu durchdenken und darauf zu achten, daß in unserem Leben der Polarität im Wesen Gottes die gleiche Aufgabe zukommt wie in der Schrift. Aber letztlich werden Christen, denen ihre Fragen über Übel und Leid Not bereiten, nicht mit Theorien das Übel wegerklären, sondern sie werden das Böse bekämpfen, sich ihm entgegenstellen und vor allem dem Bösen in sich selbst den Kampf ansagen. Sie werden nicht zu Bitterkeit, Selbstmitleid, Groll gegen Gott oder zu abgedroschenen Klischees und frommen Phrasen ihre Zuflucht nehmen, sondern zur Ausdauer, Beharrlichkeit und zum Glauben an den Gott, der selbst gelitten hat, der mit dem Bösen gekämpft und gesiegt hat und dessen Kraft und Güte dafür sorgen, daß wer an ihn glaubt, am Ende niemals enttäuscht wird.

Fragen zum weiteren Nachdenken

1. Welche Lehre ist dem vorliegenden Kapitel in erster Linie zu entnehmen?
2. Welche Schlüsse über das Gebet (sowie über die Erwählung und über das Übel) zieht die Bibel *nicht* aus der Weltregierung Gottes?
3. Wäre Gott keine Person, wie würde sich das auf unser Gebetsleben auswirken?
4. Wäre Gott nicht transzendent und souverän, was würde das für unser Gebetsleben bedeuten?
5. Wiederholen Sie die dritte und die vierte Frage, ersetzen Sie jedoch den Ausdruck „unser Gebetsleben" zunächst mit „die Erwählungslehre" und dann mit „das Problem des Übels und des Leidens".
6. Können Sie ein Beispiel nennen, wie Gott Ihnen (oder einem Bekannten) im Leiden begegnet ist, dabei aber nicht die Ursache des Leidens beseitigt hat, sondern Sie mit einer Gnade beschenkte, die Ihnen – um es mit Paulus zu sagen – „genügte"?

Anmerkungen

[1] Clark Pinnock, „Gott schränkt sein Wissen ein", in: *Die Weltregierung Gottes und die Freiheit des Menschen,* Hrsg. David Basinger und Randall Basinger. Aus dem Amerikanischen von Leslie Richford. Marburg an der Lahn: Verlag der Francke-Buchhandlung GmbH, 1987, S. 158 f.

[2] James I. Packer, *Prädestination und Verantwortung: Gott und Mensch in der Verkündigung.* Aus dem Englischen von Christine Buchholz. Wuppertal: R. Brockhaus, 1964 (neue studienreihe 5), S. 14.

[3] George Whitefield (1714 - 1770) und sein Mitarbeiter Howell Harris waren nicht nur erfolgreiche Evangelisten, sondern gleichzeitig überzeugte Anhänger der Erwählungs- oder Prädestinationslehre. Harris gehörte zu den Gründern der bis heute bestehenden Calvinistic Methodist Church in Wales. [Anm. d. Übers.]

[4] Zu nennen wären u. a. J. L. Dagg, W. B. Johnson, B. Manly und P. H. Mell. Vgl. Robert Selph, *Southern Baptists and the Doctrine of Election.* Harrisonburg, Virginia: Sprinkle Publications, 1988 (Reprint) [Anm. d. Übers.].

[5] Mit den „Toten" sind vermutlich Naëmis verstorbener Ehemann und ihre beiden Söhne gemeint. Heiratet Ruth einen Verwandten und bekommt von ihm Kinder, dann gelten diese als Erben und Nachkommen des verstorbenen Mannes der Ruth. Auch Eigentum wird auf diese Weise übertragen.

13. Einige seelsorgerische Überlegungen

Wer schon einmal in tiefe Trauer versetzt oder von quälenden Schmerzen heimgesucht worden ist, der hat es mit Sicherheit auch mit „leidigen Tröstern“ zu tun bekommen. Sie kommen mit Klischees und abgedroschenen frommen Phrasen. Sie erzeugen Schuldgefühle, statt Trost für die Seele zu bereiten. Sie geben platte Wahrheiten von sich, wo schlichtes Erbarmen angebracht wäre. Sie mahnen uns, mutig zu sein, obwohl es tröstlicher wäre, mit uns zu weinen.

Ich habe im Vorwort bereits darauf hingewiesen, daß dieses Buch nicht unbedingt von der Art ist, wie es ein von schwerem Leid Betroffener lesen würde. Ich habe versucht, biblische Richtlinien aufzustellen, die Christen helfen sollen, über das Übel und das Leiden nachzudenken, noch bevor sie selbst von schwerem Leid übermannt werden.

Da aber das Leiden in der einen oder anderen Form immer gegenwärtig ist, wird sich das vorliegende Kapitel als nützlich erweisen. Es bildet einen Kontrast zum übrigen Teil des Buches, ist weniger theoretisch und bietet denen, die Leidende zu trösten versuchen, vielfältigen Rat. Es geht mir hier vor allem darum, Christen zu helfen. Wenn Nichtchristen trauern, bietet sich Christen eine günstige Gelegenheit, ihnen zu helfen und das Evangelium weiterzugeben.

1. Es gibt zu erkennen, daß es verschiedene Stufen der Trauer gibt, deren Verlauf im Normalfall voraussagbar ist. Verliert jemand beispielsweise ganz plötzlich einen Angehörigen, dann treten häufig folgende Formen der Trauer auf: „Wir erleiden einen Schock; wir bringen Gefühle zum Ausdruck; wir fühlen uns bedrückt und vereinsamt; wir erleben möglicherweise körperliche Symptome des Kummers; wir wirken zeitweise überängstlich oder nervös; wir empfinden Schuldgefühle aufgrund des Verlusts; wir stecken voller Zorn und Grollgefühle; wir sträuben uns, zu unserer üblichen Tätigkeit zurückzukehren; allmählich kommt wie-

der Hoffnung auf; wir bemühen uns, uns mit der Wirklichkeit abzufinden."[1]

Offensichtlich besteht, was diese Stufen der Trauer betrifft, kein unabänderliches Gesetz. Wie viele Stufen ein einzelner durchlebt und wie schnell, hängt von vielen verschiedenen Faktoren ab, so beispielsweise davon, wie charakterstark der Trauernde ist, in welchem Ausmaß er mit dem Verstorbenen verbunden bzw. von ihm abhängig war, ob und wie er von anderen unterstützt wird, wie robust sein Glaube ist, wie sehr er es sich angewöhnt hat, mit Gott zu leben, und so weiter. Und dennoch erweist sich die Kenntnis dieser häufig auftretenden Stufen der Trauer als äußerst nützlich. Beim Versuch, Trost zu spenden, kann man sie anhand bestimmter Merkmale erkennen und auf entsprechende Weise auf den Trauernden eingehen. So wird man einen Christen, der nach einem Trauerfall zornig oder bitter wird, nicht gleich als „haltlos" hinstellen. Einen Christen, dem ein Verlust so zusetzt, daß er in der biblischen Aussage von der Auferstehung kaum Trost findet, wird man weder schelten noch sein Gottvertrauen absprechen.

2. Trauernde bedürfen oftmals eines langwierigen Heilungsprozesses. So habe ich beispielsweise Eltern kennengelernt, denen der Tod eines Kindes einen dermaßen schweren Schock versetzte, daß es mehrere Jahre dauerte, bis sie gefaßt darüber sprechen konnten.

3. Leidet jemand, so kann man ihn häufig am effektivsten dadurch trösten, daß man in seiner Nähe bleibt, ihm hilft, schweigt und mit ihm trauert. Wer einem Leidenden bei der Garten- oder Hausarbeit hilft, der verhält sich möglicherweise geistlicher als jemand, der ihm Andachten hält oder ihn mit Bibelworten überhäuft. Die Schrift selbst mahnt uns: „Trauert mit den Trauernden" (Römer 12,15).

4. Wollen wir jemanden verbal ermutigen, dann sollten wir nicht immer davon ausgehen, daß es auf ein unausgesprochenes „Warum?" zu antworten gilt. Nicht jeder stellt diese Frage. Manche Menschen, die der Ermutigung bedürfen, haben es nur nötig, daß wir sie an einfache Wahrheiten erinnern. Sie brauchen keine tiefsinnigen Antworten.

5. Sind verbale Antworten auf die peinigende Frage nach dem Warum erforderlich, so wird der Inhalt wie der Tenor unserer Äußerungen von dem abhängen, was man als unsere „geistliche Diagnose" bezeichnen könnte – von unserer Einschätzung der Bedürfnisse und des geistlichen Fassungsvermögens des Leidenden. Wenn einige Menschen „Warum?" rufen, ist das nicht als Frage aufzufassen. Sie suchen einfach Trost. Andere stellen tatsächlich Fragen, können jedoch im Augenblick nur die allerkürzeste Antwort vertragen. Stellt ein Christ, den ich nicht sehr gut

kenne, eine solche Frage, dann antworte ich meist: „Ich vermag Ihre Frage nach dem Warum nicht umfassend zu beantworten. Sie dürfen aber Mut schöpfen, daß der, der Sie so sehr liebte, daß er sein Leben für Sie hingab, die gleiche Frage stellte: ‚Mein Gott, mein Gott, warum hast du mich verlassen?'"

Nachdenklichere Christen werden zu gelegener Zeit eine tiefere Antwort verlangen. Einige werden bereit sein, Bücher zum Thema zu lesen, andere, sich an einem Bibelstudium zu beteiligen, beispielsweise über Psalmtexte, über die Gebete des Paulus oder über weitere Bibelabschnitte, die im vorliegenden Buch ausgeführt wurden.

6. In einer Zeit, in der sich viele von irgendeiner Form des „Evangeliums der Kraft, der Gesundheit und des Wohlstands" haben verführen lassen, ist es besonders wichtig, die Stellung des Christen hervorzuheben, der sich zwar am „Unterpfand" des Geistes erfreuen darf, aber keineswegs gegen den Tod oder den Verfall gefeit ist. Keine Aussage der Schrift berechtigt zu der Annahme, wir Christen würden von den Schicksalsschlägen, die eine sterbende Welt plagen, verschont bleiben. Wo sich egoistische, maßlose Formen abendländischer Religiosität durchgesetzt haben, muß diese Wahrheit immer wieder laut und vernehmlich bezeugt werden.

7. Aus verschiedenen Gründen werden Leiden häufig von Schuldgefühlen begleitet. Hier ist bei der Diagnose äußerste Vorsicht geboten. Manchmal ist echte Schuld vorhanden. In solchen Fällen kann der Christ mit einer wirklich guten Nachricht aufwarten. Als Jesus starb, büßte er unsere Schuld. Mit Schuld, die im Leidensfall zum Vorschein kommt, ist wie mit jeder anderen zu verfahren. Man muß sie bekennen, der entsprechenden Sünde absagen, Gott um Vergebung bitten, soweit es möglich ist, Wiedergutmachung leisten und den Frieden in der Zusage Jesu finden, daß er vergibt.

Es kann jedoch auch so etwas wie unechte Schuld auftreten, ein unbestimmtes Schuldgefühl, das in keinem Zusammenhang steht mit einer wirklichen Schuld vor Gott und Menschen. In diesem Fall besteht für Christen die langfristige Lösung darin, auf der Grundlage des Wortes Gottes klarzustellen, wofür wir uns schuldig fühlen sollten und wofür nicht, und unechte Schuldgefühle auf diese Weise als Lüge des Teufels zu entlarven.

8. Einige Formen des Leidens erfordern ein tätiges Eingreifen. Wird beispielsweise eine Ehefrau regelmäßig von ihrem Mann geschlagen, muß man ernsthaft prüfen, wann und weshalb man ihr raten muß, ihn zu verlassen, oder gar eine richterliche Verfügung zu erwirken. Im Falle

eines Kindes, das sexuell mißbraucht wird, wird es meist unerläßlich sein, die Polizei oder eine andere Behörde einzuschalten. Hier ist einerseits größte Eile geboten, andererseits muß jedoch die Diskretion gewahrt und die Richtigkeit der erhobenen Vorwürfe sorgfältig überprüft werden. Wer seinen Dienst in einem Elendsviertel oder anderswo unter Armen verrichtet, wird vielleicht einige Probleme mit Hilfe von Programmen zur finanziellen Unterstützung, zur Bildung, zur Selbsthilfe, zur Rechtshilfe usw. lösen können. In vielen Fällen *müssen* wir Christen mehr bieten als seelsorgerlichen Rat oder eine Schulter, an der andere sich ausweinen können.

9. Es ist wichtig, daß wir den Menschen Hoffnung machen. Dabei denke ich nicht nur an die Hoffnung auf die Vollendung aller Dinge. Leidende brauchen auch kurzfristige Ermunterungen.

10. Es ist unerläßlich, den Menschen eine Hilfe zu bieten, mit der sie von einem Tag zum anderen leben können. Schwebt eine schreckliche, unheilbare Krankheit wie ein Damoklesschwert über jemandem, dann braucht er nicht nur Gnade zum Sterben. Er braucht auch Gnade für den gegenwärtigen Tag.

11. Wir müssen den Menschen vor allem helfen, Gott besser kennenzulernen. Die Antworten, die wir bieten, sind oft leider nur rein intellektueller, theoretischer Art. Wir müssen vielmehr so unterweisen und beraten und so mit ihnen beten, daß sich ihre Gotteserfahrung vertieft. Wir müssen sie dazu anleiten, das Wort Gottes so diszipliniert und so andächtig zu lesen, daß die Lektüre für sie ungemein tröstlich ist. Auf der tiefsten Ebene müssen Leidende wie Hiob lernen, daß Gott groß ist und es ein unschätzbares Vorrecht ist, ihn zu kennen, auch wenn man nicht alle Antworten weiß. Dann werden sie es lernen, in seiner Liebe zu ruhen und sich immer wieder dem Kreuz zuzuwenden, wo ihre Sicht für diese Liebe stets erneuert und vertieft wird.

Als C. S. Lewis mit der Arbeit an seinem Buch *über den Schmerz* fertig war – es wurde 1940 kurz nach dem Ausbruch des Zweiten Weltkriegs veröffentlicht –, schrieb er noch ein Vorwort, in dem er erklärte, es sei sein Ziel, das Problem zu besprechen, das der Schmerz für das *Denken* darstellt. Dann fügte er folgende Sätze hinzu:

> So närrisch bin ich nie gewesen, daß ich mich der weit größeren Aufgabe gewachsen gefühlt hätte, Tapferkeit und Geduld zu lehren. In dieser Hinsicht habe ich meinen Lesern nichts zu bieten – es sei denn meine Überzeugung, daß ein bißchen Uner-

schrockenheit mehr hilft als viel Wissen, wenn es heißt, Schmerzen zu ertragen, und ein wenig menschliches Mitgefühl mehr als viel Unerschrockenheit, und der leisteste Hauch von Gottesliebe mehr als alles sonst.[2]

12. In diesem Sinne müssen wir für alle Leidenden beten. Es ist Gott selbst, „der die Niedergeschlagenen tröstet" (2. Korinther 7,6); er ist „der Gott allen Trostes" (2. Korinther 1,3). Vielen Menschen ist es in ihrem schweren Leid so gut wie unmöglich zu beten. Sollten wir für solche Menschen nicht Fürbitte einlegen?

Ein Christentum, das mit Ratschlägen aufzuwarten weiß, aber keine Fürbitte vor den Thron Gottes bringt – eine Falle, in die ich allzuoft selbst geraten bin –, ist mit Sicherheit ungesund und nicht heilsam und hilfreich. Ist Gott der Gott allen Trostes, dann muß er letzten Endes selbst Trost spenden – oft genug durch Menschen, manchmal auch nicht. Der Trost muß jedoch auf jeden Fall von ihm selbst kommen. Darum wollen wir ihn in der Gewißheit bitten, daß er seine Freude daran hat, seinen Kindern gute Gaben zu geben (Matthäus 7,11). Wenn wir Mangel leiden, so ist das nicht selten das Ergebnis unserer kläglichen Weigerung, Gott um das Fehlende zu bitten (Jakobus 4,2).

Fragen zum weiteren Nachdenken

1. Haben Sie selbst schweres Leid durchgemacht? Ist Ihnen jemals ein brutales, bösartiges Unrecht angetan worden? Was hat Ihnen dabei am meisten geholfen? *Wer* hat Ihnen dabei am meisten geholfen?
2. Inwiefern kann Hoffnung Leid lindern?
3. Wie können wir Leidenden zu einer Erfahrung der Liebe Gottes verhelfen?
4. Für welche Menschen beten Sie regelmäßig? Worum bitten Sie, wenn Sie für sie eintreten? Warum? Inwiefern lassen Sie sich im Gebet von den Gebeten der Heiligen Schrift leiten?

Anmerkungen

1 übernommen aus: Granger E. Westberg, *Good Grief: A Constructive Approach to the Problem of Loss.* Philadelphia: Fortress Press, 1971.

2 Clive S. Lewis, *Über den Schmerz.* Ins Deutsche übertragen von Hildegard und Josef Pieper. Gießen, Basel: Brunnen-Verlag, 1991 (2. Aufl.), S. 7.

Anhang: Gedanken über Aids

Dieser Anhang ist aus mehrfachen Überlegungen heraus in das vorliegende Buch aufgenommen worden. Sein Inhalt ist mit vielen der in diesem Band besprochenen Themen aufs engste verknüpft und dient in gewisser Hinsicht als Musterbeispiel. Denkt man als Christ über Aids nach, so stößt man recht bald auf Themen wie Erbarmen, Gericht, Sünde, die Weltregierung Gottes etc. Da in den Medien bereits von einer Aids-Epidemie oder gar von einer „Pandemie" die Rede ist, in deren Verlauf es zu Millionen von Toten kommen werde, müssen wir uns über die Fakten, mit denen wir von allen Seiten bedrängt werden, unbedingt Klarheit verschaffen. Es gibt zur Zeit nur wenige Themen, an denen sich die Gemüter so sehr erhitzen wie an diesem.

Aids – was ist das?

„Aids" ist ein Akronym (Initialwort) und steht für „acquired immune deficiency syndrome" (erworbenes Immundefektsyndrom), ein ganzes Paket von Krankheiten mit tödlichem Ausgang, die auf ein Versagen des körpereigenen Immunsystems zurückgehen. Dieses Versagen ist „erworben"; es resultiert nicht aus dem körperinternen Zusammenbruch organischer Funktionen, sondern stellt sich ein als Folge des Eindringens des HIV-Virus in den Körper. Die Buchstaben HIV stehen für „Humanes Immundefekt-Virus".[1]

Das Virus greift den T-Helfer-Lymphozyten an, eine Zelle, deren Funktion darin besteht, die vielschichtige Reaktion des körpereigenen Immunsystems auf Eindringlinge zu koordinieren. Unter einem Elektronenmikroskop betrachtet, sieht das HIV-Virus wie ein winziger Tintenklecks aus, aus dem zahlreiche Stachel oder Haken herausragen. Es vermag sich nur dadurch fortzupflanzen, daß es sich im Körper bei anderen Zellen „einhakt". Folgende Körperzellen verfügen über die für diesen Vorgang notwendigen „Haken": T-Helfer-Lymphozyten, Gehirnzellen, Makrophagen (wandernde Phagozyten, die eingedrungene Fremdstoffe sowie zurückgebliebene Zellstoffreste aufnehmen), kolorektale Zellen (Zellen des Dick- und des Mastdarms). Der „Haken" oder Rezeptor, der vorhanden sein muß, damit das HIV-Virus sich festsetzen kann, wird als ein CD_4 bezeichnet. Nebenbei bemerkt, erklärt dies, warum man durch das Berühren von Türgriffen, Toilettenbrillen o. ä. nicht mit dem HIV-Virus infiziert werden kann: Den Hautzellen fehlt ein CD_4.

Ist das HIV-Virus in den Körper eingedrungen, dann kommt es meistens zu leichtem Fieber und Hautausschlägen, doch werden diese Symptome nicht immer bemerkt. Bereits nach etwa vier Wochen besteht die Gefahr, daß der Infizierte das Virus auf andere überträgt. Das Vorhandensein des HIV-Virus im menschlichen Körper läßt sich allerdings erst dann klinisch nachweisen, wenn es bereits zwischen zwölf Wochen und drei Jahren im Körper aktiv war. Während dieses Zeitraums kann der HIV-Infizierte das Virus auf andere übertragen, ohne es selbst zu wissen.

Die verschiedenen Entwicklungsstufen der durch das HIV-Virus ausgelösten Erkankung sind mittlerweile bekannt. Die letzte Stufe (oder, schließt man sich der Meinung einiger Spezialisten an, die letzten beiden Stufen) ist Aids. Zwischen der Infizierung mit dem HIV-Virus und dem Ausbruch von voll ausgebildetem Aids vergehen zwei bis 15 Jahre; zwischen dem Ausbruch von klinischem Aids und dem Tod des Patienten vergehen normalerweise noch einmal ein bis vier Jahre. Diese Zeiträume lassen sich heute um einiges verlängern, in einigen Fällen mit Hilfe einer medikamentösen Behandlung. Es gibt jedoch weiterhin, wie wir noch sehen werden, kein Heilmittel, und die meisten Spezialisten sind der Ansicht, daß es früher oder später bei nahezu jedem HIV-Infizierten zur Ausbildung von Aids kommen werde.

Aids selbst ist ein kunterbuntes Paket von Infektionen, die der Körper nicht länger zu bekämpfen vermag. Dazu gehören Hautausschläge, verschiedene schmerzhafte Pilzinfektionen, Infektionen der Lungen und – besonders charakteristisch – Kaposi-Sarkom, eine ansonsten eher seltene Krebsart. Aus ärztlichen Untersuchungen geht hervor, daß es etwa ein Jahr vor dem Ausbruch von Aids zu einer Beeinträchtigung des zentralen Nervensystems kommt, die zunehmende Vergeßlichkeit, Konzentrationsschwäche, eine Verlangsamung des Denkens und des Sprechens, Depressionen und den Verlust feinmotorischer Fähigkeiten nach sich zieht. Hat sich Aids etabliert, dann wird in vielen Fällen das Gehirn selbst angegriffen, was zu vielen tragischen Folgen führen kann.

Hochrechnungen zufolge wird es bis Ende 1992[2] allein in den Vereinigten Staaten rund 365 000 Aidskranke geben; weitere 75 000 werden im Verlauf des Jahres 1992 an der Krankheit sterben. Man beachte: Hier ist von Aidskranken die Rede, nicht von Trägern des HIV-Virus. Die Zahl der Virusträger liegt wesentlich höher; bei der Weltgesundheitsorganisation geht man von weltweit 10 Millionen HIV-Infizierten aus. Bedenkt man, daß ein hoher Prozentsatz dieser Menschen in den Staaten Zentralafrikas lebt, wo eine medikamentöse Behandlung, sofern sie überhaupt hilfreich wäre, entweder nicht erhältlich oder unbezahlbar ist, so wird einem das ganze Ausmaß der Katastrophe bewußt. Einigen Experten zufolge wird sich die hohe Sterblichkeitsziffer in Ländern wie Uganda und Tansania sogar auf deren Volkswirtschaft auswirken, da viele Arbeitskräfte erwerbsunfähig sein und sterben werden – nicht zuletzt jene fachlich qualifizierten, karrierebewußten und relativ jungen Kräfte, die am ehesten sexuell aktiv sind.

Wie breitet sich Aids aus?

Das HIV-Virus breitet sich auf zweifachem Wege aus: entweder durch den Geschlechtsverkehr (hetero- wie homosexueller Art) oder dadurch, daß das Blut eines HIV-Infizierten sich mit dem Blut eines Nicht-Infizierten vermischt. Letzteres geschieht normalerweise nur auf einem von mehreren bekannten Wegen. Besonders gefährdet sind Menschen, die Drogen intravenös einnehmen und dabei eine Spritze mit anderen teilen. Babys werden oft perinatal durch die Mutter infiziert. Bis ins Jahr 1985 hinein (und vereinzelt auch darüber hinaus) waren die Blutkonserven in den Vereinigten Staaten sowie in mehreren anderen westlichen Ländern mit dem HIV-Virus verseucht; in Teilen der sogenannten Dritten Welt, insbesondere in Afrika, ist die Gefahr noch sehr akut. Dies hat bei Blutern, die auf Blutkonserven oder auf aus Blut hergestellten Medikamenten angewiesen sind, zu einer tragischen Situation geführt: Schätzungen zufolge sind zirka 70 Prozent aller Bluter in den Vereinigten Staaten mit dem HIV-Virus infiziert. (Für Blutspender indes besteht keinerlei Gefahr.) Der Samen bzw. das Vaginalsekret, aber auch das Blut und der Eiter eines HIV-Infizierten enthalten das Virus in hoher Konzentration. Daraus folgt, daß Mediziner und Pflegepersonal, die Aidskranke behandeln, besondere Vorsichtsmaßnahmen treffen müssen, falls ihre Patienten am Körper offene Wunden oder Kratzer haben, durch die das Virus übertragen werden könnte. Das Risiko ist nicht besonders groß, aber auch nicht ganz unbedeutend. Ich selbst kannte einen in Afrika tätigen Missionsarzt, der letztes Jahr während eines Heimaturlaubs an Aids verstarb.

Von Stechmücken, die erst das Blut eines HIV-Infizierten und danach das eines Nicht-Infizierten saugen, geht keine Gefahr aus: Im Labor durchgeführte Studien haben den Nachweis dafür erbracht, daß das HIV-Virus in einer Stechmücke nur kurz überleben und sich dort nicht fortpflanzen kann. Auch solche Menschen, die gestochen werden, nur wenige Minuten nachdem die Mücke das Blut eines Aidskranken gesaugt hat, werden nicht infiziert. Von alltäglichen Kontakten mit Virusträgern am Arbeitsplatz, in der Schule, im Hallenbad usw. geht ebenfalls keinerlei Gefahr aus. Es ist bewiesen, daß das HIV-Virus durch Speichel, Schweiß, Tränen oder dgl. nicht übertragen wird. So gibt es beispielsweise keinerlei Belege dafür, daß jemand je durch das Küssen eines HIV-Infizierten selbst infiziert wurde.

Dem ist noch einiges hinzuzufügen. So stimmt es beispielsweise, daß das HIV-Virus ebenso durch den heterosexuellen wie durch den homosexuellen Geschlechtsverkehr verbreitet werden kann, doch sind in den Vereinigten Staaten Schätzungen zufolge 70 Prozent aller HIV-Infizierten praktizierende Homosexuelle. Die überwiegende Mehrheit der übrigen 30 Prozent besteht aus Drogenabhängigen mit intravenöser Einnahme. Eine verhältnismäßig geringe Anzahl Infizierter sind Bluter oder Kinder HIV-positiver Mütter, die ihrerseits in den meisten Fällen durch intravenöse Drogeneinnahme (und nicht unbedingt durch häufig wechselnde Geschlechtsbeziehungen) infiziert wurden. Die Gefahr für die heterosexuelle Bevölkerung entstand in erster Linie, soviel ist gewiß, durch Kontakte mit infizierten Bisexuellen. Offensichtlich sind nicht wenige monogam lebende Verheiratete von Partnern infiziert worden, die früher wahllose Geschlechtsbeziehungen pflegten. Mittlerweile breitet sich die Krankheit auch durch infizierte heterosexuelle Prostituierte unter der heterosexuellen Bevölkerung aus.

Die Krankheit konnte sich, zumindest in Amerika, unter Homosexuellen rapider ausbreiten als unter heterosexuell veranlagten Menschen. Dafür gibt es vermutlich zwei Gründe. Erstens ist das Risiko, daß die Krankheit bei einer einzigen sexuellen Begegnung übertragen wird, bei Homosexuellen viel größer als bei Menschen mit heterosexueller Veranlagung. Die Gründe hierfür stehen nicht hundertprozentig fest, doch ist wahrscheinlich anzunehmen, daß es, da die Membranen des Afters für das Trauma des Analverkehrs nicht geschaffen wurden, bei Homosexuellen viel eher zu Blutungen kommt als bei heterosexuellen Paaren, die den Vaginalverkehr praktizieren. Da Blut und männlicher Same beide das HIV-Virus in hoher Konzentration enthalten, erweist sich eine Mischung aus beiden als hochgefährliche Verbindung.

Zweitens haben wissenschaftliche Studien den Nachweis dafür erbracht, daß „beiläufiger" Sex mit wechselnden, anonymen Partnern unter Homosexuellen viel häufiger vorkommt als unter der restlichen Bevölkerung. So wurde beispielsweise bei einer durchaus ernstzunehmenden Studie festgestellt, daß – rein rechnerisch – zwei Prozent aller Homosexuellen während ihrer „Laufbahn" (die zum Zweck der Studie als vom 18. bis zum 60. Geburtstag dauernd angenommen wurde) Geschlechtsverkehr mit eintausend oder mehr Partnern haben; 12 Prozent haben Geschlechtsverkehr mit zwischen 500 und 999 Partnern; und 40 Prozent mit zwischen 100 und 499 Partnern. Von daher überrascht es kaum, daß in einer Stadt wie San Francisco, in der 75 000 praktizierende Homosexuelle leben (das sind zehn Prozent der männlichen Bevölkerung), 60 bis 65 Prozent der Homosexuellen HIV-positiv sind. In New York sind zirka 36 Prozent der männlichen Homosexuellen HIV-positiv; jedes 60. Kind wird HIV-infiziert geboren.

In den Vereinigten Staaten sind 24 Prozent der Aidskranken schwarzer Hautfarbe, obwohl die Schwarzen nur zwölf Prozent der Gesamtbevölkerung ausmachen; weitere 14 Prozent sind der spanischsprechenden Bevölkerung zuzuordnen, obwohl diese nur sieben Prozent der Gesamtbevölkerung ausmachen. Von den weiblichen Aidskranken gehören 70 Prozent entweder der schwarzen oder der spanischsprechenden Minderheit an. Diese Disparität ist allem Anschein nach zurückzuführen auf die unter diesen Bevölkerungsgruppen relativ große Anzahl von Drogenabhängigen, auf den verhältnismäßig geringen Anteil an stabilen Familien, auf das häufige Vorkommen bindungsloser Sexualität und auf die Vielzahl von Kindern, die HIV-positiv geboren werden. Diese Faktoren stehen ihrerseits in einer Wechselbeziehung zur Armut.

An zuverlässige Erhebungen aus Zentralafrika ist es wesentlich schwieriger heranzukommen. Dennoch sind die meisten Beobachter der Ansicht, daß dort die Disparität zwischen den hetero- und der homosexuellen Bevölkerungsanteilen, was die Zahl der HIV-Infizierten angeht, wesentlich geringer ausfällt. Die Gründe hierfür stehen wiederum nicht fest. Einige Experten nehmen an, daß die Ernährung in diesen Ländern zu einer vermehrten Anfälligkeit für Verletzungen im Genitalbereich sowie zu einer verminderten Robustheit der Vaginalmembranen geführt habe, mit dem möglichen Ergebnis, daß es während des Geschlechtsverkehrs relativ häufig zu Blutungen kommt. Als gesichert gilt jedenfalls, daß die Krankheit in afrikanischen Ländern in erster Linie durch Prostituierte übertragen wird. Schätzungen zufolge (diese Zahlen beruhen, das sei zugegeben, auf einem nicht-angemessenen Erhebungsverfahren) sind 80 Prozent der Prostituierten in Nairobi und 90 Prozent der Prostituierten in Ruanda Träger des HIV-Virus. Bei einer vor zwei Jahren durchgeführten Untersuchung erwiesen sich 64 Prozent der Prostituierten in Pointe Noire, einer wichtigen Hafenstadt im Kongo, als HIV-positiv. Naturgemäß werden die Bordelle einer Hafenstadt von Seeleuten aus aller Welt besucht.

In den meisten afrikanischen Ländern fehlt es an ausreichenden Einrichtungen zur Blutuntersuchung; aus diesem Grund sind die Blutkonserven vielfach mit dem HIV-Virus verseucht und tragen ihren Teil zur Ausbreitung der Krankheit bei. In westlichen Ländern werden bei Impfungen im Normalfall Einwegspritzen verwendet; in vielen anderen Ländern gelten derartige Vorsichtsmaßnahmen als zu kostspielig. Werden aber mehrfach verwendete Spritzen zwischen den einzelnen Injektionen nicht ausreichend sterilisiert, dann kann es bei Massenimpfungen zu einer massiven Übertragung des HIV-Virus kommen. Kurzum, es gibt immense Probleme. Wie groß diese sind, liegt meistenteils noch im Dunkeln, da es in diesen Ländern äußerst schwierig ist, an akkurate Daten heranzukommen. Die wenigen Informationen, die uns gegenwärtig zur Verfügung stehen, lassen eine Tragödie von solch großem Ausmaß befürchten, daß sie die Hungersnöte in Äthiopien und im Sudan in den Schatten stellen wird.

Wie ist die Prognose?

Die Prognose für jeden einzelnen Aidskranken habe ich bereits umrissen; wie die Krankheit weltweit verlaufen wird, läßt sich viel schwerer voraussagen.

Zur Zeit gibt es weder einen Impfstoff gegen Aids noch irgendein anderes wirksames Medikament. Die Experten sagen, es sei deshalb so schwierig, einen wirksamen Impfstoff zu entwickeln, weil das HIV-Virus laufend mutiert. Wahrscheinlich handelt es sich beim HIV-Virus in der Tat um die mutierte Form eines unter bestimmten Affen häufig auftretenden Virus. Wie es den Menschen befiel, ist nicht bekannt. Würde schon morgen ein wirksamer Impfstoff entdeckt und getestet, er würde dennoch denen nicht mehr helfen können, die bereits erkrankt sind.

Dazu kommt, daß er dort, wo er am dringendsten benötigt würde – in Afrika –, kaum erhältlich wäre, es sei denn, die Regierungen der Welt würden seine Produktion und Verbreitung massiv subventionieren.

Da scheint eine medikamentöse Behandlung vielversprechender zu sein. Aber ein Medikament, das die Krankheit „heilt", gibt es nicht. Das beste und bekannteste Mittel, AZT, verzögert in vielen Fällen die Ausbildung und den Verlauf von klinischem Aids. Aber soweit wir wissen, bringt es die Krankheit nicht zum Stillstand; es verschafft dem Patienten höchstens eine gewisse Galgenfrist. Und auch hier sind die damit verbundenen Kosten beträchtlich. Dank der Massenproduktion und aufgrund massiven politischen Drucks sind die Kosten auf zirka 6000 Dollar pro Patienten und Jahr zusammengeschrumpft; vielleicht werden sie noch weiter fallen. Dennoch werden aller Wahrscheinlichkeit nach die meisten Afrikaner das Medikament niemals erhalten.

Zweifellos wird im Lauf der Zeit ein wirksames Medikament entwikkelt werden – und wahrscheinlich auch ein wirkungsvoller Impfstoff. Die Aussichten sind keinesfalls so düster wie vor einigen Jahren. Und doch werden Millionen von Menschen sterben, ehe die Sache ausgestanden sein wird.

Handelt es sich bei Aids um ein Gericht Gottes?

Diese Frage ruft gegensätzliche Antworten hervor, die meist mit größter Vehemenz vertreten werden. Ich selbst werde sie dadurch zu beantworten versuchen, daß ich eine Reihe komplementärer Grundsätze aufstelle.

1. Soll mit dem Ausdruck „Gericht Gottes" angedeutet werden, daß jeder einzelne HIV-Infizierte sich die Krankheit aufgrund einer bestimmten Sünde zugezogen hat, dann muß die Frage ohne weiteres verneint werden. Eine derartige Unterstellung wäre, gelinde gesagt, äußerst ungerecht gegenüber Kindern, die mit der Krankheit geboren, und gegenüber Blutern, die bei einer lebensrettenden Operation, der sie sich in gutem Glauben unterzogen haben, mit dem Virus infiziert wurden. Diese Menschen sind zwar mit einer sündigen Natur geboren worden, haben sich jedoch der beiden Verhaltensweisen, die bei der Mehrheit der Opfer zur Infizierung führten, nämlich der sexuellen Promiskuität und der intravenösen Einnahme von Drogen, nicht schuldig gemacht.

2. Andererseits kann man in gewisser Weise jedes Leiden mit dem Sündenfall und dem anschließenden Fluch, der im ganzen Universum Störungen hervorruft, in Verbindung bringen (siehe Kap. 3). Gäbe es keine

Sünde auf der Welt, dann gäbe es Aids nicht. In diesem Sinn kann man diese Krankheit mit Sicherheit als ein Teil des göttlichen Gerichts bezeichnen. Läßt sich darüber hinaus aber nichts sagen?

3. Es drängt sich eine gewisse Parallele zum Krieg auf. Im Alten Testament werden Kriege des öfteren als Gerichtsurteil Gottes über sein Volk bezeichnet. Aber das bedeutet noch lange nicht, daß jeder, der bei einem solchen Krieg zu Schaden kam, sich des Götzendienstes oder der Korruption schuldig gemacht hatte. Auch Babys kommen in Kriegen um; auch den Gerechten kann es passieren, daß sie vergewaltigt oder erschossen, in die Luft gesprengt oder dem Hungertod preisgegeben werden. Doch hält diese offenkundige Tatsache die Verfasser des Alten Testaments nicht davon ab, hinter Kriegen die richtende Hand Gottes auszumachen. Ebensowenig sollten ähnliche Fakten über Aidskranke uns daran hindern, hinter dieser „Geißel der Menschheit“ die richtende Hand Gottes zu erkennen.

4. Dennoch haben wir uns noch nicht mit der Schlüsselfrage befaßt. Tatsache ist, daß es, gäbe es keinerlei Promiskuität, auch Aids nicht gäbe. Das größte Risiko gehen Menschen ein, die geschlechtliche Beziehungen mit häufig wechselnden Partnern unterhalten. Es wäre ungemein schwierig – und aus biblischer wie aus ethischer Sicht verantwortungslos –, diesen Zusammenhang zu leugnen.

Denn obwohl Aids bzw. die Aids zugrundeliegende Infektion von aller Welt als „Epidemie“ oder „Pandemie“ bezeichnet wird, handelt es sich in Wirklichkeit überhaupt nicht um eine Epidemie, jedenfalls nicht im geschichtlich verbürgten Sinn des Wortes. So wußte man nicht, als beispielsweise die Pest ausbrach, wie die Krankheit übertragen wurde; man kam erst nach langer Zeit darauf, Krankheitsverdächtige unter Quarantäne zu stellen. Bei Aids hingegen verhält es sich völlig anders. Wir wissen ganz genau, auf welchem Wege das Virus übertragen wird.

Darum ist es unwahr, wenn uns die Regierung oder irgendeine andere wohlmeinende Organisation weismachen will, daß wir alle zur Risikogruppe gehörten. Das stimmt nicht, jedenfalls nicht so, wie es zur Zeit der Beulenpest oder während der verschiedenen Pocken- und Choleraepidemien stimmte. Leben Sie enthaltsam oder monogam (und vorausgesetzt, daß Ihr Sexualpartner ebenfalls monogam lebt), und nehmen Sie keine Drogen intravenös und mit fremder Spritze ein, dann sind Sie so gut wie überhaupt nicht gefährdet. Sind Sie Bluter, dann stehen die Chancen, daß Sie sich die Krankheit zuziehen, etwas – aber wirklich nur ein wenig – höher (was man allerdings vor 1985 nicht behaupten konnte). Sie werden sich mit dem HIV-Virus vermutlich nur infizieren, wenn das Blut eines bereits Infizierten sich mit dem Ihren vermischt. Treffen Ärzte und Krankenschwestern elementare Vorsichtsmaßnahmen (indem sie beispielsweise Gummihandschuhe verwenden), dann besteht auch für sie – außer auf den bekannten Wegen – so gut wie keinerlei Gefahr, sich die Krankheit zuzuziehen.

Fakt ist, daß die überwiegende Mehrheit der Erkrankten sich entweder an von der Bibel verbotenen Sexualpraktiken beteiligt oder sich des selbstzerstörerischen Drogenmißbrauchs schuldig gemacht hat; und die relativ geringe Anzahl Menschen, die sich die Krankheit auf anderem Wege zugezogen hat, wäre nie infiziert worden, wenn es die beiden größeren Gruppen nicht gäbe. Anders als bei der Pest macht es der in diesem Fall unleugbare Zusammenhang zwischen von der Bibel verbotenen Verhaltensweisen und dem Krankwerden recht schwer, Aids der strafenden Hand Gottes *nicht* zuzuschreiben.

5. Ich gebe behutsam zu bedenken, daß es ebenfalls schwerfällt, Aids nicht als Verweis aufzufassen, die den Medizinern ihrer Überheblichkeit wegen erteilt wird. Ich zögere, dies zu sagen, denn ich kenne persönlich viele großartige Ärzte und Krankenschwestern, und mein eigenes Leben war schon mehr als einmal von ihrer Fürsorge abhängig. Dennoch stimmt der mittlerweile wie ein Gemeinplatz wirkende erste Satz aus dem Leitartikel einer dem Thema Aids gewidmeten Sonderausgabe der Zeitschrift *Scientific American:* „Noch vor zehn Jahren glaubte man, Infektionskrankheiten stellten in der hochentwickelten Welt von heute kaum noch eine Bedrohung dar.“[3]

Es fällt hier, wie ich finde, recht schwer, die Stimme Gottes nicht herauszuhören: „Glaubt ihr wirklich, daß ihr meine Gesetze ungestraft mißachten und die daraus resultierenden Krankheiten mit starken Medikamenten behandeln könnt, um euch so den Konsequenzen zu entziehen? Dann habt ihr noch gar nichts gesehen!“

Mißverstehen Sie mich nicht: Ich bin Gott für die wirksamen Medikamente dankbar, mit denen an Syphilis Leidende geheilt werden können. Ja, ich bin Gott dankbar; denn schickt er verheerende Krankheiten, so ordnet er auch das Universum und bewirkt kraft seiner „allgemeinen Gnade“, wie die Theologen sagen, daß Lösungen und Behandlungsmethoden entdeckt werden. Indessen: Die vielen Erfolge haben eine gewisse Überheblichkeit hervorgebracht, die der Einstellung ähnelt, die wir beim König von Assyrien beobachtet haben (siehe Kap. 11) – eine babylonische Arroganz. Es wird jedem schwerfallen, dessen Denken von der Schrift her geprägt ist, Aids nicht als strengen Verweis aufzufassen, der die Mediziner ihrer Überheblichkeit wegen trifft.

6. Wie steht es um Römer 1,27? Viele konservative Christen führen diesen Vers als Beweis dafür an, daß Aids ein Gericht Gottes sei. Paulus schreibt: „Ebenso gaben die Männer den natürlichen Verkehr mit der Frau auf und entbrannten in Begierde zueinander. Männer begingen mit anderen Männern Unzucht und erhielten in sich selbst die gebührende Strafe für ihre Perversität." Ein Aspekt dieser „gebührenden Strafe", so behauptet man, sei Aids.

Ein Blick in einen guten Kommentar genügt, um diese Ansicht zu widerlegen. Aus dem griechischen Text geht deutlich hervor, daß die Homosexualität selbst als die „gebührende Strafe" für die entbrannte Begierde betrachtet wird.

7. Damit kommen wir zum Status der Homosexualität in der Bibel. Die Metropolitan Community Church, eine die Homosexualität fördernde Bewegung, die in vielen Großstädten Gemeinden unterhält, hat zahlreiche Pamphlete veröffentlicht, in denen die auch in einigen Fachbüchern vertretene Ansicht propagiert wird, die Bibel verurteile die Homosexualität an sich nicht, sondern nur homosexuelle Beziehungen mit häufig wechselnden Partnern. Entscheide sich ein homosexuelles Paar, eine von gegenseitiger Treue geprägte, monogame Beziehung einzugehen, so habe die Bibel nichts dagegen. In einem solchen Pamphlet heißt es:

> Es gibt in der Bibel ein paar Passagen, von denen man behauptet hat, sie würden den homosexuellen Geschlechtsakt verurteilen. Diese Passagen sind umstritten. Einige Christen glauben, diese Passagen verurteilten *jegliches* homosexuelle Verhalten. Doch vertritt eine wachsende Anzahl biblischer Fachleute die Überzeugung, *diese Passagen würden nur gewisse sexuelle Handlungen verurteilen, die entweder mit dem Götzendienst zusammenhängen oder einen Mißbrauch darstellen.*

Man beachte die tendenziöse Ausdrucksweise: „Einige Christen" glauben so und so, aber „eine wachsende Anzahl biblischer Fachleute" vertritt die Ansicht, für die sich das Pamphlet einsetzt. Die im Pamphlet angegebene Liste von „Autoritäten" vermag nicht zu überzeugen. Auch werden die relativen Zahlen im Verlauf der Kirchengeschichte nicht angegeben. „Einige Christen" werden stattdessen „einer wachsenden Anzahl biblischer Fachleute" gegenübergestellt. Und was die Exegese angeht: Wer wissen möchte, was die Bibel wirklich über dieses Thema zu sagen hat, der täte gut daran, sich den in der Fußnote angegebenen wissenschaftlichen Artikel von D. F. Wright zu Gemüte zu führen.[4]

Meines Wissens gibt es keinen unbestrittenen organischen Faktor, der irgend jemanden zwänge, homosexuell zu sein. Möglicherweise gibt es den einen oder anderen prädisponierenden organischen Faktor, doch werden diese von vielen Menschen geteilt, die eine heterosexuelle Veranlagung haben. Allerdings geht aus mehreren wissenschaftlichen Studien hervor, daß nahezu alle Homosexuellen eine von zwei deutlich auszumachenden Vorgeschichten teilen.

67 Prozent der männlichen Homosexuellen wachsen in Familien auf, in denen der Vater entweder abwesend oder ein Schwächling, die Mutter hingegen eine beherrschende Person ist. Der heranwachsende Junge sucht Wärme und Zärtlichkeit bei männlichen Freunden; er fühlt sich von weiblicher Stärke brutal mißhandelt. Paradoxerweise wachsen weitere 30 Prozent der männlichen Homosexuellen in Familien auf, in denen der Vater grausam und brutal und die Mutter willensschwach ist. Hier lernt der Junge, Frauen zu verachten und sich mit männlicher Kraft zu identifizieren. (Unter Lesbierinnen sind – mit umgekehrtem Vorzeichen – ähnliche Gesetzmäßigkeiten festgestellt worden, doch sind meines Wissens noch keine wissenschaftlichen Studien von ähnlichem Rang durchgeführt worden.) Die verbleibenden drei Prozent der männlichen Homosexuellen sind weder in dem einen noch dem anderen Familientypus aufgewachsen, sondern wurden von einem anderen Homosexuellen, häufig von einem männlichen Freund, zur Homosexualität verführt.

Diese Erkenntnisse lassen darauf schließen, daß Homosexualität ein angelerntes Verhalten ist. Es handelt sich nicht um etwas „Natürliches“, sondern um die Frucht eines durch eine korrupte Umwelt „verbogenen“ Sexualtriebs. Leben Familien nicht so, wie Gott es ursprünglich beabsichtigte und die Bibel es vorschreibt, dann müssen wir mit allen möglichen schmerzlichen Konsequenzen rechnen.

Häufig will man uns weismachen, daß Homosexuelle ihrer Veranlagung hilflos ausgeliefert seien und ebensowenig etwas daran ändern könnten, wie ein Schwarzer zum Weißen werden könne oder umgekehrt. Das ist blanker Unsinn. Ich bin noch nie einem ehemaligen Schwarzen oder einem ehemaligen Weißen begegnet; ich kenne aber eine ganze Reihe ehemaliger Homosexueller. Ich behaupte nicht, daß der Übergang zur Heterosexualität leicht zu schaffen sei. Daß er aber zu schaffen ist, das beweisen die Menschen, denen es bereits gelang. Aber auch da, wo jemand homosexuell veranlagt ist und den Übergang äußerst schwierig findet, ist die Ausübung der Homosexualität ebensowenig berechtigt wie, sagen wir, heterosexuelle Promiskuität bei einem verheirateten Mann mit starkem Sexualtrieb, dessen Ehefrau geisteskrank geworden ist und in eine Irrenanstalt eingewiesen werden mußte. Für Christen hat das Bekenntnis zu Jesus als Herrn Konsequenzen.

Homosexualität ist also aus biblischer Sicht Sünde, auch da, wo sie – wie viele andere Sünden auch – durch das sündige Verhalten anderer hervorgerufen und herausgebildet wurde. Einige Menschen reagieren so erbost auf diese Schlußfolgerung, daß sie ein neues Schimpfwort erfunden haben, mit dem sie jeden belegen, der nicht bereit ist, die Homosexualität als „alternativen Lebensstil" zu akzeptieren. Diese würden an „Homophobie" leiden, einer irrationalen Furcht vor der Homosexualität. Nun stimmt es zwar, daß bestimmte Leute, darunter auch einige Christen, einen übersteigerten persönlichen Widerwillen gegen Homosexuelle an den Tag legen, der keineswegs zu entschuldigen ist. Homosexualität ist nicht die einzige Sünde, die in der Bibel erwähnt wird, und es handelt sich nicht um die unverzeihliche Sünde. Wer jedoch alle, die diese Form der Zügellosigkeit mißbilligen, als „homophob" abstempelt, der ersetzt vernünftige Argumente mit boshaften Schlagwörtern. Da die Homosexualität, wie ich behaupte, in der Bibel als Sünde bezeichnet wird, kann man kaum umhin, den gegenwärtigen Ausbruch von Aids mit diesem sündigen Verhalten in Verbindung zu bringen.

8. Es ist in gewisser Weise möglich, Aids und die damit verbundene Infektion als harte Gnade aufzufassen. Nahezu alle Beobachter berichten, daß die Promiskuität, wiewohl weiterhin in erschreckendem Maße verbreitet, einen dramatischen Rückgang erlebt hat, seitdem die Öffentlichkeit über Aids aufgeklärt wurde. Legt Gott auf Heiligung größeren Wert als auf unsere Gesundheit und auf das Überleben einer Nation größeren Wert als auf Toleranz gegenüber sexueller Freizügigkeit, dann könnte sich diese schreckliche Seuche tatsächlich als harte Gnade erweisen.

9. In gewisser Weise handelt es sich bei homosexueller Promiskuität um eine Ausweitung der Zügellosigkeit, die in den meisten westlichen Ländern so offen gefördert wird. „Beiläufiger" Sex begegnet uns überall. In den Medien wird der außereheliche Geschlechtsverkehr nie als Tragödie oder als großes gesellschaftliches Übel hingestellt – und erst recht nicht als Übertretung der Gebote Gottes. Er gilt vielmehr als amüsant, als normaler Ausdruck des Sich-Ver- und Entliebens. Diese Haltung nehmen wir von Jugend an in uns auf. Es bedarf außerordentlicher Entschlossenheit, um sich dem zu widersetzen, und wenn wir es tun, läßt

man uns wissen, daß man uns für engstirnig, altmodisch und sentimental hält.

Aus diesem Blickwinkel betrachtet steht es uns nicht gut an, ausschließlich die homosexuelle Promiskuität anzuprangern. In Gottes Augen ist jegliche Promiskuität, gleich welcher Art, abscheulich. Und werden manchmal Menschen mit Aids infiziert, die nicht mit wechselnden Partnern schlafen, dann bin ich überzeugt, daß Jesus uns nicht sagen würde: „Seht ihr, das beweist, daß Aids mit dem Gericht Gottes nichts zu tun hat", sondern: „Wenn ihr nicht Buße tut, werdet auch ihr alle umkommen" (Lukas 13,5).

Erbarmen und Entrüstung

Gehen wir also davon aus, daß Aids und die HIV-Infektion – vorbehaltlich der oben genannten Einschränkungen – in der Tat als ein Aspekt des göttlichen Gerichts zu bewerten sind. Ist daraus die Konsequenz zu ziehen, daß Christen, weil sie in das Gericht Gottes gleichsam nicht einwirken wollen, das Recht hätten, die Erkrankten ihrem Schicksal zu überlassen? Oder sollten wir vielleicht unsere Hilfe auf die relativ wenigen Menschen beschränken, die sich die Krankheit zugezogen haben, obwohl sie weder Drogen intravenös eingenommen noch sich der Promiskuität schuldig gemacht haben?

Mit Sicherheit nicht! Auch der Krieg wird in der Bibel als Gericht Gottes hingestellt. Das hat jedoch keineswegs zur Folge, daß Christen das Recht hätten, sich jeglicher Verantwortung für die Flüchtlinge, die Hungernden, die Verwundeten und die Entrechteten, die Kriege unvermeidlicherweise hervorbringen, zu entziehen. Auch die vom HIV-Virus Befallenen brauchen Hilfe, und die gängigen Systeme der Gesundheitsfürsorge werden mit Sicherheit überfordert sein. Hier bietet sich eine großartige Gelegenheit an, Hilfe zu leisten.

Christen, die auf dem Land oder in Stadtrandsiedlungen wohnen, werden in vielen Fällen noch kein Aids-Opfer kennengelernt haben. Die bereits angeführten Statistiken machen deutlich, daß es sich in erster Linie um ein Großstadtproblem handelt. Das bedeutet wiederum, daß die Verantwortung zu handeln größtenteils bei den Großstadtgemeinden liegt. Breitet sich Aids jedoch weiter aus, dann wird es uns alle fordern.

Manche Gemeinden haben bereits Seelsorgezentren eröffnet und Aids-Patienten, deren Erkrankung ein fortgeschrittenes Stadium erreicht hat, ein Zuhause geboten, wo sie mit Würde sterben können, nachdem alle anderen sie kurzerhand hinausgeworfen haben. Die Berührung einer menschlichen Hand, ein sauberes Bett, ein warmes Zimmer, regelmäßige Mahlzeiten, Anteilnahme – das alles wird knapp sein, sobald größere Mengen an HIV-Infizierten anfangen, die Symptome von voll ausgebildetem Aids aufzuweisen. Ein solcher Dienst an den Kranken wird viele Gelegenheiten mit sich bringen, die gute Nachricht von der Vergebung durch den Glauben an Jesus Christus weiterzugeben, der gestorben ist, um Sünder wie mich, auch aidskranke Sünder, zu erlösen.

Christen, die es sich zur Aufgabe machen, vor dem Gericht Gottes zu warnen und herauszustellen, daß Promiskuität und Homosexualität in der Bibel verurteilt werden, müssen dies mit gebrochener Stimme tun, und zwar als Sünder, die anderen Sündern mitteilen, wo ein Ausweg zu finden ist. Und die moralische Entrüstung, die ein notwendiger Bestandteil jeglicher echten Liebe zur Heiligung ist, muß mit einer aufopferungsvollen Liebe einhergehen, die uns ganz konkret um die kümmern läßt, die von dieser schrecklichen Krankheit befallen sind.

Anmerkungen

[1] Strenggenommen sollte man nicht vom „HIV-Virus" sprechen, denn damit sagt man eigentlich: „Humanes Immundefekt-Virus-Virus". In der [englischsprachigen] Fachliteratur jedoch fungiert HIV bald als eigenständiges Substantiv, bald als das Substantiv Virus näher bestimmendes Adjektiv.

[2] Die amerikanische Originalausgabe erschien 1990 [Anm. des Übers.].

[3] Robert C. Gallo und Luc Montaignier, „AIDS in 1988", *Scientific American* 259/4 (Oktober 1988).

[4] D. F. Wright, „Homosexuals or Prostitutes. The Meaning of *ἀπσενοκοῖται* (I Cor. 6:9, I Ti. 1:10)", *Vigiliae Christianae* 38 (1984), S. 105-153.

Bibelstellenregister

Markus

Lukas

Johannes

In der Reihe Francke-Transparent liegt außerdem vor:

John Stott

Unser christlicher Glaube

Ein Handbuch für Einsteiger, Umsteiger und Glaubende

ISBN 3-88224-986-2
Gebunden mit Schutzumschlag, 160 Seiten

„In mir ist eine Erkenntnis gewachsen: Es ist dringend notwendig, den Glauben, der aus der Vergangenheit kommt, so in die moderne Welt einzupassen, daß jedermann begreift, wieviel er uns heute noch zu geben hat", schreibt der Autor zum Zweck dieses Buches. „Ich möchte daher helfen, Kenntnisse über die Grundlagen des christlichen Glaubens zu erhalten oder diese noch einmal anhand dieses Buches aufzufrischen."

Drei Gruppen von Menschen hatte der Autor beim Schreiben dieser Glaubenslehre vor Augen:

1. Es sollen jene angesprochen werden, die sich ganz neu Christus anvertraut haben.
2. Alle, die sich auf eine Gemeindemitgliedschaft vorbereiten.
3. Alle, die schon lange Christen sind, sich aber nur schwach an ihre Glaubensunterweisungen erinnern.

Diese „Landkarte zur christlichen Jüngerschaft" ist in die Kapitel „Der Einstieg", „Der Glaube" und „Das Leben" unterteilt. Zu jedem Kapitel gibt es einen „Leitfaden des Glaubens", der auch bei der Gruppenarbeit gute Dienste leisten wird.

Dr. John R. W. Stott ist als Pastor und Prediger auf der ganzen Welt bekannt. Er ist Rektor Emeritus der All Souls Kirche in London. Außerdem hat er sich als Verfasser vieler Bücher einen Namen gemacht.

FRANCKE
Verlag der Francke-Buchhandlung GmbH